中山大学青年法律评论

第3卷

《中山大学青年法律评论》编辑部　组编
主编　巢志雄
执行主编　陈　康　李钟可

执编助理　张　琛
编　　辑　（按姓氏笔画排序）
王津琼　邝耿毅　苏　晴　吴　飞
何思萌　余依晴　张　琛　林思勤
陶韵如　黄安然　黄志成　彭兆明
彭箫剑　谢运频

法律出版社
LAW PRESS · CHINA

编者按

《中山大学青年法律评论》致力于为青年法学人搭建一个学术成果的交流平台,活跃青年法学生的学术研究氛围,开阔他们的研究视野。创立一年多以来,本评论第一卷已于 2017 年 8 月顺利出版,第二卷也将于 2018 年 4 月出版。在老师、师兄师姐的精心指导与全体编辑部成员的辛勤付出下,第三卷也终于要与大家见面了。本卷经过近三个月时间的征稿,共收到了五十一篇稿件,历经三审最终挑选了十二篇文章与读者们见面。作者来自于全国各地各大高校,三名作者来自中山大学法学院,其余十名作者分别来自复旦大学、武汉大学、中国政法大学、中南财经政法大学、中央财经大学、西南政法大学、华中科技大学等高校。

本卷共设五个栏目,分别是"司法实践反思与制度剖析""国际法治的多维图景""私权保护的理论争鸣""前沿领域的研究思考""经典评译"。

第一个专栏——"司法实践反思与制度剖析",收录了四篇文章,作者们基于不同的视角,关注了不同领域的不同制度和司法实践问题,但均作出了有学术价值的剖析和反思。其中,《相邻关系公私法的冲突与协调——基于 2007 ~ 2017 年上海市相邻关系纠纷判决的实证研究》一文以实证研究为视角,探讨了司法实践当中对于相邻关系公私法冲突与协调的现状,并与相关学术理论相结合,对相关理论在实践中的运作状况进行了细致的分析。《完善我国税收事先裁定制度的探讨——兼评〈税收征收管理法修订草案(征求意见稿)〉第 46 条》一文站在一定的理论高度,对我国税收事先裁定制度进行了分析和评论,并且结合规范条文,在规范层面展开分析,行文思路清晰、明确。在地方立法权主体扩大后,一些地方立法不合理的现象频出,《地方立法必要性原则研究——以"全民"地方立法为样本》一文便关注到了这个问题。该文从地方立法的必要性原则出发,并基于对"全民"地方立法现象的分析,揭示非必要地方立法的成因,最后给出相关可行性建议。《民事诉讼专家辅助人意见的证据形式反思》一文,则着眼于民事诉讼专家辅助意见证据形式的现行规定,对当前规定提出质疑,在此基础上论证应当将专家辅助人意见作为单独的证据形式,并提出了相应的制度设想。

在"国际法治的多维图景"栏目中,共有三篇文章,体现了青年法学生从不同角度对国际法治进行的有益思考。其中,《浅析国际商事仲裁中的"费用担保"规则》一文探讨了国际商事仲裁实务中重要且常见的临时措施——仲裁"费用担保"问题;《和平时期网络攻击的界定及国际法规则适用》和《跨国代孕中代孕母的法律地位认定和权利保护》则分别着眼于网络空间的国际法治问题和跨国代孕中代孕母法律地位和权利保护问题,角度新颖独特,抓人眼球。

多元观点的碰撞和交锋体现了青年法学生敏锐的观察力和大胆的创造力。在"私权保护的理论争鸣"栏目中,共收录三篇文章。《〈物权法〉第190条第2款"不得对抗"之含义探析》一文从《物权法》第190条第2款的法条解读出发,结合案例与相关法律规定,对"不得对抗"含义的不同观点进行探析,并得出该含义的合理解释,提出了对该含义下抵押权与租赁权权益冲突的解决路径。《论分期付款买卖合同解除权的行使规则》则从典型个案分析出发,研究《合同法》第167条的适用问题,综合运用目的解释、体系解释等方法,分析分期付款买卖合同解除权的适用范围及其行使条件,在此基础上运用体系化思维方法、比较法研究方法提出立法建议。该栏目的最后一篇文章,也以请求权规范基础为视角,对我国第三人侵害债权的请求权规范基础问题作出了积极有益的思考,观点颇具启发性。

本卷同时紧随"人工智能时代"及"自动驾驶"等热点课题,设"前沿领域的研究思考"栏目,研究讨论了人工智能的法律责任划分困境问题,在分析论述中体现了作者敏锐的问题意识和一定的理论创见。

最后的"经典评译"是本评论固定栏目,鼓励阅读法学等人文社科经典以及推介选题良好的译稿。本卷此次所收录的《国家与社会的互动平衡——〈无需法律的秩序〉书评》一文,对经典书目《无需法律的秩序》做了评价和梳理,同时整理了前人对该书的评价,也不乏作者自己的见解,虽然与《无需法律的秩序》一书相关的文章已有不少,但是该文尝试从国家治理的角度对秩序和国家与社会的平衡进行进一步探讨,视角较为新颖。

创立一年多以来,虽然一路上磕磕碰碰,有各种各样的困难或插曲,也有各种焦头烂额的时刻,但编辑部一群优秀可爱、志同道合的伙伴,仍使我们在办本评论过程中时刻倍感信心。编辑部的所有成员中,无论是本科生、硕士研究生,还是博士研究生，都对学术充满了热忱，他们认真严谨，以稿件质量作为唯一评判标准，辛勤付出，公平公正地对待每一篇稿件，值得赞赏。在第三卷即将出版之际，编辑部衷心感谢作者们的支持以及老师们的鼓励，同时也期待读者们的认可。我们将不断总结经验与不足，力求为青年学子搭建更好的表达思想、交流学问、展现观察与思考结果的平台。

最后，衷心祝愿《中山大学青年法律评论》健康茁壮成长！

执行主编　陈　康　李钟可

2018 年 4 月 8 日

目　录

【司法实践反思与制度剖析】

相邻关系公私法的冲突与协调
——基于2007～2017年上海市相邻关系纠纷判决的实证研究…… 周希涵（3）
完善我国税收事先裁定制度的探讨
——兼评《税收征收管理法修订草案（征求意见稿）》第46条…… 高　天（19）
地方立法必要性原则研究
——以“全民”地方立法为样本 …………………………………… 邝耿毅（38）
民事诉讼专家辅助人意见的证据形式反思 ………………………… 朱文浩（54）

【国际法治的多维图景】

跨国代孕中代孕母的法律地位认定和权利保护 …………………… 李　珏（77）
浅析国际商事仲裁中的“费用担保”规则 ………………………… 张恺强（99）
和平时期网络攻击的界定及国际法规则适用 ……………………… 王津琮（119）

【私权保护的理论争鸣】

《物权法》第190条第2款“不得对抗”之含义探析 ……………… 张莹雪（141）
论分期付款买卖合同解除权的行使规则 …………………………… 陈宝妮（161）
我国第三人侵害债权的问题研究
——以请求权规范基础为视角 …………………………………… 谢江东（182）

【前沿领域的研究思考】

人工智能的法律责任划分困境与出路
——以自动驾驶汽车为例 …………………………… 俞漫诗(205)

【经典评译】

国家与社会的互动平衡
——《无需法律的秩序》书评 …………………………… 彭兆明(225)

《中山大学青年法律评论》稿约 ………………………………… (239)

司法实践反思与制度剖析

相邻关系公私法的冲突与协调
——基于2007~2017年上海市相邻关系纠纷判决的实证研究

周希涵*

摘要:

现代社会多元价值的追求,造就相邻关系领域公法与私法二元并行的态势。基于价值层面的考量,相邻关系公私法的冲突实质上是社会利益与个人利益的冲突,其往往具化为实体和程序两方面的优位选择问题。结合2007~2017年上海市相邻关系纠纷的司法实践,可发现当下法院对相邻关系公私法冲突的裁判路径呈现遵循利益衡量原则、过度依赖公法性许可和私力救济弱态的特点。针对事后裁判凸显的问题,有必要以利益衡量原则为依托,通过细分裁判路径并在公法程序中内化合法私人利益保护的方式,对相邻关系公私法冲突进行协调。

关键词:

相邻关系;公私法;冲突;协调;实证研究

一、相邻关系的内涵与其公私法耦合

相邻关系,作为一项肇始于罗马法时代的私法制度规范,虽在具体定性

* 周希涵,复旦大学法学院2017级硕士研究生。

方面尚存争议,[1]但通说认为相邻关系是一种对所有权的外部限制或延伸。[2] 我国法律并未对相邻关系进行明确定性,但从《物权法》将相邻关系置于所有权编之下的体例安排,我们可推知《物权法》沿袭了"所有权外部限制说"的思路。[3] 因此,在私法层面,我们可以认为相邻关系即"两个相互毗邻的不动产所有人或占有使用人在行使不动产的占有、使用、收益和处分时,相互之间应当给予便利或接受限制而发生的权利义务关系"。[4]

为适应近代以来出现的价值取向多元化、市场与政府失灵和公共利益保护等社会问题,公法与私法通过强制性规范这一媒介,形成公私法交错融合之势。[5] 相邻关系领域亦受到这场公私法交融运动的冲击,因为人们发现,单凭传统私法领域的相邻关系制度不足以解决现代社会城市化进程中出现的土地立体化使用、环境污染常态化等而产生的新问题。[6] 比如,私法上的相邻关系制度,不能有效解决城市化情境下大空间土地的有效利用问题;私法上的相邻关系制度,亦难以调解大范围环境污染中特定污染者与不特定公众之间的矛盾……因此,以建筑法和环境法为代表的社会价值导向的计划(许可)类公法开

---

〔1〕 学界对相邻关系的定性,除后述"所有权外部限制说"外,另有"独立权利说"和"所有权内部限制说"。"独立权利说"认为相邻关系是一种独立支配的权利——相邻权。参见张俊浩主编:《民法学原理》,中国政法大学出版社2000年版,第517页。"所有权内部限制说"认为相邻关系为相邻权,其是所有权的内容构成,属于所有权的内部限制,而不属于独立的物权。参见王利明:《物权法研究》,中国人民大学出版社2002年版,第367页。

〔2〕 参见王利明主编:《中国物权法草案建议稿及说明》,中国法制出版社2001年版,第55页;李由义主编:《民法学》,北京大学出版社1994年版,第235页;王卫国:《中国土地权利研究》,中国政法大学出版社1997年版,第223页。笔者认为,从义务的视角出发,"所有权限制或延伸说"事实上与英美法系中常采的"容忍义务"有异曲同工之妙。

〔3〕 参见韩光明:《民法上相邻关系的界定——兼论法律概念的制作》,载《北方法学》2008年第2期,第49页。

〔4〕 《法学研究》编辑部编著:《新中国民法学研究综述》,中国社会科学出版社1990年版,第332~335页。

〔5〕 参见钟瑞栋:《"私法公法化"的反思与超越——兼论公法与私法接轨的规范配置》,载《法商研究》2013年第4期,第117页。

〔6〕 参见吴胜利:《土地规划权与土地财产权关系研究》,西南政法大学2015年博士学位论文,第21页。

始介入以往私法自治下的相邻关系领域。

发展至今,各国(区域)对相邻关系领域的调整,基本都呈现公、私法二元并行的态势。[7] 如德国法上的"不可量物侵入制度"和法国法上的"近邻妨害制度"便通过各自私法范式[8]与相关公法规范[9]的耦合实行上述的兼存。我国对相邻关系领域的规制则类似于德国法范式,主要通过《民法通则》第83条、《物权法》第七章第84~92条的私法规制和《城乡规划法》《环境保护法》等公法规范的并行实施展开。

根据应然层面的架构,私法与公法的协力可对相邻关系进行有效地规制,也唯有如此,才能形成和谐的生活局面。[10] 但在实然层面,实现相邻关系的公私法协调并非易事。事实上在许多情形中,相邻关系的公法规范与相邻关系的私法规范常处于混乱,甚至冲突之中。

二、相邻关系公私法的价值偏重及其适用冲突

在法律价值多元化的现代社会,若要理解规则的冲突,往往首先需要考量规则背后的法律价值冲突。[11] 具体到相邻关系领域,私法规范与公法规范亦存

---

〔7〕 参见焦富民:《功能分析视角下相邻关系的公私法协调与现代发展》,载《法学论坛》2013年第5期,第59页。

〔8〕 德国法的"不可量物侵入制度"中的私法范式,以物权请求权或人格请求权为基础加以构成;法国法的"近邻妨害制度"中的私法范式则以侵权行为责任制度为解决路径。参见王明远:《法国环境侵权救济法研究》,载《清华大学学报》(哲学社会科学版)2000年第1期,第16页。

〔9〕 德国法中,相邻关系的公法规范,一般包括建筑法相关规定、建筑实施许可与建筑计划的规定、《水预算法》关于地下水使用的规定以及《德国联邦公害防治法》《原子能法》的相关规定。参见[德]弗里德赫尔穆·胡芬:《行政诉讼法》,莫光华译,法律出版社2003年版,第252页。法国法中,相邻关系的公法规范则主要通过行政许可的方式进行调整。参见陈华彬:《法国近邻妨害问题研究——兼论中国的近邻妨害缺席及其完善》,载《民商法论丛》(第5卷),法律出版社1996年版,第321~322页。

〔10〕 参见陈华彬:《民法物权论》,中国法制出版社2010年版,第267页。

〔11〕 参见秦策:《法律价值目标的冲突与选择》,载《法律科学》1998年第3期,第40页。

在各自的价值偏重。

相邻关系的私法规范,以自由平等为核心价值导向。具体来讲,这种自由的价值导向可表现为以下两层面:其一,要求赋予平等主体尽可能广泛的受法律保护的自由,以订立契约的方式,解决相邻关系产生的权利对立冲突问题;其二,国家不可主动介入和干预上述私人间处理相邻关系事务的进程。

相邻关系公法规范的价值导向,则更偏向传统私法规范所忽视的秩序、安全、效率。比如,在应对大范围环境污染的救济上,若采用私法救济的方式,由于个人主体的弱势地位、个体间诉求的差异性等,易导致诉讼的冗长与低效,诉讼成本居高不下;若采用公法救济方式,则可经济、高效地解决该问题。

在前述相邻关系公私法规范价值导向差异性的作用下,这两类规范的适用结果事实上亦存在偏差,这进而可能导致相邻关系公私法规范间相互竞争、混乱、冲突的态势。[12] 在权利冲突不可避免的逻辑基础[13]和无明文协调相邻关系公私法[14]的前提下,为应对上述冲突,学界在理论层面提出了三种解决方案:私法优位说、公法优位说和公私法双轨制说。[15]

第一,私法优位说。该学说认为相邻关系私法规范足以解决相邻关系领域的问题,相邻关系公法规范是不必要的。但正如某学者指出"为了弥补私法在保护像生命健康权和所有权等重要的个人权益中所存在的诸多缺陷,最终要依靠公法相邻权。"[16]而这些缺陷包括私法救济在相邻利益博弈中暴露出的非效率性、不周全性等,因此单纯依赖私法相邻权似乎并不能完满调整相邻利益格局。

第二,公法优位说。该学说从侧面论证了由于法律制度的不可分割性,若要撤销或废除公法上的许可,就必须排除私法手段,[17]即认为在处理相邻利益

[12] 参见[德]鲍尔·施蒂尔纳:《德国物权法》(上册),张双根译,法律出版社2004年版,第537页。

[13] 参见韩光明:《财产权利与容忍义务》,知识产权出版社2010年版,第58页。

[14] 在我国,对于相邻关系公私法间的适用顺位问题,并无法律规定加以明确。

[15] 参见金启洲:《德国公法相邻关系制度初论》,载《环球法律评论》2006年第1期,第76页。

[16] Franz-Joseph Peine, *Offentliches und Privates Nachbarrecht*, JuS 1987, Heft 3, S. 172. 转引自前引15,金启洲文,第77页。

[17] 参见金启洲:《民法相邻关系制度》,法律出版社2009年版,第235页。

冲突时公法规范相较私法规范具有优先性。但基于对行政失当行为和法律规范自带的滞后、僵化属性的担忧，该学说存在如何保证相邻关系公法规范正确性这一前提的问题。

第三，公私法双轨制说。这是当下学界的主流观点。该学说认为相邻关系公法规范和相邻关系私法规范可并行适用，二者兼具独立性，但同时两者又相互影响。但该学说最大的问题是如何在个案中，实现对公私法两类规范的周全考虑，进而做出公法与私法间的优位选择与协调。这也正是笔者在下一部分所要尝试解决的。

三、相邻关系公私法协调的司法实践：以2007～2017年上海市相邻关系纠纷为例

梅特兰认为，“司法实践对法律的保留和发展往往会起到很大的作用”。[18]因此，为了更好地实现相邻关系公法与私法的协调，发挥公私法双轨制说的预设效果，或许可以从一线司法实践展现的法律集体智慧中得到借鉴。

（一）关于样本和数据来源

本文以上海市相邻关系纠纷的案件为样本，主要是基于以下两点考虑：第一，根据有关统计，上海市的城镇化率在全国居首。[19] 为合理利用有限的城市空间，《城乡规划法》《建筑法》等城市化公法在上海市相邻关系领域的适用具有广泛性，与之相关的协调相邻关系公私法冲突的司法实践也比较丰富。第二，上海市地处长三角腹地，经济发达，法治进程居于全国前列，因此相邻关系的司法实践更有先行的可能。[20]

在确定上海市案件作为样本后，我们选择以上海市高级人民法院网

---

〔18〕［英］梅特兰：《欧陆法律史概览：事件，渊源，人物及运动》，屈文生等译，上海人民出版社2008年版，第31页。

〔19〕参见《中国省级行政区城镇化率排名：上海88.02%排第一》，载中国经济网：http://finance.ce.cn/rolling/201404/21/t20140421_2694137.shtml，最后访问日期：2018年4月4日。

〔20〕参见孙笑侠：《局部法治的地域资源——转型期“先行法治化”现象解读》，载《法学》2009年第12期，第21～23页。

(www. hshfy. sh. cn)的裁判文书数据库为数据来源。本文的数据收集方法具体如下:在检索界面的案由一栏输入“相邻关系纠纷”,在“审理法院”一栏选择“全部”,即包括上海市高级人民法院、上海两大中级人民法院及各区基层人民法院;在“结案时期”选择从2007年10月1日[21]至2017年12月31日的时间跨度。根据上文提及的问题与研究思路,我们共收集到393个案例(排除撤诉案件、二审或再审的原审案件)。在此基础上,我们依据判决书案情中是否涉及公法性许可,筛选出涉及协调相邻关系公私法的有效样本117个。样本分布详见图1。

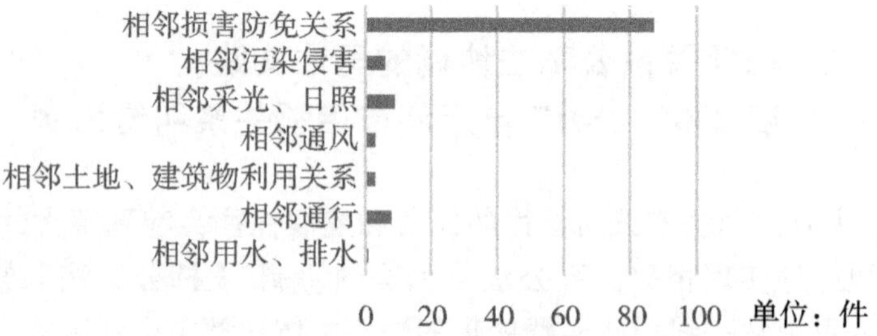

图1　样本案例案由分布

(二)案件审理情况概览

(1)审理法院与审级。全部117件案件中有84件(或占71.79%)由基层法院审理,有33件(或占28.21%)由中级法院审理。其中一审程序案件84件(或占71.79%),二审程序案件32件(或占27.35%),再审案件1件(或占0.86%)。

(2)公法介入形式。通过样本分析,依据公法对相邻关系的介入程度,我们可以发现公法在相邻关系公私法冲突中的介入形式主要可分为三种:待确认的

[21] 2007年10月1日,《物权法》正式实行,从而使私法相邻关系制度在我国较完整地被建立起来。自此,相邻关系公私法间的冲突才得以可能出现。故笔者选择2007年10月1日作为时间跨度起点。

行政强制、[22]行政强制措施(否定性行政许可)[23]和(肯定性)行政许可。图2展现了这三类公法介入形式的分布状况。

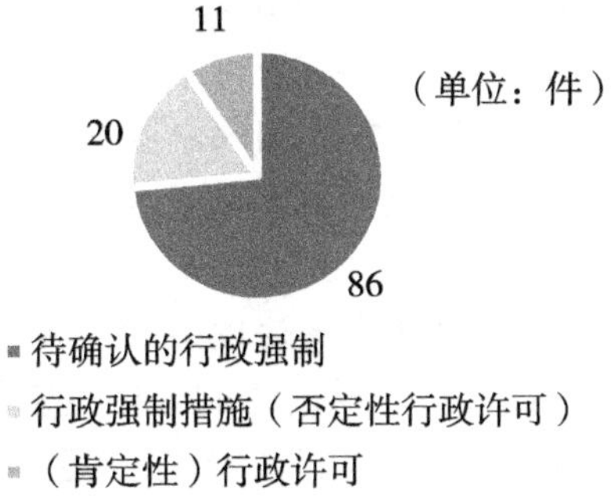

图2 相邻关系公法介入形式分布

(3)说理依据。在所有的117个样本案例中,法官的说理呈现简单化、同质化特征。法官基本都引用了《民法通则》第83条或《物权法》第84条两大原则性规定的内容[24]作为说理依据。但法官的说理大多也只是停留在上述这一形式层面,而并未结合具体案情进行深入分析。因此,有学者叹言"法院在处理各类相邻权纠纷时,在说理部分几乎是同一理由、同一理论依据,形成了类似'八股文'的套话"。[25]

---

〔22〕 待确认的行政强制,指有关私人组织依法规授权预先做出的强制性措施,该决定内容的行政法效力尚待相关行政部门的确定。在相邻关系纠纷领域,主要表现为物业管理部门依据《物业管理条例》第45条的授权,针对违章搭建做出的制止行为。其明文主要表现违法建筑整改通知书等。

〔23〕 行政强制措施的做出,在某种意义上即做出了否定性的行政许可。

〔24〕 《民法通则》(1986年通过)第83条规定"不动产的相邻各方,应当按照有利生产、方便生活、团结互助、公平合理的精神,正确处理截水、排水、通行、通风、采光等方面的相邻关系。给相邻方造成妨碍或者损失的,应当停止侵害,排除妨碍,赔偿损失。"《物权法》(2007年通过)第84条规定"不动产的相邻权利人应当按照有利生产、方便生活、团结互助、公平合理的原则,正确处理相邻关系。"

〔25〕 魏强:《相邻权纠纷的新特点及其化解对策》,载《山东社会科学》2009年第10期,第74页。

(4)裁判法律依据。通过对样本的检索,我们发现法院的裁判法律依据亦呈现同质化的特点。在117个样本中,有110个(或占94.02%),法院皆采用了《民法通则》第83条或《物权法》第84条这两条原则性规定作为法律依据。值得一提的是,在顾华、顾生元与上海佛吉亚红湖排气系统有限公司相邻污染侵害案[26]中,由于该案为环境污染造成的相邻利益损害,因此法院并未以《物权法》相关规定作为说理依据,而是以规制环境污染责任的《侵权责任法》第65、66条作为裁判依据。

(三)相邻关系公私法的具体冲突及法院裁判路径

根据对117个样本进行的内容分析,我们可以发现样本所呈现的相邻关系公私法冲突集中体现在实体和程序两层面:在实体层面上,其主要表现为公法许可标准与私法不作为或排除请求权之间的价值排位;在程序层面上,则主要表现为公法程序与私法程序间的竞争适用。

1.实体层面

根据样本所呈现的案情,我们可以进一步发现,相邻关系公私法实体层面上的冲突具体体现为两类:其一,在某些具体情境下,(肯定性)公法许可造成了相邻关系利益实际损害时,私法意义上的排除请求权可否排斥公法许可的问题;其二,由于公法介入相邻关系保护的门槛与私法介入相邻关系保护的门槛存在错位,因此相关公法性许可可否在私法裁判中发挥说理效力问题。而为应对这两类具体冲突,法院依赖的裁判路径如下:

(1)私法排除请求权可否排斥(肯定性)公法许可问题

通过对包含(肯定性)公法许可的11个案例的内容分析,我们可以发现,在上述11个样本中,除非出现如凌秋妹等诉上海中园房地产开发有限公司案中法院确认该(肯定性)公法许可属非法的情形,[27]法院对相邻关系内容层面冲突的主要裁判路径都是继续保全相邻关系公法许可的合法性,即确认原告方负

[26] 参见上海市嘉定区人民法院(2014)嘉民一(民)初字第3461号民事判决书。

[27] 参见上海市第一中级人民法院(2012)沪一中民二(民)终字第1289号民事判决书。

有容忍义务。[28] 同时,正如某判决书中所写,"此种容忍义务的界限即为国家标准,超出标准系构成违法,标准以内应认定为合法"。[29] 值得一提的是,这些标准约束的对象都是诸如光照、电磁波、噪声等不可量物。只有当出现如朱荣成诉上海弘象置业有限公司、上海新马建设有限公司相邻损害防免关系纠纷案[30]中发生的原告方房屋外墙裂缝这一实际可见受损情况时,法院才在维护已有合法(肯定性)公法许可的基础上,允许原告方行使一定的私法排除请求权,即判决被告方做出相应补偿。

(2)相关公法性许可可否在私法裁判中发挥说理效力问题

在该情形下,法院的裁判路径分化为两类。在大多数相关案件的审理中,法院的裁判依据往往建立在既有公法性许可内容的基础之上,并未深入审查当事人相邻关系利益是否真实受损,便以对当事人造成影响等模糊的措辞,直接做出保护原告方的判决。[31] 但另有部分法官并不认可相关公法性许可在私法裁判中的说理效力。他们对于公法性许可的效力,确认其不属于法院审查范畴,而应由相关行政机关或行政诉讼作出认定和处理。而其裁判路径是回到私法相邻关系规范的本源,根据现场实证,而不是完全依据公法性许可内容,评估被告方是否真的侵害了原告方的相邻关系权益,进而做出相应裁判。[32]

2. 程序层面

相邻关系公私法程序层面上的冲突主要集中体现为在违反公法许可损害私人相邻利益时,应选择行政诉讼(复议)还是民事诉讼加以维权的问题。

针对该问题,一般理论认为基于公共利益和行政效率的考虑,具体行政行

---

[28] 这种容忍义务,具体为"建造建筑物,符合国家建设标准的,即使对邻近建筑的通风、采光和日照造成一定程度的妨碍,也应当视为未超出容忍限度,相邻建筑物的所有人或利用人负有容忍义务。"参见最高人民法院物权法研究小组:《〈中华人民共和国物权法〉条文理解与适用》,人民法院出版社 2007 年版,第 283 ~ 284 页。

[29] 上海市第二中级人民法院(2017)沪 02 民终 9762 号民事判决书。

[30] 参见上海市普陀区人民法院(2011)普民一(民)初字第 3048 号民事判决书。

[31] 例如,参见上海市黄浦区人民法院(2015)黄浦民一(民)初字第 7605 号民事判决书、上海市黄浦区人民法院(2015)黄浦民一(民)初字第 699 号民事判决书。

[32] 例如,参见上海市第一中级人民法院(2015)沪一中民二(民)终字第 2552 号民事判决书。

为的执行往往具有优位性,亦不受行政复议和行政诉讼的影响。[33] 而在上述理论的影响下,在相邻利益冲突语境中,在行政许可未被撤销前,法院不支持对邻人提起私法意义上的所有权妨害或不作为请求权。[34] 样本案例中的凌秋妹等诉上海中园房地产开发有限公司相邻采光、日照纠纷案,[35] 所经历的诉讼过程为"先行政后民事",事实上亦遵循着这一理论。同时值得注意的是,本案先行的行政诉讼中,法院针对确认的违法行政许可行为,做出了行政补偿[36] 决定。而该行政补偿在后续民事诉讼中,事实上起到了排除当事人进一步诉请民事赔偿的权利。

四、对相邻关系公私法具体冲突裁判路径的评析

结合上部分的讨论,我们可得知法院对相邻关系公私法具体冲突的裁判路径有以下特征:

(一)利益衡量方法的应用

从相邻关系私法视角来看,有学者评价"相邻关系规定乃基于相邻关系人间睦邻之相互关顾义务利用利益衡量之原理,使权利行使间相互调和,达到物尽其用,相邻不动产共存共荣,社会与国家同享其利之终局目的。"[37] 而根据对

---

[33] 参见许炎:《行政救济法上不停止执行原则的再思考》,载《行政法学研究》2006年第1期,第102页。

[34] 在"富顺县永年镇农机管理服务站诉肖顺明案"中,法院明确认为,行政机关的建筑许可具有排除邻人基于所有权所享有的妨害排除和不作为请求权。邻人若想排除该侵害行为,只能通过提起撤销建筑许可之诉予以解决。参见国家法官学院、中国人民大学法学院编:《中国审判案例要览》(2002年民事审判案例卷),中国人民大学出版社2003年版,第66页。

[35] 参见上海市第一中级人民法院(2012)沪一中民二(民)终字第1289号民事判决书。

[36] 因该案再审判决时间晚于整体建筑的竣工时间,如若更改设计施工以保护邻人的权利,成本巨大,故当地规划部门基于整体利益权衡仍为该建筑验收并核发建设工程竣工规划验收合格证,使该整体建筑合法化。故此处法院只能采用行政补偿来救济邻人。

[37] 谢在全:《民法物权论》(上册),中国政法大学出版社2011年版,第178页。

上述案例样本的内容分析,我们可以发现法院将处理私主体间相邻关系冲突所用的利益衡量原则,亦扩展至相邻关系公私法冲突的协调之中。具体来讲,这种利益衡量集中体现在上述私法排除请求权可否排斥(肯定性)公法许可的问题解决过程之中。

如前述在相邻关系公法许可确认合法的情形下,法院之所以采取上述公法许可优先的裁判路径,就是因为考虑到由于合法公法许可允许的相关建设并未对当事人产生过度的影响,此时若支持私人恢复原状的请求,其往往可能需要付出极大的改建成本。故当事人只能履行相应的容忍义务。

而在相邻关系公法许可为非法的情境下,从理论上来讲,影响相邻人利益的相邻关系公法许可,尤其是非法的相邻关系公法许可这一具体行政行为一经做出,便趋向使邻人的相邻关系权益处于一种危险状态。此时,若邻人及时提起行政诉讼,便可高效地避免将要发生的对己方相邻关系权益的实际侵害结果。但现实中,邻人囿于信息的不对称和专业知识的缺乏,往往直到实际侵害结果发生或即将发生时,才意识到并开始采取相应的救济。而此时若再改变或撤销原有规划,成本巨大。在利益衡量的权衡之下,如在凌秋妹等诉上海中园房地产开发有限公司相邻采光、日照纠纷案中,[38]法院便只能给予原有非法相邻关系公法许可以"合法"的名分,并通过要求施工方向相邻人给予一定经济补偿的方式,来协调这一冲突。

(二)对既有公法性许可的过度依赖

通过审视上述案例,我们可以发现法院在裁判涉及相邻关系公私法冲突的案件时,往往呈现一种依赖既有公法性许可的态势。而这具体体现在审理程序、裁判过程、审理结果这三个层面。从审理程序层面来看,在相邻关系程序层面的冲突中,私法救济需以先前行政诉讼(复议)确认行政行为违法为前提,从而使冲突解决呈现公法程序优先的特点;从裁判过程层面来看,法院裁判往往以先前确认的行政性许可内容,作为认定私法相邻关系请求权的说理基础;从审理结果层面来看,法院倾向于保全合法相邻关系公法许可的合法性,而牺牲掉一部分私主体的相邻关系请求权。

法院在裁判相邻关系私法案件时,之所以有对公法性许可的依赖倾向,事

---

〔38〕 参见上海市第一中级人民法院(2012)沪一中民二(民)终字第1289号民事判决书。

实上往往是出于经济效率的考虑。随着公法介入相邻关系领域的深化与细化，当今相邻关系领域的公法许可基本呈现明确化的特点，即相关的公法许可往往有具体科学的标准可供检验。因此，法院倾向预先选择以公法的方式来解决争端无可厚非。

但从上述样本案例的司法实践中，我们可以发现，法院对这种既有公法性许可的依赖呈现过度的倾向。而这种过度倾向存有许多问题。从审理程序层面来讲，在法律无明文规定的背景下公法程序优先于私法排除请求权并无法律根据与理论基础。[39] 从裁判过程来看，如前述，根据公法对相邻利益冲突的介入程度不同，相邻关系的公法性许可，亦可分为待确认的行政许可和行政许可(包括肯定性行政许可与否定性行政许可)两类。值得注意的是，其中待确认的行政许可并不具备完全的公法效力。法院在应对相关公法性许可可否在私法裁判中发挥说理效力问题时，大多数法院的裁判说理都是未经充分的相邻利益衡量，便依据并不具备完全公法效力的《整改通知书》，做出判决。这无论从法理上，还是从情理上，皆是让人难以信服的。

同时，从另一角度来讲，对公法性许可的过度依赖，无疑也对我国公权力的适用提出了更高的要求。尤其是面对现代社会剧烈的变化，公法的缺位与滥用的可能性有增无减。

如若发生公法的缺位，意味着判定标准的缺失，公法许可的保护也将显得不明确。而在判定基准缺失的情形下，私法请求权人与不明确的公法许可保护的既得利益者皆可主张对己方有利的“合理”标准，并难以拿出完全说服对方的理由。而其法律后果，往往呈现一种零和博弈的态势：或使私人请求权难以得到充分保护，或使不明确的公法许可所追求的社会性目的落空。孟德斯鸠亦曾观察：“一切有权力的人都容易滥用权力，这是一条万古不变的经验。”[40] 由于现实条件的多样性并不能为立法所考虑周全，这时若一味遵从原有公法标准，便可能造成相邻利益的受损，进而构成了公法的滥用。

(三)对违法公法许可进行私力救济的弱态

从经济成本角度出发，针对相邻利益冲突中的违法公法许可行为，个体选择私力救济还是公力救济来解决权利纠纷，某种情况下取决于个体对两种方式

〔39〕 参见前引17，金启洲书，第253页。

〔40〕 [法]孟德斯鸠：《论法的精神》，张雁深译，商务印书馆1982年版，第154页。

的效用权衡。[41] 而一般情形下，对个体而言，选择公力救济，其自身承担的成本更低。这也是为何法院在处理非法相邻关系公法许可与私法相邻关系请求权的冲突时，在程序上选择公力救济优先，进而导致私力救济弱化的原因。

但我们也应观察到，以行政复议和行政诉讼为代表的公力救济在实践中存在立案难、判决难、执行难等种种问题，[42] 致使当事人难以维护自身合法权益，进而导致前述相邻关系公力救济的低成本并非必然。因此，对违法公法许可造成的损害进行私力救济仍有其必要性。

五、相邻关系公私法冲突协调路径的完善

结合上文的理论分析与司法实践总结，我们可以发现，针对相邻关系公私法冲突，当下实务界事实上已经形成了以公法规范为基准的协调路径。但正如笔者在上文所提出，该路径仍存在诸多瑕疵，因此有必要从多层面对该协调路径进行规范完善。

（一）以利益衡量原则为基本依托

相邻关系的公私法冲突本质上可以认为是社会与个人之间的利益博弈。当下法院的司法实践亦可看到此点。如上述，在利益量化的思维导向下，法院在处理具体冲突时，基本都以利益衡量原则为指导，以相关标准界定的容忍义务作为判决基准。在此基础上，笔者建议应从事前规范和事后救济两个层面，进一步细化落实利益衡量原则。

其一，事前规范层面。由于相邻关系领域涉及的利益往往是不可量物，如日照、通风、噪声等。当事人之间的"法定权利的边界模糊性及滞后性，会造成两个权利人基于同一事物行使权利时，从而发生利益冲突。"[43] 因此，公法一旦确定要介入相邻关系领域，需要首先在立法层面，立足做好公法标准的明确化与科学化。而这需要大量的相关试验，同时借鉴国外的既有经验，并根据各地

[41] 参见周林彬：《我国私力救济制度的实证分析：从定性到定量》，载《制度经济学研究》2004 年第 3 期，第 177 页。

[42] 参见何海波：《行政诉讼法》，法律出版社 2013 年版，第 21 页。

[43] 参见郝一丁：《权利冲突中法定权利边界模糊问题的解决》，载《南都学坛》（人文社会科学学报）2006 年第 6 期，第 91 页。

特殊地理与文化环境,制定出具有现实适用性的量化标准。

其二,事后救济层面。明确法官在具体案例的分析中,应在已有利益量化标准的基础上,从一个理性正常人标准的角度出发,对实际出现的标准未涉的影响因素(包括如当地习俗、不动产的坐落位置、不动产利用的先后关系、侵害行为的社会评价、经济上的可期待措施、受损方的损害性质及其程度轻重等)进行权衡,进而做出于公共利益和个人利益总和最大化的判决。[44]

(二)实现对公法性许可的"合理"依赖

在前文,笔者已指出我国法院在协调相邻关系公私法冲突时,存在对公法性许可过度依赖的特征。而这种协调特征虽有一定好处,但我们同样需要警惕其所带来的弊端。因此我们亟须解决上述在私法裁判中对公法性许可的说理效力问题,实现对公法性许可的"合理"依赖,笔者建议应在前述理性人利益衡量标准的基础上,从立法和司法两层面进行细化安排。

其一,立法层面。笔者建议应对各种相邻关系公法许可进行领域分类。由于不同领域相邻关系公法许可往往具有不同的性质和目的,因此,在事前立法层面,对公法性许可在私法裁判中的说理效力进行界定,事实上可极大地降低那些涉及重大公共利益领域的相邻关系公私法间的协调成本。具体来讲,我们可借鉴德国相关立法,在原子能、航空运输、水利等公共利益突出的领域,明确对上述领域内的相邻关系公法许可只能以公法程序解决,进而避免相邻关系公私法冲突。而对于其他领域的相邻关系公法许可,则有赖下述司法层面的协调。

其二,司法层面。上文已明确,根据公法对相邻关系的介入程度,公法对相邻关系公私法冲突的表现形式分可为:待确认的行政性强制(许可)与行政许可。而其中待确认的行政性强制(许可)事实上并无完全的公法效力。因此,法院在协调冲突的过程中,首先应区分待确认的公法性许可与"公法许可"(包括肯定性行政许可和否定性行政许可),并采用不同的裁判进路。对于待确认的公法性强制(许可),法院不能直接适用,而应直接分析双方当事人的具体利益格局,进而做出相应的判决;对于"公法许可",应采用以下路径:

首先,应回归私法相邻关系纠纷的本源,以功能视角确定具体受损的相邻

〔44〕 参见焦富民:《环境保护相邻权制度之体系解释与司法适用》,载《法学》2013年第11期,第138页。

利益。其次,考察相关公法性许可是否涉及前述具体受损的相邻利益。若未涉及,则排除适用该公法性许可;若涉及,则进入下一步。再次,观察公法性许可涉及的具体受损相邻利益是否有具体的公法量化标准。若有,则依建设是否符合公法标准,确定公法性许可效力及是否适用;若没有,则进入最后一步:实地考察,最终确定公法性许可是否与私法意义上的相邻利益有交集。

(三)合法私人利益保护在公法程序中的内化

私法自治的优越性,在于法律给个人提供一种法律上的权力手段,并以此实现个人的意思。[45] 但在现行法的框架内,私力救济在相邻关系公私法冲突领域的位阶是低于公力救济的。正如前述,法院基于利益衡量原则在事后对邻人采用附加容忍义务或补偿的方式,实质上也是对邻人相邻关系利益的变相削弱。

虽然在理论上,有学者建言考虑消除程序法的分裂,建构一个包括相邻关系公法和私法在内的统一的相邻保护法的可能性,解决程序层面上的相邻关系公私法冲突。[46] 但在当下公法和私法应拥有独立性的普遍认识下,上述设想难有实践空间。因此,笔者认为一种更务实的做法是在公法层面,保障事前参与公法许可的能动性。而这依赖于私人相邻利益诉求在公法许可过程中的充分展现,以制度化途径保障相关相邻权人的陈述、申辩与听证权,使其成为公法许可成立过程的必经环节。[47] 值得一提的是,《最高人民法院关于适用〈中华人民共和国行政诉讼法〉若干问题的解释》第 12 条、第 13 条第 1 款虽然明文赋予了邻人一般性的公法相邻权,但是这些规定在落实到具体的涉及相邻利益的法律法规时,可能出现内容空洞、无法适应具体情况的缺陷。故建议应在涉及相邻利益的具体法规层面,根据实际情况,具体安排邻人享有的公法相邻权,内化私法救济价值,如在《建筑法》中规定赋予邻人在行政许可审查中获得事前通知

〔45〕 参见[德]迪特尔·梅迪库斯:《德国民法总论》,邵建东译,法律出版社 2000 年版,第 143 页。

〔46〕 参见 Christian Zieglmeier, *Bindungsprobleme bei doppelgleisigen Rechtsschutzkonkurrenzen im Nachbarschaftsrecht*, Verlag, Duncker& Humblot GmbH,2003, S. 31。转引自前引 17,金启洲书,第 242 页。

〔47〕 参见顾大松:《法定与意定:规划许可采光纠纷的公私法解决路径》,载《国际城市规划》2017 年第 1 期,第 39 页。

的权利。[48] 同时有必要通过完善信息传递渠道、保障专家、社会组织、媒体等多方参与渠道的方式,提高相关人事前参与公法许可的能动性,进而更好地实现合法私人利益在公法程序中的保护。

(责任编辑:黄安然)

〔48〕 参见前引17,金启洲书,第251页。

完善我国税收事先裁定制度的探讨
——兼评《税收征收管理法修订草案(征求意见稿)》第46条

高　天*

摘要:

2015年国务院公布《税收征收管理法修订草案(征求意见稿)》,其中税收事先裁定制度被纳入该草案第46条,备受关注。我国税收事先裁定制度通过税务机关对纳税人就预期发生的有关税法适用困惑的事项进行释明,以消除纳税人对税法适用的不确定性顾虑。当前,我国税收裁定制度存在裁定适用范围异化与粗疏、裁定权主体配置不当、裁定效力规范过于片面、程序性规则缺失等问题与不足。鉴于此,我国未来《税收征管法》及其配套措施应对税收事先裁定制度加以改进和完善,进一步扩大事先裁定制度的适用范围,赋予县级以上税务机关法定权限内的税收事先裁定权,将裁定的效力规定予以概括化并增加失效情形,最后还应尽快建立健全我国税收事先裁定制度的程序性规则。

关键词:

税收事先裁定制度;税收法定;税法适用的不确定性

税收事先裁定是指特定的公共机关应纳税人就将来可能发生的一定交易事项或经济活动如何适用税法的申请而做出具有一定约束力的确定性解释或裁定。税收事先裁定制度的产生主要囿于以下两点考虑:一方面,在税法学层面上,税收法定被称为税法的最高法律原则,而税收要素明确是税收法定原则重要组成部分,这就要求税法规范必须尽量明确清晰,避免漏洞、模糊和歧

---

* 高天,中央财经大学法学院2016级硕士研究生。

义。[1] 然而,实践中尽管存在浩如烟海的税法规范,但税收执法争议仍然无法避免,而且伴随经济贸易的创新和发展,税法的漏洞和模糊甚至有加剧之趋势,这种趋势同时也带来了税法适用的不确定性。另一方面,在经济学层面上,损失规避效应表明人们对损失比对收益更关注,对等量损失的估价高于对等量收益的估价。确定性效应表明大多数人对确定性结果中“正”的结果(例如收益)持追逐风险态度,对不确定性结果中“负”的结果(例如损失)持规避风险的态度。[2] 在税法领域,当特定交易事项和经济活动面临税法适用的不确定性时,纳税人容易高估该行为可能带来的税务损失,进而在规避风险心态的驱使下取消该交易事项或经济活动,这从宏观和长远角度考虑显然不利于刺激一国市场的活跃和经济的繁荣,最终也会损害一国的税收利益。面对上述难题,税收事先裁定制度可以有效克服税法适用的不确定性,避免危害后果的发生,平衡和维护纳税人的切身权益和国家的税收利益。

正是由于税收事先裁定的上述制度功用和价值,自1911年瑞典对印花税实施税收裁定以来,越来越多的国家和地区逐渐接受并开始引进和设计本土的税收裁定制度。根据经济合作与发展组织(Organization for Economic Co-operation and Development, OECD)在2015年发布的《有关OECD国家和非OECD经济体的税收征管情况对比报告》,56个被调查的国家和经济体中已有52个国家规定了事先裁定制度。[3] 我国税收事先裁定制度发展历程较短,实践层面上,2012年国家税务总局首次与中国海洋石油总公司、中国人寿保险公司和西门子有限公司3家大企业签署税收遵从合作协议,其后浙江、山西、青岛、北京、厦门等各地多省市税务机关纷纷与大企业签订税收遵从协议。[4] 规

---

[1] 参见张守文:《财税法学》(第5版),中国人民大学出版社2016年版,第123页。

[2] 参见张建忠、卢秋声:《税收事先裁定国际经验及借鉴》,载《财会通讯》2017年第11期,第120页。

[3] *Tax Administration* 2015 *Comparative Information on OECD and Other Advanced and Emerging Economies*, Paris: OECD Publishing, 2015. 其中,瑞典是否属于已建立税收事先裁定制度的国家,存有争议,笔者倾向于肯定态度,因为无论是司法机关主导还是行政机关主导,均是事先裁定制度的一种模式,而不应是判断是否属于事先裁定制度国家的标准。

[4] 参见张剀:《签署协议共控风险税企合作渐入佳境》,载《中国税务报》2017年2月17日,第9版。

范层面上,国家税务总局在2011年“71号文”以及2015年“82号文”中先后提到“税收遵从协议”。[5] 税收遵从协议是指税务机关与已经建立税务风险内部控制机制的大企业以共同防控税务风险、提高大企业税法遵从度、降低税收成本为目的签订的协议。[6] 实际上,税收遵从协议并不等同于税收事先裁定,但税收事先裁定往往是税收遵从协议的一项重要约定之一,“事先裁定”一语首次正式出现是在国税局2013年“145号文”中,[7] 该文明确规定试行大企业涉税事项事先裁定制度,但缺失操作性较强的制度设计,更多是宣示性和指引性的描述。直到2015年,国务院法制办公室发布《税收征收管理法修订草案(征求意见稿)》(以下简称《税收征管法草案》),税收事先裁定制度被纳入该草案第46条,引起了学界与实务界的广泛关注。[8] 然而该草案公布至今已3年有余,仍停留在国务院法制办公室层面,这也从侧面反映了社会各界对草案中许多制度调整和创新尚存较大争议,法律的进一步修订面临着不小的挑战。令人欣慰的是,国务院立法工作计划已明确将《税收征管法草案》列为今年重要立法项目之一,并将依照法定程序提请全国人大常委会审议。[9] 税收征管领域的修法工作迈出了具有实质意义的关键一步,至此,税收事先裁定制度有望在法律层级的规范中被正式确认。

---

〔5〕 参见《国家税务总局大企业税收服务和管理规程(试行)》(税总发〔2011〕71号)以及《国家税务总局关于印发〈国家税务局地方税务局合作工作规范(1.0版)〉的通知》(税总发〔2015〕82号)。

〔6〕 参见虞青松:《税收遵从协议的治理机制——行政合同的实证解析》,载《行政法学研究》2013年第3期,第43页。

〔7〕 参见《国家税务总局关于进一步加强大企业个性化纳税服务工作的意见》(税总发〔2013〕145号)。

〔8〕 《税收征管法草案》第46条规定:“税务机关应当建立纳税人适用税法的预约裁定制度。纳税人对其预期未来发生、有重要经济利益关系的特定复杂事项,难以直接适用税法制度进行核算和计税时,可以申请预约裁定。省以上税务机关可以在法定权限内对纳税人适用税法问题作出书面预约裁定。纳税人遵从预约裁定而出现未缴或少缴税款的,免除缴纳责任。”后文无特别指明,所引《税收征管法草案》之规定均出自该条。

〔9〕 参见《国务院办公厅关于印发国务院2018年立法工作计划的通知》(国办发〔2018〕14号)。

一、我国税收事先裁定制度的阐释

欲有针对性地对我国税收事先裁定制度展开探析,须建立在充分了解我国当前制度现状的基础之上。《税收征管法草案》第46条寥寥数语已为我们勾勒出了我国税收事先裁定制度的总体构想和基本框架,笔者接下来将以《税收征管法草案》为蓝本,拟从裁定对象、裁定范围、裁定内容等三个方面进行全面的制度梳理,力图展现出我国税收事先裁定制度的重要特征和基本面貌。

(一)裁定对象之事先性

税收事先裁定制度针对现时尚未发生但将来可能发生的交易或经济事项,事先性应该是税收事先裁定制度最鲜明、最基本的特征,该特征使其区别于税法实践中常见的“税收个案批复制度”。税收个案批复,是指税务机关针对特定税务行政相对人的特定事项如何适用税收法律、法规、规章或规范性文件所做的批复。〔10〕 税务个案批复与税收事先裁定在制度内容方面存在相似之处,二者均是税务机关对某些特定事项如何适用税法规范所做出的解释,用于弥补法律缺漏与滞后,减少税法适用的模糊性。但二者的差异也较为明显,尤其是在制度的处理对象方面,个案批复制度针对的是纳税人已经发生的交易或经济事项,是一种事后性申请,而税收事先裁定针对的则是纳税人所计划或考虑中的尚未发生的交易或经济事项,是一种事先性申请。

从国际实践来看,大多数国家的事先裁定只适用于预期未来发生但尚未发生的交易和活动,但也有少数国家将范围扩大到已经发生的事项。〔11〕 我国《税收征管法草案》第46条规定:“纳税人对其预期未来发生……的特定复杂事项……可以申请预约裁定。”可见,我国税收事先裁定制度遵循了国际立法主流,将裁定对象限制在现时尚未发生但将来可能发生之列,对于即使是申请前、尚未确定税收后果的已发生事项亦排除在制度适用之外。这一立法模式尊重了税收事先裁定独特的制度构造和价值功用,使之与“税收个案批复”等相近制度清晰地界分开来,各司其职,共同维护税收征管秩序的和谐稳定。

---

〔10〕 参见《国家税务总局关于印发〈税收个案批复工作规程(试行)〉的通知》(国税发〔2012〕14号)。

〔11〕 参见刘磊等:《事先裁定制度研究》,载《税务研究》2012年第9期,第45页。

(二)裁定范围之特定性

税收事先裁定制度的特定性包括两个方面的内涵。一是主体的特定性,OECD将税收事先裁定分为"公共裁定"和"私人裁定",公共裁定是指税务机关就特定情况下应如何解释税法条款而公布的规范性文件,私人裁定是指税务机关就纳税人提出的有关预期发生或已经发生的特定事项如何适用税法的申请予以的释明。[12] 前者是税务机关针对不特定多数主体颁布的可以反复适用的规范文件,是一种抽象行政行为,后者则是税务机关针对特定主体的特定事项所做出的具体行政行为。在我国语境下,第一种类型已经被大量的行政立法及其他有权机关的法律解释所吸收,因此OECD的分类标准并不契合我国的现实土壤,我国税收事先裁定的概念与OECD的"私人裁定"含义相当,并不包括"公共裁定"。因此,我国税收事先裁定是仅针对特定申请人的裁定。

二是事项的特定性,即税收事先裁定针对的是申请人提出裁定申请的特定交易事项和安排。那么,对于纳税人所能提出申请的事项是否有限制呢?我国《税收征管法草案》显然对该问题作出了肯定回答,该草案第46条对事先裁定的适用范围除了需满足"事先性"外,还规定了三项判断标准,一是"有重要经济利益关系",二是"特定复杂事项",三是"难以直接适用税法制度进行核算和计税",且上述标准必须同时满足。其中前两项标准是程度上的要求,即申请事项需要对申请人有重要利害关系,而且还需要达到一定复杂性,这主要是考虑到有些事项并非税法本身存在客观问题,而是个别纳税人由于自身主观原因造成的理解不能,这类事项纳税人可以通过咨询、学习等其他途径加以解决,而不在事先裁定的受理之列,对申请事项的"复杂性"要求一定程度上可以避免申请泛滥。对于第三项标准"难以直接适用税法制度进行核算和计税"则是内容上的要求,即申请事项必须是有关适用税法进行核算和计税的事项,而税收征管中的其他类型争议,如纳税地点、纳税征收方式、税收保全、税收行政处罚和强制执行等事项,[13]则不属于税收事先裁定的受理范围。

(三)裁定内容之解释性

德国著名法学家拉伦茨曾指出:"法律条文对解释者构成疑难时,他借着解

---

[12] *Tax Administration 2015 Comparative Information on OECD and Other Advanced and Emerging Economies*, Paris:OECD Publishing,2015,p.288.

[13] 参见朱大旗:《税法》(第2版),中国人民大学出版社2010年版,第388页。

释这一媒介活动来了解该条文的意志;而一个法律条文的疑难则在被考虑到它对某一特定法律适用性时才发生。"[14]税法具有概括性和抽象性,为了使税法能够顺应不断变化的社会需求,适用复杂多变的社会关系,在税法法律规范条文与某一具体税收案件相涵摄时,税法解释往往是必要的。税法解释可以有效的弥补税法规范的自身不足和执法困境,保持税法规范的稳定性、严肃性和权威性。税收事先裁定的本质功能即是将模糊的税法规范予以提前释明,提高税法适用的确定性和可预测性,解释性是税收事先裁定制度最核心的特征。

我国《税收征管法草案》第46条第2款规定,省以上税务机关可以在法定权限内对纳税人适用税法问题作出书面预约裁定。从上述规定可以看出,我国税收裁定制度是通过中央和省级税务机关对纳税人有关税法适用问题的申请作出的事先裁定,从本质上讲,这种裁定行为属于税法行政解释的范畴。解释的对象主要是税收法律规范条文,包括税收法律、税收行政法规、地方性税收法规以及其他法律法规中有关税收的条款等。除此之外,由于税收立法文献如立法理由、立法草案、审议记录,以及立法当时的社会、经济、政治、技术等附随情况对税法的解释具有辅助作用,因此在某些情况下也可以成为税法解释的对象。[15]税收事先裁定制度是探求立法者制定税法时所体现的税收法律规范意旨的途径之一,其最终目的是为了正确适用税法,因此,解释性集中体现了税收事先裁定制度的功用价值,是其制度魅力之所在。

二、我国税收事先裁定制度的问题与不足

从上述分析可以看出,整体而言我国税收事先裁定制度在裁定对象、裁定范围、裁定内容等方面,其制度构造基本契合了我国当前的法律土壤,彰显了税收事先裁定在提高税法适用确定性方面独特的制度价值。但是,当我们由粗入细、由表及里对我国税收事先裁定制度展开全面检视时,可以清晰地感受到,我国税收事先裁定的具体规则设计在实践和理论两个层面均存在不同程度的问题与不足。

---

[14] 转引自黄茂荣:《法学方法与现代民法》,法律出版社2007年版,第302页。

[15] 参见刘剑文:《税法学》(第5版),北京大学出版社2017年版,第158页。

（一）主体范围异化且客体范围粗疏

适用范围解决的是哪些主体和事项可以适用税收事先裁定制度的问题，是一个准入性的“门槛规则”，科学合理的适用范围可以使税收事先裁定制度在防止行政资源的无序和浪费与最大限度发挥制度价值之间取得平衡。税收事先裁定制度的适用范围包含两个层面的范围，一是“人的范围”，二是“事的范围”。“人的范围”是指哪些主体具有申请事先裁定的资格，对此《税收征管法草案》中使用了“纳税人”一语，纳税人是纳税义务人的简称，指在税法中直接规定的负有纳税义务的单位和个人，是税法中关于纳税主体的通行概念。[16] 可见草案并未对申请人的主体资格进行特别限制，但是在国家税务总局的其他规范性文件中却是另一番景象。在国家税务总局2011年《国家税务总局大企业税收服务和管理规程（试行）》、2013年《国家税务总局关于进一步加强大企业个性化纳税服务工作的意见》、2015年《国家税务局地方税务局合作工作规范（1.0版）》等文件中，无一不将大企业作为税收遵从协议或者税收事先裁定的政策实施客体。实践中，各地税务机关的做法也是如出一辙，与之签订税收遵从协议的另一方几乎都是名声赫赫的大企业。实际上形成的局面即是大企业享受着制度红利的同时，其他众多普通纳税人如同隔岸观火，被置之事外。《税收征管法草案》中“纳税人”一词虽有进步，但实践中为大企业提供个性化纳税服务的事先裁定理念似乎已经深入人心，未来是否能够顺利扭转当前已形成的大企业实际“垄断”局面，仍然令人担忧。

税收事先裁定制度的初衷正是为了弥补税法的纰漏，对税法适用中存在的模糊之处为纳税人予以释明，消除纳税人的忧虑和困惑。而这种忧虑和困惑绝非大企业独有，囿于法律的普适性，普通纳税人同样会遭遇上述状况，如果此时将普通纳税人置于制度门外，这显然是极不公平的，也不符合事先裁定制度的初衷。在市场经济条件下，各个市场主体均会有意或无意根据现有税法制度合理安排自身的经营活动，以期降低经营成本获取最大效益。公正平等是市场经济法律制度的基本精神之一，[17] 如果在事先裁定的申请资格方面对大企业和其他市场主体予以差别对待，两者无疑在获取相关信息方面将出现失衡，这实际

[16] 参见王曙光等：《税法学》（第6版），东北财经大学出版社2016年版，第25页。

[17] 参见谢海定：《中国法治经济建设的逻辑》，载《法学研究》2017年第6期，第23页。

上是人为地设置了不平等的竞争条件,破坏了公平竞争的市场经济环境。

另一方面,“事的范围”是指哪些事项可以申请税收事先裁定。《税收征管法草案》规定了四项标准:一是“预期未来发生”,二是“有重要经济利益关系”,三是“特定复杂事项”,四是“难以直接适用税法制度进行核算和计税”。其中第二项标准要求裁定事项要对申请人具有重要经济利益关系,第三项标准要求裁定事项须达到特定复杂的程度。那么“重要”“复杂”该如何界定?这些限定词汇不仅语义模糊,操作性不强,而且实践中也容易导致税务机关变相地限缩事先裁定的适用范围。税收事先裁定制度本质上在追求税法以及税法适用的明晰化,不断推动税法规范体系的完善,对纳税人而言这是一项便民纳税服务,有利于保护私人财产权,对国家而言这是税收征管正当性的夯实,有利于规范征税权的运行轨迹。[18] “即使是最好的法律,也存在漏洞。”[19]税法的不确定性不仅集中在“有重要经济利益关系的特定复杂事项”上,法律的漏洞和不完善可能出现在任何平凡细微之处,而草案的规定无疑排除了大量普通的亟须明确的税法适用争议事项。另外,在域外立法例中,大多数国家或地区基本都通过“正面规定”或(和)“负面列举”的形式规定了税收事先裁定的范围,如加拿大、新西兰、瑞典、比利时、韩国以及中国香港等。[20] 我国《税收征管法草案》仅从正面规定了裁定范围的判断标准,但是对比域外一些典型的负面列举规定,草案中的四项界定标准并不能完全将一些明显不适合税收事先裁定制度的事项排除在外,例如未经严肃考虑或者无合理商业目的的事项。这些事项甚至完全没有实际操作的可能性,但是当这样的事项又能够满足《税收征管法草案》中的四项判断标准时,税务机关只能选择依法受理相关申请。因此,“负面列举”规定的缺失无疑会造成行政资源的浪费和行政效能的降低。

(二)裁定权配置与制度环境不符

裁定权主体是指在税收事先裁定制度中享有解释税法适用问题,裁定特定申请事项权力的主体。裁定权配置解决的是权力配置问题,自然内含两个方面的指向:一是从横向上看,裁定权由税务机关享有还是另设独立于税务机关的

[18] 参见张怡:《税法学》,法律出版社2010年版,第72页。

[19] [德]赫克:《利益法学》,[日]津田利治译,庆应大学法学研究会1985年版,第13页。

[20] 参见朱大旗、姜姿含:《税收事先裁定制度的理论基础与本土构建》,载《法学家》2016年第6期,第128页。

裁定主体？二是从纵向上看，裁定权集中到中央层面统一行使还是授权地方分享裁定权？《税收征管法草案》中规定，“省以上税务机关可以在法定权限内对纳税人适用税法问题作出书面预约裁定。”这表明，在裁定权的横向配置上草案采取了将税务机关作为裁判机关的行政模式，在裁定权的纵向配置上草案选择了分权模式，更进一步讲是中央与省两级分权模式。

关于裁定权的横向配置问题实际上涉及学术界对于税收事先裁定采用司法模式还是行政模式的争论。司法模式将裁定权交由独立于税务机关的司法机关或准司法机关行使，主张司法模式的学者认为该模式最大的优点即是中立性，能最大限度地保证征纳双方的平等和裁定结果的公正。[21] 但是笔者不以为然，以有违中立性为由否定行政模式是对税收事先裁定制度本质的误解，税收事先裁定制度不同于一般的具体行政行为，税收事先裁定制度更多的带有一种问询性，最终的裁定结果只是对模糊的税法适用予以明确化，这一方面并不会对申请人的权利义务造成实际意义上的影响，申请人拥有选择权，他可以根据裁定结果进行趋利避害，自主决定未来是否实施申请裁定的事项。另一方面，中立性要求任何争议双方当事人不能作为裁判者，即“任何人不得作为其自己案件的法官”，[22] 而在税收事先裁定制度中税务机关与纳税人之间并非发生冲突或者争议，其本质应是税务机关对纳税人的事先“答惑解疑”。因此，税收事先裁定制度不必像一般具体行政行为中，行政机关应恪守“不做自己法官”的程序正义原则，税收事先裁定制度的裁定权主体无需主动回避。相反，申请人需要的正是税务机关的裁定答案，以真正消除特定事项在税法适用中的不确定性。因此，税务机关作为裁判机关的行政模式更符合制度目的和初衷，《税收征管法草案》采纳上述立法设计的做法值得肯定。在裁定权纵向配置方面，考虑到行政资源的有限性，《税收征管法草案》抛弃了集权模式，选择了由中央税务机关与地方税务机关共同分享裁定权的分权模式。然而，草案中央、省两级分权法是否契合事先裁定的制度定位和我国当下的法律土壤，恐怕还需进一步商榷。

首先，央、省两级分权法与我国税收事先裁定的制度定位不相符。从国家税务总局有关税收遵从协议和税收事先裁定的规范性文件中，我们可以看到

---

〔21〕 参见刘磊等：《事先裁定制度研究》，载《税务研究》2012年第9期，第44页。

〔22〕 程洁：《行政程序法中的程序中立原则》，载《行政法学研究》1999年第3期，第52页。

“便民办税春风行动”“加强大企业个性化纳税服务工作”等字眼频繁出现。[23]朱大旗教授在挖掘税收事先裁定制度本质时也指出“税收事先裁定制度是一项以税法解释为中心的个性化纳税服务”。[24] 可见“便民”“服务”是税收事先裁定制度对自身的一个基本定位,在制度设计之时必须对上述定位予以充分考虑。在我国行政系统中,市县两级政府是联系群众的“最后一公里”,是政府履行行政管理职能的第一线,而将税收事先裁定的被申请机关设置在“省以上”,显然会对广大基层纳税主体造成申请不便甚至导致实际申请不能,不利于发挥税收事先裁定制度的便民纳税服务功能。

其次,央、省两级分权法不符合我国惯有的税收征管实践。我国现实中已经出现了大量市县两级税务机关与企业签订税收遵从协议的法律实践,而税收事先裁定往往是协议中一项重要约定。例如,2016年玉林市地税局、国税局与中国工商银行玉林分行、中国农业银行玉林分行等企业签订了税收遵从协议、[25]2016年宁波市地税局与宁波方太厨具有限公司、万华化学(宁波)有限公司等两家企业签订了税收合作遵从协议、[26]2015年阳谷县国税局、地税局联合与齐鲁电缆有限公司、山东谷丰源生物科技集团有限公司签订了税收遵从协议、[27]2017年瓜州县地税局联合国税局与中广核甘肃瓜州风力发电有限公司

〔23〕 参见《国家税务总局大企业税收服务和管理规程(试行)》(税总发〔2011〕71号)、《国家税务总局关于进一步加强大企业个性化纳税服务工作的意见》(税总发〔2013〕145号)以及《国家税务总局关于印发〈国家税务局地方税务局合作工作规范(1.0版)〉的通知》(税总发〔2015〕82号)。

〔24〕 参见朱大旗、姜姿含:《税收事先裁定制度的理论基础与本土构建》,载《法学家》2016年第6期,第124页。

〔25〕 参见《广西自治区玉林地税局、国税局联合举办税收遵从协议签订仪式》,载国家税务总局官网:http://www.chinatax.gov.cn/n810219/n810739/c2265460/content.html,最后访问日期:2018年3月1日。

〔26〕 参见《签订遵从协议防控税务风险》,载原宁波市地方税务局官网:http://www.nbcs.gov.cn/art/2016/12/5/art_9906_119624.html,最后访问日期:2018年3月1日。

〔27〕 参见《阳谷县签订国地税联合税收遵从协议》,载齐鲁晚报数字报刊:http://epaper.qlwb.com.cn/qlwb/content/20150528/ArticelL02007FM.htm,最后访问日期:2018年3月1日。

签订了大企业税收遵从合作协议。[28] 国家税务总局大企业税收管理司考核服务处处长刘淼指出，多年来税收遵从协议签署的法律实践使税企合作正走向深入，并且渐入佳境，一些省市国税局与地税局的联合签署行动也有力促进了国地税合作。[29] 草案中对市县两级事先裁定权的取缔不仅会使多年来探索的有益成果和经验遭到破坏，已经签署的税收遵从协议也将面临无法继续顺利履行的局面，良好的政企关系和政府的公信力均会受到不同程度的损害。

最后，事先裁定权集中在央、省两级也不利于行政资源的合理分流。截至2016年年底，全国实有各类市场主体已达8705.4万户。[30] 这些市场主体在运营过程中始终与税法发生着千丝万缕的联系，随时都可能遇到税法适用困惑需要申请税收事先裁定，而等待解释的裁定事项往往具有疑难复杂性，需要具有一定专业素养的税务人员进行处理。可以想象，面对数量庞大的事先裁定申请，央、省两级税务机关有限的行政资源将面临十分艰巨的压力。综上所述，央、省两级分权法与我国税收事先裁定的制度定位不相符，同时也不契合我国现有的法律实践与制度环境。

（三）裁定效力规范过于片面

赋予裁定法律效力是税收事先裁定制度的生命力所在，也是税收事先裁定制度功用得以实现的基本保障。首先，从申请人的角度来看，由于申请人对将来是否实际践行与申请事项相关的经济活动具有自主选择权，因此裁定结果对申请人而言实际上并无约束效力，对申请人的裁定效力可能仅仅体现在申请人基于信赖利益获得期待权，期待当未来申请人选择从事与申请事项相关的经济活动时，税务机关会遵从裁定结果。其次，从税务机关的角度看，正是上述期待权的存在，税务机关相应地产生了信守自身裁定行为的义务，这项义务指向的

〔28〕 参见邢智阳：《瓜州县国地税联合签订税收遵从协议》，载瓜州县地方税务局：http://jq.gs-l-tax.gov.cn/art/2017/5/19/art_4660_139019.html，最后访问日期：2018年3月1日。

〔29〕 参加张剀：《签署协议共控风险税企合作渐入佳境》，载《中国税务报》2017年2月17日，第9版。

〔30〕 参见《工商总局举行2016年全国市场主体发展等情况发布会》，载中华人民共和国国务院新闻办公室：http://www.scio.gov.cn/xwfbh/gbwxwfbh/xwfbh/gszj/Document/1540521/1540521.htm，最后访问日期：2018年3月1日。

是对税务机关将来特定税收执法行为的限制。因此,税收事先裁定的效力主要是指裁定对税务机关的约束,这个约束有以下两方面的要求。其一,如前所述,当申请人实际践行了所申请的预期事项后,税务机关要遵照裁定文书适用税法。其二,税务机关对嗣后任一申请人在相同或相类似的申请事项和条件下做到"同案同裁"。虽然事先裁定受制于特定性不能对申请人以外的纳税人直接产生法律效力,但基于避免偏私原则和公平原则,[31]裁定结果可以通过"同案同裁"的方式对所有纳税人产生间接效力。实际上,这也与前述税收事先裁定制度的解释性之内在机理相吻合。事先裁定制度的功能是通过释明法律以提高税法适用的确定性,如果税务机关不能做到"同案同裁",对同一税法适用问题前后给出两种以上裁定结果,那么该税法适用问题仍然是模糊的,裁定也就失去了意义。同时这种赋予裁定间接效力的处理方法,一方面是尊重税务机关执法判断权的表现,另一方面也有利于防止税务机关滥用权力,维护税法适用的统一性和严肃性。

《税收征管法草案》第46条第3款对裁定效力进行了规定,"纳税人遵从预约裁定而出现未缴或少缴税款的,免除缴纳责任"。从语义上进行理解,该款描述的情形是当纳税人从事了已经申请的特定经济活动或交易事项,该事项本该缴纳或多缴税款的,但是由于之前事先裁定结果是不缴或少缴,此时纳税人本当补缴的税款可以被免除。实际上,上述情形指向的税务机关作出错误裁定后的处理办法,即税务机关依然要受生效裁定的约束。但是这种情形毕竟是少数,其效力规范涵摄的范围狭窄而无法囊括大多数情形。另外,事先裁定的内容也不一定是涉及税款数额确定的问题,也有可能是纳税主体资格的确认、扣缴义务人的认定等其他任何税法问题。因此,上述条文虽在一定程度上肯定了裁定对税务机关的约束效力,然而该规定明显过于具体和片面,无法担当税收事先裁定制度效力规范的重任。

(四)程序性规则严重缺失

法律程序是人们进行法律行为所必须遵循或履行的法定时间与空间上的步骤和方式,它是对人们行为的抑制,是实现实体权利和义务的合法方式和必

[31] 参见姜明安:《行政法与行政诉讼法》(第6版),北京大学出版社2015年版,第78~81页。

要条件。[32] 法律程序不仅具有法律形式和工具价值，也有其独立的内在价值，税收事先裁定制度的顺利落地离不开程序性规则提供法律保障。税收事先裁定制度中富有争议且研究价值较大的程序性事项有两个：一是费用制度，二是裁定公开制度。下面将分别予以考究。

费用制度与事先裁定的潜在申请人切身利益息息相关，同时也关乎事先裁定制度价值实现的程度和质量，是一个无法回避、必须解决的问题。税务机关是否要对申请税收事先裁定的纳税人收取费用，我们需要回到行政收费的一般理论当中寻找答案。为什么有的行政事项需要收费，而有的行政事项不能收费？行政收费的理由和界定行政收费范围的标准是什么？行政收费是行政机关在依法行使职权或事业单位在依法提供公共服务中，向公民、法人和其他组织收取一定费用的行政决定。[33] 行政收费是一种收益负担，从理论上讲，行政收费之所以存在，最根本的理由在于：特别支出由特别收入来满足。[34] 根据江利红教授的观点，界定行政收费范围应遵循五个方面的标准：一是受益的直接性，二是受益者范围的特定性，三是受益程度的明显性，四是以拥挤性公共设施、自然资源的使用效率为标准，五是以排他费用、征收成本为标准。[35] 下面将结合税收事先裁定制度进行具体分析。首先，从收益的直接性上看，税收事先裁定制度中特定申请人获得受益，这种受益体现在其决策基础由不确定性信息转变为确定性信息，且该受益是由裁定行为直接引起的。其次，从受益者范围的特定性来看，由于裁定只在税务机关和申请人之间产生直接约束力，因此受益者范围仅限于特定申请者。有人可能会指出根据裁定所产生的间接效力，裁定将受益于所有潜在申请者。但是即便如此，潜在申请者的范围亦是有限的，因为不是所有纳税者都会适用到裁定涉及的税法规范，相反，法律漏洞、规范冲突等税法不确定性事项往往并不是常用规范。因此，税收事先裁定的受益者范围有限。再次，从受益程度的明显性看，同等条件下，提出事先裁定申请的纳税人所获利益明显高于未提出事先裁定申请的纳税人。最后，从排他费用和征收

---

〔32〕 参见孙笑侠：《法理学》，中国政法大学出版社1996年版，第149页。

〔33〕 参见章剑生：《行政收费的理由、依据和监督》，载《行政法学研究》2014年第2期，第60页。

〔34〕 参见应松年：《行政法学新论》，中国方正出版社1998年版，第325页。

〔35〕 参见江利红：《论行政收费范围的界定》，载《法学》2012年第7期，第67页。

成本上看,只有提出事先裁定申请的纳税人方能享受到税务机关提供的该项行政服务,其他未提申请的纳税人自然无法享受该项服务,因此,区分特定受益者和未受益者成本微小。另外,由于税收事先裁定制度与公共设施和自然资源关涉不大,故前述第四项标准不再作分析。综上,笔者认为,对申请税收事先裁定的纳税人收取费用在理论上具有正当性和必要性。实际上,合理妥善的收费制度还可以减少一些不必要的重复性裁定申请,防止税收事项裁定制度被滥用。

裁定公开制度也是另一项十分重要的程序性规则。税收事先裁定的效力要求税务机关对嗣后任一申请人在相同或相类似的申请事项和条件下做到"同案同裁",而这种效力的实现必须依托完善的裁定公开制度。将裁定结果公开,一方面可以加强裁定对税务机关行为的限制和约束效力,另一方面也有利于消减税法适用的不确定性,在某种程度上起到了填补税法漏洞之效果,同时税法适用争议的减少也客观上节约了行政资源,缓解了裁定部门的工作压力。

关于税收事先裁定的收费制度和裁定公开制度,我国《税收征管法草案》回避了学界争议,对上述事项没有任何涉及。不仅如此,《税收征管法草案》第46条——"税收事先裁定条款",该款也未出现其他任何有关税收事先裁定制度的程序性条款。没有清晰连贯的程序性规范加以配合,再完备的实体规范都是徒劳的。行政程序在促进行政机关积极作为、更好为人民提供服务、提高行政效率等方面发挥着不可替代的作用。[36] 申请步骤、裁定时限等基本程序性规则的缺失,使税收事先裁定制度没有任何操作性可言,在当前这种制度设计下,各方主体均会无所适从,事先裁定制度的所有功用和价值都会沦为无源之水,无本之木。我国税收事先裁定制度的实体规范与程序规范必须协同推进,相互配合,不可偏废一方。因此,着重推进税收事先裁定制度的程序性规则设计应是当前亟须加强的立法工作。

三、完善我国税收事先裁定制度的思路与对策

针对当前我国税收事先裁定制度存在的主体范围立法与实践脱节、裁定权配置不当、效力规范过于片面、程序性规则严重缺失等问题,笔者在立足我国现

〔36〕 参见应松年:《中国行政程序法立法展望》,载《中国法学》2010年第2期,第5页。

实法律土壤的基础上，适度借鉴域外立法实践与经验，充分考虑了制度改良的可行性与针对性，提出了进一步完善对我国事先裁定制度的具体建议，以期税收事先裁定制度在推动我国税收管理现代化、征纳关系和谐化方面发挥更大的作用。

（一）扩大适用范围的同时明确负面清单

首先，在事先裁定的适用主体范围方面，《税收征管法草案》并未对申请主体资格进行特殊限制，只要是纳税人即可，该种立法模式值得肯定。然而，鉴于目前实践中普遍存在的大企业“垄断”税收事先裁定的局面，为规范和引导执法实践，使税收事先裁定制度惠及更广泛的纳税主体，有必要通过加强立法解释或者司法解释的方式进一步明确事先裁定的适用主体为一般意义上的纳税人。其次，在事先裁定的适用事项范围方面，笔者建议应在《税收征管法》中将税收裁定的适用范围规定的更加开放，可表述为“纳税人对其预期未来发生的特定事项，难以直接适用税法制度进行核算和计税时，可以申请预约裁定。”这样一方面既回避了“有重要经济利益关系”“特定复杂事项”等抽象模糊、不宜把握的词汇，另一方面也将事先裁定的适用范围扩展到了其应有之维度。最后，还应在《税收征管法实施细则》中进一步通过“负面清单”的形式对不予适用的范围加以规定，根据一般法理以及该制度自身之逻辑，可以从以下几个方面考虑排除适用的事项类型：第一，无法裁定的事项，例如，税法没有规定的事项、超越职能权限范围的事项；第二，不符合事先性的事项，例如，已经发生的交易和经济事项、已被或正在被税务机关处理和检查的事项；第三，不符合解释性的事项，例如，纯粹事实问题而非法律适用问题的事项；第四，恶意申请的事项，例如，就特定交易或经济活动以偷逃税款为目的或企图以合法形式掩盖非法目的而提出的申请；第五，缺乏裁定意义的事项，例如，一定时间内不可能发生或者完全没有实际操作可能性的纯粹理论性问题的事项、已被裁定过的同一事项。总之，在税收事先裁定制度的适用范围上宜采用“原则允许，例外禁止”的立法模式，同时，在采用实质性标准对裁定事项进行囊括性的纳入时，要尽可能全面地服务于符合制度设计初衷和功能定位的纳税人。

（二）赋予县级以上税务机关裁定权

目前学界关于裁定权纵向配置的问题存在集权模式与分权模式两种观点。集权模式认为裁定权应集中在中央层面统一行使，分权模式则认为地方应与中央分享裁定权。在采行政模式下，即是中央税务机关与地方税务机关的权力配置问题。主张分权模式的学者多从行政资源有限性的角度加以论证,〔37〕而集权模式的辩护理由主要基于维护税法适用的统一性以及防止地方税务机关权力的滥用。〔38〕上述观点虽具有一定合理性,但均显普适化和表象化,缺少针对制度本身特殊性的思考,从而未触及裁定权纵向配置问题解决的关键。笔者认为,在面临集权模式与分权模式的抉择时,必须回归到制度本身与一国的具体税法环境当中去。

税收立法权属税权之一部分,税收立法权可以大致分成三个层次:第一层次是指创设、废止法律法规的主要立法活动,第二层次是指对税收法律法规的系统性落实和解释,第三层次是指对税收法律法规在既定框架内的具体调整。〔39〕税收事先裁定制度的税法适用解释应指第二和第三层次上的税收立法权。笔者以为,税收事先裁定制度裁定权的纵向配置取决于该国上述第二、三层次税收立法权的纵向配置。首先,从权源上看,税务机关只有在法律层面或制度层面拥有相关税法解释的权力空间,税收事先裁定权的配置才具正当性与合法性基础。其次,从现实看,具有第二、三层次税收立法权的税务机关也更有能力和经验开展好税收事先裁定工作。最后,从制度本身来看,原本即有相关税法适用解释权限的税务机关进行税收事先裁定工作,申请人亦更加信服裁定的效力性和确定性。因此,税收事先裁定制度裁定权的纵向配置应与一国第二、三层次税收立法权的纵向配置紧密挂钩。换言之,如果一国的第二、三层次税收立法权集中于中央层面税务机关享有,则其税收事先裁定制度裁定权的纵向配置宜相应采用集权模式,而当一国的第二、三层次税收立法权由中央和地方分享,则其税收事先裁定制度裁定权的纵向配置宜相应采用分权模式。至于采用分权模式是否会对一国税法适用的统一性和地方税务机关权力的使用的规范性造成负面影响,则既非税收事先裁定制度所要解决,也非税收事先裁定制度所能解决的问题,而需仰赖更宏大层面的税法制度的调整、改革和完善。

凡法皆需解释,税法尤甚。在我国税法规范体系十分庞杂,税务行政解释

---

〔37〕 参见熊晓青:《事先裁定热点问题研究》,载《国际税收》2016年第4期,第8页。

〔38〕 参见虞青松、张剀:《税收事先裁定的组织建构初探》,载《税务研究》2016年第6期,第95页。

〔39〕 参见白彦锋:《税权配置论——中国税权纵向划分问题研究》,中国财政经济出版社2006年版,第100页。

性文件从数量上远远超过税法,成为税法执法中的主要规范依据。[40] 大量税务机关解释是通过规范性文件的授权作出的,形成了税法行政解释中抽象解释与具体解释的二元化。我国各类税法行政解释至少包含通知、办法、说明、解释、答复、复函、规定、函、标准、批复、意见、通告等十二种形式。[41] 这其中既有中央和省级税务机关作出的规范性文件,亦不乏市级地方税务机关的作出的规范性文件。这表明我国税法行政解释权限并非止于省级税务机关。国家税务总局2017 年 5 月 16 日公布并于 2017 年 7 月 1 日起开始实施的《税收规范性文件制定管理办法》,将税收规范性文件定义为县以上税务机关依照法定职权和规定程序制定并发布的,影响税务行政相对人权利、义务,在本辖区内具有普遍约束力并反复适用的文件。该办法还规定,税收规范性文件由制定机关负责解释。[42] 根据上述规定,理论上县级以上税务机关均有对税收规范性文件的解释权,区别仅在于解释对象和权限有所差异,结合前文关于裁定权主体之分析,我国税收裁定制度裁定权的纵向配置宜与税法规范解释权的纵向配置保持一致,即县以上的税务机关均可成为裁定权主体。宜引起注意的是,各级税务机关必须在自身法定权限内接受事先裁定申请。采取上述裁定权分配模式,不仅是贯彻便利纳税人原则的体现,亦可以根据申请事项的受理权限不同进行分流,合理分配不同级次税务机关的执法资源。

(三)抽象化效力规范并增加失效情形

承前所述,《税收征管法草案》对税收事先裁定的效力规定明显过于片面和具体,未从一般意义上对裁定的效力进行抽象概括。税收事先裁定制度的裁定效力绝不仅仅限于对纳税人"遵约"情形下未缴或少缴税款的免责效力,而在于强调税务机关要在将来遵照自身所作之裁定适用税法。因此,该款条文可修改为"纳税人遵从预约裁定开展特定经济活动或交易事项的,税务机关应按照裁定内容适用税法。"

---

[40] 参见贺燕:《我国税法行政解释的现状与发展》,载《黑龙江省政法管理干部学院学报》2011 年第 5 期,第 28 页。

[41] 参见伍劲松:《我国税法行政解释制度之反思》,载《税务研究》2010 年第 3 期,第 70、71 页。

[42] 参见国家税务总局第 41 号令《税收规范性文件制定管理办法》(2017 年)第 2 条、第 12 条。

那么,税收事先裁定是否存在失效之情形呢?答案当然是肯定的。从域外立法实践来看,[43]失效情形大致包含两种类型:一是事实方面的变动,即申请人未按照申请时的预期计划实际开展经济活动,或者虽然开展了经济活动但与之前预期计划相比发生了实质性变化。二是法律方面的变动,即裁定时税务机关所依据的相关税法规范发生了有实质影响的立废修更。需要进一步指明的是,事实方面的变动引发的结果仅是对特定申请人失效,即该裁定的直接效力丧失,但该裁定中税务机关对相关税法适用问题的解释仍然具有间接效力,在未来处理事先裁定申请事项时税务机关要受到前述裁定的约束。而法律方面的变动——由于税收适用的税法依据不复存在,则会导致裁定对所有纳税人失效,即该裁定的直接效力和间接效力均消失殆尽。同时,失效情形不仅要在法律上予以明确规定,亦需作为法定事项在裁定文书上列明。

(四)建立健全事先裁定制度的程序性规则

建立合理妥善的收费制度和灵活的裁定公开制度,其中值得注意的是,裁定的公开必须以尊重和保护申请人的隐私和商业秘密为限,其重要程度不言而喻,但是这种限制是否足以为申请人提供周严的保护伞?对申请人而言,税收事先裁定可能只是其制定一项计划的参考资料之一,申请人并不希望这个裁定公之于众,因为这可能会引起相关方对该申请人的误解甚或造成不必要的麻烦和损失。例如,2015年的雅虎免税分拆申请事先裁定案中,由于美国国税局拒绝认可雅虎申请,使雅虎陷入进退两难的困境,其股价应声重挫4%。[44]换言之,即使不涉及隐私和商业秘密,仅仅是一般事项的公开也有可能给申请人带来损害。面对这一问题,笔者以为可以通过"匿名化公开制度"予以解决。即税务机关在公开裁定结果时,只就相关税法解释的实质性内容公开,或者以去实名化的案例形式公开。同时,是否采用匿名化公开的选择权宜交予申请人享有,这样的处理方式既达到了裁定公开制度的目的,又最大限度地降低了对申请人利益的侵害,实现了制度双赢。

除此之外,其他一般性的程序性规则的设计也必不可少。宜引起关注的

---

[43] 参见朱大旗、姜姿含:《税收事先裁定制度的理论基础与本土构建》,载《法学家》2016年第6期,第127页。

[44] 参见虞青松:《事先裁定不只是纳税服务手段》,载《中国税务报》2015年11月6日,B02版。

是,在税收事先裁定的程序制定过程中,要注重整合包括立法目的在内的各种实质因素,以保障制度功能的充分实现。[45] 税收事先裁定制度的一般性程序应分为两大阶段,一是裁定作出阶段,二是裁定执行阶段。在裁定作出阶段,包括以下步骤:(1)提出申请。税收事先裁定以纳税人提出申请为前提,纳税人必须以书面形式向税务机关提出申请,在申请书中应列明申请人信息、申请内容、有关证明等信息。(2)申请的形式审查与受理。税务机关主要对申请人所提供的申请和附加材料进行要件审查,并对申请事项是否属于事先裁定受理范围、被申请机关是否适当等情况进行形式审查,税务机关应在法定期限内对申请作出是否受理的决定,并说明理由。(3)裁定的作出。对于符合法定要件予以受理的申请,税务机关必须在法定期限内以文书的形式作出裁定结果,[46] 并说明理由,在裁定期间,税务机关可以就有关事项和税法争议性问题听取申请人陈述和意见。裁定作出后,申请人如果选择遵照裁定实施申请之事项,则进入裁定执行阶段。申请人在纳税申报或者税务机关在进行相关税收执法时,申请人应向税务机关出具前述已生效裁定文书,税务机关对裁定文书的真实性和是否存在失效之情形进行审核,对于合法有效之裁定应遵照裁定结果适用税法,反之则应作出不予适用的决定。

(责任编辑:苏晴)

[45] 参见刘艺:《行政程序中的形式与形式主义》,载杨建顺主编:《比较行政法——方法、规制与程序》,中国人民大学出版社 2007 年版,第 117 页。

[46] 各国对裁定时限的规定差异较大,但都有一定的限制措施。参见樊勇、韩文达:《我国税收事先裁定制度之完善》,载《国际税收》2016 年第 4 期,第 12 页。

地方立法必要性原则研究
——以“全民”地方立法为样本

邝耿毅*

摘要：

地方立法是我国立法体系中关键的一环，其作为国家立法的重要补充，担任着重要的历史使命。作为对立法体系关键一环的限制，笔者认为地方立法除了遵循不抵触原则、地方特色原则、可操作原则之外，还要遵循立法必要性原则。地方立法的本意不是“能立便立”“能立多立”，而是本地方区域的某一事项或者某一社会关系确实有立法规制的必要时，才能启动地方立法程序。本文首先对地方立法的必要性原则进行概念界定，随后基于对“全民”地方立法的分析，厘清非必要地方立法的成因，并在文章最后对遵循地方立法的必要性原则给予可行性建议。

关键词：

地方立法；必要性原则；“全民”

引　言

“推进科学立法、民主立法、依法立法，以良法促进发展、保障善治”是中国共产党在十九大报告中对立法工作提出的“高要求”，把依法立法与民主立法、科学立法并列为立法原则，体现党对立法工作的殷切关注、对立法技术的重视、对立法质量的关心。立法工作时刻都在进行，2017 年 12 月 1 日正式实施的《吉林省全民阅读促进条例》以及 2018 年 3 月 1 日正式实施的《山东省全民健身条例》，这两部地方性法规引起了笔者的特别关注：“阅读”与“健身”等属于个体

---

* 邝耿毅，中山大学法学院 2017 级硕士研究生。

生活范畴的事项是否有进行地方立法的必要？除了遵循《中华人民共和国立法法》（以下简称《立法法》）所规定的基本原则[1]以外，在不违反“地方特色原则”与“不相抵触原则”的前提下，地方立法机关是否能切实解决地方实际问题或者对地方某一社会关系进行有效调整？地方立法机关是否充分发挥立法职权，立足实际，切实考虑地方立法的需要？地方立法机关是否因地制宜，制定具有立法必要性的地方性法规，以实现“以良法促进发展、保障善治”的目标？

一、地方立法的必要性原则

地方立法的必要性原则（以下简称必要性原则），就字面意义而言，即地方有无立法的必要性；而就立法层面而言，地方事项有必要利用立法进行规制时，地方立法机关方可行使地方立法职权，结合地方实际情况，开展地方立法工作。学界关于必要性原则的研究以及讨论甚少，尚未达成对必要性原则的共同认知，因此笔者认为，对必要性原则进行研究以及探讨是有必要的。

（一）地方立法必要性原则的概念界定

地方立法除了要遵循《立法法》中规定的基本原则以及“不抵触是前提、有特色是基础、可操作是关键”等地方立法原则[2]之外，基于对立法质量、成本、效用等方面的考虑，还应该遵循必要性原则。由于对地方立法必要性原则的研究甚少，以及立法实践中对该原则的忽视，对其概念的界定存在一定困难。本文尝试从三个角度对地方立法的必要性原则进行概念上的界定。

第一，从授权正当性的视阈来看，《中华人民共和国宪法》第100条、《中华

---

〔1〕《立法法》(2000年通过)所规定的立法基本原则有四项：一是宪法原则，二是法治原则，三是民主原则，四是科学原则。

〔2〕参见涂青林：《论地方立法的地方特色原则——以立法法修改后广东立法为例》，载《地方立法研究》2017年第2卷第6期，第39～42页。

人民共和国地方各级人民代表大会和地方各级人民政府组织法》第7条[3]均对地方立法的权力来源进行法律上的确认,授予地方立法机关以正当权力开展地方立法工作;而《立法法》第72条、第73条明确规定地方性法规需要根据本行政区域的实际情况作具体规定的事项,对地方立法的权限范围作了一定的限制与约束。由此看出,立法者对地方立法的本意并不是"能立便立""能立多立",而是在本地方的某一事项确实具有立法规制的必要性时,立足于地方实际情况,方可启动地方立法程序。

第二,从地域独特性的视阈来看,基于我国行政区域的辽阔性,地方立法工作既需要统一性,也需要独特性。我国各地方自然资源分布不一、经济社会发展水平不一、民族风俗有所差别,对于立法工作也各有所需。因此笔者认为,在地方立法的工作中,要做到独特性与必要性的有机统一。具体而言,应当在遵循立法基本原则的前提下,尊重地方经济发展规律以及民族风俗习惯,针对本地方的具体情况和实际需要,制定相对应的地方性法规。[4]

第三,从立法不可替代性的视阈来看,如果地方某一事项可以通过其他方式,例如采取地方政府制定政府规章、规范性文件等方式对其进行规制、解决,则无须付诸立法。毕竟立法是一项复杂而又严谨的工作,工作量大又细微,而地方政府规章、规范性文件相对地方立法而言,制定成本相对低廉、制定事项相对灵活、实施效果相对显著。如果可以通过以上方式,而不启动立法程序对地方某一事项进行规制,那么该地方事项便无立法的必要。因此,地方确实存在

---

[3] 《中华人民共和国宪法》(1982年通过)第100条规定:"省、直辖市的人民代表大会和它们的常务委员会,在不同宪法、法律、行政法规相抵触的前提下,可以制定地方性法规,报全国人民代表大会常务委员会备案。"《中华人民共和国地方各级人民代表大会和地方各级人民政府组织法》(1979年通过)第7条规定:"省、自治区、直辖市的人民代表大会根据本行政区域的具体情况和实际需要,在不同宪法、法律、行政法规相抵触的前提下,可以制定和颁布地方性法规,报全国人民代表大会常务委员会和国务院备案。设区的市的人民代表大会根据本市的具体情况和实际需要,在不同宪法、法律、行政法规和本省、自治区的地方性法规相抵触的前提下,可以制定地方性法规,报省、自治区的人民代表大会常务委员会批准后施行,并由省、自治区的人民代表大会常务委员会报全国人民代表大会常务委员会和国务院备案。"

[4] 参见周旺生:《立法学》,法律出版社2004年版,第215页。

有必要进行立法规制且无法用立法之外的其他途径加以替代解决的事项，即地方立法具有不可替代性时，才可以开展该事项的地方立法工作。

以上分别从授权正当性、地域独特性、立法不可替代性三个角度对地方立法必要性原则进行概念上的界定。结合上述分析，笔者将地方立法必要性原则的概念界定为：只有地方某一事项具有立法规制的需求时，才可以启动地方立法程序，针对本地方的具体情况和实际需要，制定相对应的地方性法规，如果可以不采取制定法律文件的形式而通过其他方式、途径对地方事项进行规制，则无须付诸立法。〔5〕

（二）地方立法遵循必要性原则的缘由

欲行法治，必先立法。首先，地方立法本意是为了针对地方某一事项进行法律上的规制，落实国家“有法可依”的发展理念；其次，地方立法对地方政治生活、经济生活、文化生活带来良好的促进作用；最后，地方立法是为了更好地推行法治，为了法治国家、法治政府的早日实现。〔6〕但现今，地方立法工作存在一定的困境，基于地方立法权放宽，非必要地方立法〔7〕的“泛滥”一发不可收拾，严重影响了既有法律体系的稳定。然而，地方立法机关并没有意识到该问题的重要性。笔者将从立法过程、立法内容、立法效果及影响的角度，对地方立法遵循必要性原则的缘由进行阐述。

1. 节约立法资源，降低立法成本

立法是一项庞大而复杂的工作。从程序层面来看，立法要经过初始的规划，进而起草并对立法草案进行修改；为倡导人民积极参与立法，还需要向人民征求对立法草案的意见和建议；最后由地方立法机关进行审议通过并出台。从资源层面来看，立法作为将人的主观能动性与社会客观实际情况有机结合的活动，首先大量耗费的是人力资源，包括组织相关立法领域的专家、学者和专业人士进行立法草案的讨论、制定、修改，以及立法草案制定后征求民众意见或举行

〔5〕 参见陈伟斌：《地方立法应坚持必要性原则》，载《创新》2015 年第 2 期，第 110 ~ 113 页。

〔6〕 参见杜文骄：《地方立法赋予其他组织行政职能的价值与意义》，载《政治法学研究》2016 年第 2 卷，第 10 ~ 23 页。

〔7〕 “非必要地方立法”即违反立法必要性原则的地方立法。笔者为了文章语言的通畅，统一简称“非必要地方立法”。

立法听证会等。这些活动所耗费的人力资源是不可估量的,这里面包含了理论知识的运用、立法技术的锻炼、起草时间的付出等。此外,立法活动还需要相当的物资财力支出,包括立法前调研、审议、听证等环节中产生的直接费用。

从以上两方面进行考虑,地方立法遵循必要性原则,一方面可以减轻地方立法工作的负担,让地方立法工作能切实解决社会中存在的重点问题、事项;另一方面也可以节约地方立法资源,提高地方立法工作的积极性,树立地方立法的权威。因此,地方立法必须遵循必要性原则,以节约立法资源,降低立法成本。

2. 切实考虑地方立法需要,提高立法质量

《立法法》的修订,意味着地方立法权的放宽,但不意味着地方立法可以罔顾地方立法的实际需求,滥用地方立法权。滥用地方立法权的直接后果是立法质量的降低,造成该现象的原因,笔者将在本文第三部分再行阐述。地方立法必要性原则要求地方立法机关实事求是、从实际出发,对地方立法的实际需求进行深入调研并进行多方论证,以确定地方立法事项是否有进行立法规制的必要性。从立法内容的角度来看,罔顾地方立法的实际需求、滥用地方立法权,极易造成立法缺乏地方特色、体例单一、内容空白,对当地立法、司法、执法工作的开展反而起负作用。因此,地方立法必须遵循必要性原则,才能切实考虑地方立法需要,提高立法质量。

3. 增强地方立法的权威性

法理学中,对法律功能的描述是这样的:法律具有指引、评价、预测、教育、强制功能。非必要的地方立法不仅使地方性法规在人们实施一定行为时不能提供正确的指引,而且不能给予人民正确、合适的法律期待,不能起到法律准绳的作用。在预测上不可确定,在教育上无可适从,在强制上无法落实,进而降低立法质量与地方性法规的权威性,使国家立法的目的大打折扣。虚置地方立法,造成地方立法资源的浪费,降低人民对地方立法的信任度。在现实生活中,地方立法要得到贯彻执行,除国家强制力以外,其实最为关键、最为重要的还是人民对法律本有的敬畏和对社会道德的恪守,而地方立法如果不考虑立法必要性,会影响地方立法工作的推进、执行,导致人民对法律信仰的缺失,其守法基础终究会被蚕食,法治由此缺乏深厚的根基。[8] 因此,地方立法必须遵循必要性原则,以增强地方立法的权威性。

---

〔8〕 参见孙波:《试论地方立法"抄袭"》,载《法商研究》2007年第5期,第3~10页。

二、“全民”地方立法的实践与问题

地方立法是我国立法体制中不可或缺的重要组成部分，宪法、法律、行政法规与地方立法要做到有机统一，不是单纯地叠加或机械地堆积在一起，而是以一定的结构形式互相联系、相互作用，从而推动立法体系的完善。若地方立法存在问题，则会影响整个立法体系的发展进程。在我国目前地方立法的实践工作中，违反必要性原则严重阻碍地方立法工作的开展。因此本部分笔者以“全民”地方立法作为分析样本，对非必要地方立法存在的问题作出具体分析，以期对非必要地方立法的成因形成一定认知。

（一）“全民”地方立法的实践

为何以“全民”地方立法作为非必要地方立法的分析样本？笔者系从2017年12月1日正式实施的《吉林省全民阅读促进条例》以及2018年3月1日正式实施的《山东省全民健身条例》得到的启发——这两部地方性法规是否违反地方立法的必要性原则？与其相类似的法规数量有多少？笔者带着上述疑问，在北大法宝法规库中进行搜索，利用关键词“全民”，在“地方法规规章”范围内进行搜索。最终显示地方性法规72部，其中现行有效的法规36部（不包括“已被修改”的地方性法规），失效的法规10部。其中大部分地方性法规的规制范围为全民阅读、全民健身、全民义务植树等，法规的效力级别分别为省级地方性法规以及设区的市地方性法规。从样本法规数据中可以看到，“全民阅读”类型生效法规2部，“全民健身”类型生效法规22部，“全民义务植树”类型生效法规12部，[9]样本数据中以“健身”“义务植树”类型生效法规为主。

---

〔9〕 具体法规有：《北京市全民健身条例》《浙江省全民健身条例》《湖北省全民健身条例》《辽宁省全民健身条例》《湖南省全民健身条例》《甘肃省全民健身条例》《四川省全民健身条例》《安徽省全民健身条例》等“全民健身”地方性法规22部；《呼和浩特市全民义务植树条例》《安徽省全民义务植树条例》《黑龙江省全民义务植树条例》《甘肃省全民义务植树条例》《银川市全民义务植树条例》《广东省全民义务植树条例》《青岛市全民义务植树条例》《重庆市实施全民义务植树条例》《江苏省全民义务植树条例》等“全民义务植树”地方性法规12部；《吉林省全民阅读促进条例》《深圳经济特区全民阅读促进条例》等“全民阅读”地方性法规2部。

(二)非必要地方立法存在的问题——以“全民”地方立法为分析样本

1.“全民”地方立法所规制的地方事项不宜列入立法范围

笔者认为,“全民”地方立法所规制的地方事项不宜列入立法范围,原因有三:

第一,其所规制的地方事项属于个体生活范畴。“全民”地方立法的规制范围分别为——健身,属于公民体育锻炼的范畴;阅读,属于公民知识培养的范畴;义务植树,属于公民公益活动的范畴。地方立法作为国家立法的重要补充,必然也具有“强制性”。而笔者认为,个体生活是以个体主观意志为转移的,不宜用立法进行强行规制。

第二,其所规制的事项没有考虑地方实际需求。就“全民义务植树”这一特殊的立法范围而言,许多省份和设区的市没有立法规制的实际需要。个别地方如甘肃省、银川市以及包头市等西部植被稀少地区确实有立法规制的需要时,当地立法机关行使立法权,对“义务植树”进行立法上的规制具有合理性。而其余地区通过地方政府制定规章、规范性文件的途径进行正常、合理的规制即可,并不是任一地方事项都适宜上升到立法层面进行规制。

第三,其所规制的地方事项属于动态事项。对于制定“全民”地方立法的目的为规范行业秩序、规范公民个人生活的观点,笔者持否定意见。笔者认为,地方政府制定关于规范本地阅读、健身行业秩序的政策更为行之有效——因为相对其他地方事项而言,阅读、健身行业属于动态事项。以“健身”为例,最近频繁推广的“24小时自助健身房”模式,是否符合“全民健身”地方立法中关于健身服务业的规定?这种动态事项变化发展之快,适宜用灵活性较强的政府政策、规章进行调整、规范,而不宜采用立法途径进行规制。毕竟地方立法从法规制定到出台,所动用的人力、物力之大,完成周期之长,确实不适宜对动态事项进行规制。

2.“全民”地方立法存在互相抄袭现象

美国法学家波斯纳说:“真正的原创性是通过模仿实现的,该模仿精心地选择其模板,进而对模板进行个性化重述,最终努力对模板实现辉煌的超越。”[10]波斯纳这一说法,形象生动地阐明地方立法的前提是立法参考与仿造。就该角

〔10〕 参见[美]理查德·波斯纳:《论剽窃》,沈明译,北京大学出版社2010年版,第63页。

度而言,地方立法的模仿与参照行为无可厚非。但是“模仿”并不意味着地方立法就可以肆无忌惮地互相抄袭,互相抄袭造成地方立法质量的下降,违反地方立法的必要性原则。该问题在“全民”地方立法中体现得尤为突出。

其一,体例抄袭现象严重。现行生效的“全民健身”地方性法规有 22 部,而体例相同的就有《浙江省全民健身条例》《甘肃省全民健身条例》等 16 部之多,它们的体例构造大概分为:总则 + 全民健身计划 + 全民健身活动 + 全民健身设施 + 全民健身服务 + 法律责任。现行生效的“全民义务植树”地方性法规有 15 部,在这 15 部法规中,法规第一条到最后一条的结构顺序几乎是丝毫不差,顺序大致为:义务植树的确定、地方政府的推动、义务植树的主体、义务植树的要求、不履行植树义务的责任。笔者认为,立法体例的构造对于地方立法的制定十分重要。体例运用的好坏,体现在地方立法机关能否充分把握上位法的精神和实质,是否充分考虑地方客观情况。在行政法规已经出台《全民健身条例》前提下,浙江、辽宁、湖南、甘肃数个省份的“全民健身”地方立法原封不动地“复制、抄袭”《全民健身条例》或者他省法规的体例构造。地方立法如此盲目地抄袭,对地方立法的形象和权威造成了一定的负面影响。

其二,内容抄袭现象严重。现行生效的“全民健身”地方立法有 22 部,与《山东省全民健身条例》第 8 条[11]内容相同的有《辽宁省全民健身条例》第 8 条、《哈尔滨市市民体育健身条例》第 9 条、《湖南省全民健身条例》第 7 条等 8 个相同条款;与《吉林省全民健身条例》第 7 条[12]内容相同的有《甘肃省全民健身条例》第 7 条、《辽宁省全民健身条例》第 4 条等 6 个相同条款;与《黑龙江省全民义务植树条例》第 10 条[13]内容相同的有《呼和浩特市全民义务植树条例》第 18 条、《贵州省义务植树条例》第 22 条、《天津市义务植树条例》第 23 条等 6 个相同条款。条款内容的相似似乎不能说明地方立法抄袭的盲目性,但是不同省份、“设区的市”间立法内容的高度雷同,实有相互抄袭之嫌。以“全民义务植

[11] 《山东省全民健身条例》(2017 年通过)第 8 条:“各级人民政府和有关部门应当对在全民健身工作中做出显著成绩的单位和个人,按照有关规定给予表彰和奖励。”

[12] 《吉林省全民健身条例》(2010 年通过)第 7 条:“工会、共青团、妇联、残联等人民团体应当结合各自特点,组织开展全民健身活动。”

[13] 《黑龙江省全民义务植树条例》(2012 年通过)第 10 条:“县级以上人民政府绿化委员会应当对在义务植树和绿化活动中成绩显著的单位和个人给予表彰奖励。”

树”地方立法为例,广东省、甘肃省、银川市、兰州市等8个省份或“设区的市”对无故未完成义务植树任务或者有条件却不履行植树义务的单位及个人均制定处以2倍绿化费罚款的规定,仅有《银川市全民义务植树条例》对绿化费进行具体费用的规定,其他“全民义务植树”地方立法对罚款规定均无细化,以至于可操作性不强。与上述相似的例子比比皆是,但由于篇幅的原因,在此不再细数。

从立法倾向的角度来看,“全民”地方立法存在互相抄袭的现象,很大一部分原因是地方立法工作中普遍存在“贪大求全”的错误观念。如上列“全民义务植树”地方立法,虽然给人以体例完整的感觉,内容面面俱到,涉及地方政府的推动、义务植树的主体、义务植树的要求、不履行植树义务的责任等诸多方面,但相对应的规定却不够深入、细致,犹如“蜻蜓点水”,这正是立法抄袭的诟病。如此抄袭的“全民”地方立法,严重违反必要性原则中“针对本地方的具体情况和实际需要,制定相对应的地方性法规”的要求。

3.“全民”地方立法以模糊性条款为主,缺乏执行力

模糊性条款指的是法规条款的表述较为笼统、抽象,因为在立法制定过程中,法规条款无论如何严密,都不可能涵盖社会生活的方方面面。因此地方立法需要模糊性条款对地方事项加以规定,条款本身不具有可诉性、可制裁性,而侧重鼓励、支持、倡导。但是,一旦这种模糊性条款的运用过于频繁,那么地方性法规会变为一纸空文,缺乏执行力。“全民”地方立法中模糊性条款的运用频率甚高,笔者将其分为原则性条款和倡议性条款两种类型,以便分析其中存在的问题。

原则性条款过于强调原则的重要性,对地方事项没有进行详细和具体的规制。“全民”地方立法中,原则性条款的内容通常表现为“坚持……原则”“应当展开……宣传”“增强……意识”等措辞,示例为《吉林省全民阅读促进条例》第4条,[14]《杭州市全民健身条例》第8条、第13条等10个原则性条款。这些条款对地方事项的规制泛泛而谈,对解决地方性事务并无实际推动作用,反而会增加立法工作的负担。“国家以法治为先,法治以遵行为要”,立法的目的在于执行和遵守——从这个意义上说,法的实现就是法的生命。而地方立法是国家

〔14〕《吉林省全民阅读促进条例》(2017年通过)第4条:“全民阅读促进工作坚持政府主导、社会参与、资源共享和普惠大众的原则,建立健全服务保障体系,提高全民阅读服务质量。”

法律的细化,唯有详细具体的规定,才能在规范社会关系以及解决地方事务中存在可操作的空间,发挥自身作用。

倡议性条款与原则性条款相比,倡议性过度的问题更为突出。地方立法如果仅仅起到倡议、呼吁作用,人们对地方立法作用的认识会被混淆,在运用和遵守地方立法时难以准确把握立法的内容,进而使立法的权威性降低。倡议性条款的内容一般采用"鼓励和支持建设……""鼓励、支持……提供捐助""加强……的作用""倡导……发挥……作用"等措辞,示例条款分别有:《银川市全民义务植树条例》第 15 条、[15]《吉林省全民阅读促进条例》第 12 条、《深圳经济特区全民阅读促进条例》第 4 条、《甘肃省全民义务植树条例》第 18 条等 11 个倡议性条款。这类倡导性条款空有一身口号,面对地方事项的解决却没有具体、可行的条款予以指引。

地方立法的初衷是为确保国家立法的有效实施,防止法律制定之后被束之高阁。而模糊性条款给地方立法带来理解与适用上的不便,使地方立法缺乏执行力,导致地方立法目的难以实现。这不仅造成立法的资源浪费,而且降低了法律的权威性,使人们失去对法律应有的敬畏以及信念。

三、非必要地方立法的成因分析

地方立法的初衷是确保地方性法规在本行政区域内得到更好的遵守和执行。地方立法应注重结合本地实际,突出地方特色,体现立法的必要性原则。非必要地方立法既不尊重地方实际,又不切合地方实际需求,对地方立法、司法、执法工作形成较大阻碍。要解决该问题,首先要分析该问题的成因。笔者将从三个维度分析非必要地方立法的成因,这三个维度分别为地方立法倾向、地方立法技术、地方立法评估。

(一)地方立法存在"大跃进"倾向

2015 年关于《立法法》的修订,最重要的一点是对"设区的市"予以大幅度的立法扩权。这就意味着,过去 49 个"较大的市"才享有的地方立法权,扩大至现今 284 个"设区的市"。地方立法权的放宽,一方面调动了地方参与立法的积

[15] 《银川市全民义务植树条例》(2005 年通过)第 15 条:"鼓励单位和个人除履行植树义务外,认建认养林木、绿地,捐资支持义务植树。"

极性,提高了地方立法的专业性。但另一方面,地方立法(特别是“设区的市”)的数量呈现暴增趋势。从2015年3月《立法法》修订至2016年12月,(在可以行使地方立法权的“设区的市”中)已有174个“设区的市”经审议通过并批准地方性法规270件。[16] 截至2018年3月16日,笔者通过北大法宝法律法规数据库,查询到2015年《立法法》修订后“设区的市”地方性法规的颁布数量为1252件,平均每年颁布大约300件“设区的市”地方性法规。地方立法数量的暴增随之带来“大跃进”“一窝蜂”等不良风气,不少地方立法机关“秉承”片面追求立法数量和立法规模的观念,忽视立法质量和立法效益。使看似与时俱进的地方立法实际上无法实施,或者在现实生活中根本无法发挥作用,这就是地方立法中典型的“形象工程”。这种局面造成的结果往往是立法数量多而庞杂,质量参差不齐,不仅不利于地方事务的解决,并且浪费立法资源,严重违反地方立法的必要性原则。

(二)地方立法技术不成熟

所谓立法技术是指“立法活动中所遵循的,用以促使立法臻于科学化的方法和操作技巧的总称”。[17] 笔者认为,立法技术是促进地方立法工作发展的重要保证。立法技术的成熟与否关乎立法的质量、立法的效用、立法的权威等问题。“全民”地方立法反映出我国地方立法技术不成熟的问题:第一,立法抄袭常态化。第二,法规结构复杂冗余,追求体例完整性,造成一种“贪大求全”的局面。地方性法规本质上具有执行性质,不需要过于复杂、冗余的法规条款。第三,立法条文逻辑不严谨。具体表现为《湖北省全民健身条例》第45条[18]中“……依法给予处分”的表述,该“处分”系党内处分还是行政处分?笔者查阅其他省市的“全民”地方立法对相关处分的表述,均为“行政处分”。因此前述条文的逻辑不够严谨,存在相同问题的还有《江苏省人民代表大会常务委员会关于促

〔16〕 参见易有禄:《设区市立法权行使的实证分析——以立法权限的遵循为中心》,载《政治与法律》2017年第6期,第33~41页。

〔17〕 杨树人:《论我国地方立法技术存在的问题与对策》,载《成都行政学院学报》2009年第3期,第42~45页。

〔18〕 《湖北省全民健身条例》(2013年通过)第45条:“对未按规定将公共体育设施建设用地纳入城乡建设规划和土地利用总体规划的,由上级人民政府责令改正;拒不改正的,对有关人民政府负责人和其他直接责任人员依法给予处分。”

进全民阅读的决定》第 18 条等 7 个条款。之所以出现立法抄袭、法规结构冗余、立法条文逻辑不严谨等问题,直接原因是立法语言技术的欠缺,根本原因在于地方立法技术的不成熟。笔者认为,不成熟的地方立法技术导致地方立法的质量偏低、效果偏差,与立法成本的高昂投入形成鲜明反差,严重违反地方立法的必要性原则。

(三)地方立法评估存在制度漏洞

我国的地方立法评估分为地方立法表决(立法)前评估以及地方立法后评估,在提高地方立法质量、地方立法科学化等方面发挥着积极的作用。地方立法评估在推行初期便收到良好实效,但随着地方立法数量的增多、立法范围的拓宽以及立法主体的增加,地方立法的复杂性给立法评估工作带来种种困扰。主要体现在以下三点:第一,地方立法评估缺乏制度的预先设计,地方立法评估的主体、对象、方法(标准)、结果等一系列基础问题都没有具体的规则。纵使地方立法评估在实施初期取得一定的成效,但随着地方立法评估随意性、盲动性的凸显,使得地方立法评估工作的权威性受到侵犯。第二,地方立法评估重视评估结果而轻视评估后对结果的总结,是为“光评不估”。地方立法机关仅关注评估工作本身,评估工作结束后撰写评估报告即完事,反而忽略地方立法评估的根本目的——作为地方立法工作的“明镜”,认真分析评估报告中的结论性意见,对今后立法工作的顺利开展有重要意义。第三,目前地方立法评估主要采用自主评估的模式。地方立法机关不仅作为立法的主体,甚至还作为立法评估的主体,未免会有“既当运动员,又当裁判员”的嫌疑,地方立法评估工作的客观性、公正性、可靠性不能很好得到保证。[19] 地方立法评估存在制度漏洞,对非必要地方立法的评估缺乏具体的评估方法、评估标准,以至于许多非必要地方立法(如本文的“全民”地方立法)成为“漏网之鱼”。

四、遵循必要性原则的可行性建议

(一)建立遵循必要性原则的审查机制

地方立法遵循必要性原则,最重要的是建立遵循必要性原则的审查机制,

〔19〕 参见杜承秀、朱云生:《地方立法评估的实践审视与制度完善》,载《地方立法研究》2018 年第 1 期,第 52 ~ 53 页。

笔者围绕必要性原则中授权合法性、立法不可替代性的特征进行分析,以期对建立遵循必要性原则的审查机制作出合理建议。

1.审查省级、"设区的市"的地方立法是否超越权限

"设区的市"的地方立法是否超越权限似乎极易进行审查,因为《立法法》设定"设区的市"的立法范围系城乡建设与管理、环境保护、历史文化保护三个方面。[20] 笔者认为,该设定实质上间接扩大了"设区的市"的立法范围,特别是在城乡建设与管理方面以及历史文化保护方面。这两个立法范围包罗万象,地方立法机关可以将很多范畴纳入城乡建设与管理以及历史文化保护。例如《武汉市全民健身条例》,"全民健身"实属体育综合规定,不属于城乡建设与管理的范围,但地方立法机关却将"全民健身"纳入城乡建设与管理的立法范围内。这样一来,"设区的市"的立法范围意味着可以无限扩张。笔者建议:对三大立法范围中的城乡建设与管理以及历史文化保护,作出具体的文义解释以及划定在实践中可以参照的立法范围。在严格遵循《立法法》规定情况下,确定什么法能立、什么法不能立,科学确定立法项目,从而使得地方立法落到实处。

与之相比,对省级地方立法[21] 是否超越权限进行审查稍显不易。笔者认为,该审查包含两方面:一方面是有无违反宪法、法律、行政法规的条文规定;另一方面,鉴于省级地方立法与"设区的市"的地方立法在立法权限上是包容关系,因此二者之间容易产生立法上的冲突。最为常见的情形就是,力求事无巨细的省级地方立法让"设区的市"的地方立法毫无立法空间发挥。这不仅让省级立法机关不堪重负,也让"设区的市"立法机关缺乏足够的立法经验。笔者以

[20] 《立法法》(2000年通过)第72条第2款:"设区的市的人民代表大会及其常务委员会根据本市的具体情况和实际需要,在不同宪法、法律、行政法规和本省、自治区的地方性法规相抵触的前提下,可以对城乡建设与管理、环境保护、历史文化保护等方面的事项制定地方性法规,法律对设区的市制定地方性法规的事项另有规定的,从其规定。设区的市的地方性法规须报省、自治区的人民代表大会常务委员会批准后施行……"

[21] 《立法法》(2000年通过)第72条第1款:"省、自治区、直辖市的人民代表大会及其常务委员会根据本行政区域的具体情况和实际需要,在不同宪法、法律、行政法规相抵触的前提下,可以制定地方性法规。"

为，最重要的就是省、自治区人大及其常委会有“让利之心”，[22]在城乡建设与管理、环境保护、历史文化保护等立法范围内少立、缓立（地方性法规），给“设区的市”腾出立法空间，这样既使省一级人大及其常委会能够专注于三大领域以外的立法工作，又能使“设区的市”在三大领域发挥先行先试的作用。特别是一些具有试验性质的立法，即使最终立法的效果不好，也为省级立法机关在该方面的立法积累经验，少走弯路。

2. 审查地方立法事项是否具有立法不可替代性

关于审查立法不可替代性，主要考虑到地方立法工作的繁重、复杂，并且要集聚人力、物力，其负担之重、花费之多，并不是所有地方立法机关都能承受的——特别是一些经济较为落后的“设区的市”。在利益观主导的今天，如果立法的成本远高于立法的效用，那么该立法事项是否可以考虑用其他途径进行规制（比如上文提到“采取地方政府制定政府规章、规范性文件等方式对其进行处理或调整”）？针对该问题的解决，笔者建议地方立法机关在立法前，需要对其立法事项是否具有立法不可替代性进行审查。

审查形式主要为立法前审查，即分别从立法成本、立法预期效用、是否属于动态事项以及不同规制途径（政府规章、规范性文件与地方立法）的优劣比较等方面对地方立法事项进行审查。关于立法成本（立法的直接成本和间接成本）[23]以及预期效用，立法成本可以准确计量，[24]但对于预期效用的审查就有很大不确定性，这时候就需要立法机关结合自身经验以及借鉴其他地方的立法经验进行判断。关于地方立法事项是否属于动态事项，主要结合当前各行业发展速度进行判断，以“全民阅读”地方立法为例，“无纸化图书馆”是否可行？

---

〔22〕 参见俞祺：《地方立法适用中的上位法依赖与实用性考量》，载《法学家》2017年第6期，第18～26页。

〔23〕 立法的直接成本是指立法过程中的直接投入，包括立法机关的办公费用，立法工作人员的工资、工作津贴、保险与福利等方面的支出，收集立法信息与立法资料并形成立法草案的支出，立法草案的审议和修订支出，制作和公布法律文本的支出等。立法的间接成本主要包括：(1)法律实施前的准备阶段所支出的费用；(2)对法律观点的宣传和解释所支付的费用；(3)法律教育费用；(4)法律传播所需要的费用。

〔24〕 参见陈建康、杜原惠：《立法过程中的成本效益分析》，载《公民与法》（法学版）2011年第6期，第29页。

"电子书市场"的秩序如何进行规制？这些问题都亟须规制,而地方政府规章、规范性文件能以较快的效率对以上问题进行规制。关于不同规制途径的优劣比较,笔者认为要对当地政府的政府规章实施效果、执行效果与地方立法的实施效果、执行效果进行审查,审查可以结合地方立法评估报告等进行。审查完毕后,地方立法机关可以作出定论:该立法事项适宜采用哪种途径进行规制,是否适宜采用地方立法的途径进行规制。

(二)加强地方立法队伍建设

遵循地方立法的必要性原则,提高立法质量,最为直接有效的方法是提升地方立法技术。鉴于地方立法技术的不成熟,有必要加强地方立法队伍的思想建设、能力建设。首要的就是提高地方立法队伍的思想认识,加强对地方立法工作重要性、必要性的认识,明确立法机关的职能职责,引入专业型立法人才,确保人才配备到位,机构职能安排到位。[25] 其次,要加强地方立法的培训工作力度,可以采取讲座、培训班等方式,邀请专家、学者等到地方立法机关、部门中来,提高地方立法队伍人员的能力水平,进而提高地方立法技术。譬如在地方人才培养方面,全国人大常委会法工委专门在2015年办了三期立法培训班,培训870多位从事地方立法的同志。最后,"设区的市"拥有立法权以后,都设立专门的法制委员会和法工委,配备专门的人才。[26] 这是立法工作队伍能力培养的初步努力,也是提高立法技术的必经之路。只有提升立法技术,为地方立法工作积累经验,出台高质量的地方立法,才能对地方事项进行有效规制。

(三)完善地方立法评估制度

首先,地方立法评估带有较大随意性、盲动性的缺陷,实际上是缺乏立法评估的制度预先设计,导致各地立法评估工作各行其是。地方立法评估工作应该是一项实用性极强的工作,因此需要统一进行规制。制定统一的评估标准、明确统一的评估主体、采用统一的评估手段等,使得地方立法评估能在可行的运

---

〔25〕 参见李建国:《努力将地方立法工作提高到一个新水平》,载《中国人大》2016年第18期,第11页(此文为中共中央政治局委员、全国人大常委会副委员长李建国在2016年9月8日第二十二次全国地方立法研讨会上的讲话摘要)。

〔26〕 参见郑淑娜:《重视立法人才培养和队伍建设,确保地方立法质量》,载中国人大网:http://www.npc.gov.cn/npc/xinwen/2016-03/10/content_1975693.htm,最后访问日期:2018年1月8日。

行空间里发挥自身的优势,推动地方立法工作的进行。

其次,对于地方立法评估重视评估结果而轻视评估后对结果的总结,反映地方立法机关消极的工作态度:只注重立法评估的形式工作,忽略立法评估的实质效用。笔者在此建议,对地方立法评估的结果进行总结,认真分析评估报告中的结论性意见,从而实现从理论到实践的实质性飞跃。

最后,尽量引入地方立法机关外第三方参与地方立法的评估工作。地方立法机关外第三方通常具有广泛的代表性和群众基础,在收集意见、了解民意、集中民智方面能够发挥重要作用。同时,第三方评估后形成的评估报告,社会参与面广,评估透明度高,能摆脱地方立法机关"既当运动员,又当裁判员"的困境,同时提高评估工作的客观性、可靠性。

结　　语

地方立法要遵循必要性原则,这是地方立法保持生机、活力的源泉,也是地方立法质量以及立法效果的基本保证。由于地方立法的必要性原则在学界、立法实践中并无较多的成果或讨论,因此本文首先对必要性原则要求作概念上的界定,其次以"全民"地方立法为分析样本,分析非必要地方立法存在的问题及其成因,最后对地方立法遵循必要性原则提供可行性的建议,以期引起人们对地方立法必要性原则的重视。地方立法权的行使一定要遵循立法必要性原则,才能确保地方立法权的有序运行。

(责任编辑:苏晴)

民事诉讼专家辅助人意见的证据形式反思

朱文浩*

摘要：

民事诉讼专家辅助人制度在我国虽已确立，但专家辅助人意见的证据形式尚存争议。在我国实定法上，民事诉讼专家辅助人意见被视为当事人陈述这一证据形式的做法并不妥恰。当事人陈述与专家辅助人意见在基本特征上并不契合，其显著的倾向性亦与专家辅助人"相对中立"的要求存在龃龉，将专家辅助人意见视为当事人陈述难以实现制约鉴定意见的目标。而将专家辅助人意见作为单独证据形式不仅符合专家辅助人制度的立法旨趣，而且更能满足程序正当性要求。因此，我国《民事诉讼法》应当将专家辅助人规定为一类独立的证据形式，并系统性构建此类证据形式的适用规则。

关键词：

专家辅助人；专家辅助人意见；当事人陈述

科学技术的日新月异催生出多元、复杂及专业领域的民事纠纷，使得实践中技术性极强的专业诉讼案件层出不穷，在医疗、专利、环境污染、人工智能等领域更是俯拾即是。新方法对包括司法在内的多重领域中的事实确认形成了严重的挑战，愈来愈多关乎诉讼结果的事实只能通过特定的高科技手段予以查明，[1]这些专业问题给法官在复杂案件中的事实认定带来挑战；而随着人类社会的发展，专业化的社会分工已然是一种趋势，[2]这导致的结果之一，便是引入

---

* 朱文浩，中央财经大学法学院2016级硕士研究生。

〔1〕 参见[美]达马斯卡：《漂移的证据法》，李学军、姚永吉译，中国政法大学出版社2003年版，第200页。

〔2〕 参见何家弘：《中国的陪审制度向何处去——以世界陪审制度的历史发展为背景》，中国政法大学出版社2006年版，第325页。

专业人员参与现代民事诉讼成为必要。在此背景之下，鉴定制度首先成为我国弥补法官专业知识缺陷、帮助法官认定事实的有效制度措施。虽然如此，鉴定意见本身难以质证、法官对鉴定意见过度依赖与鉴定意见“一证独大”等问题却对当事人的诉讼权利乃至司法公正形成桎梏。[3] 为此，我国建立了“专家辅助人”制度，与既有的鉴定制度相匹配，以期化解专业领域问题对司法裁判提出的挑战。

一、现状：实定法上专家辅助人意见的证据形式

我国的专家辅助人制度经历了长久的司法实践。2002 年实施的《最高人民法院关于民事诉讼证据的若干规定》（以下简称《证据规定》）第 61 条第 1 款被视为我国民事专家辅助人制度的创设性条款，该条规定当事人可以向人民法院申请由一至二名具有“专门知识”的人员出庭就案件的专门性问题进行说明。[4] 虽然此规定停留在司法解释层面，但该规定对我国民事专家辅助人制度的发展意义非凡。自此以后，经过长时间的理论探讨与实践检视，2012 年我国对《中华人民共和国民事诉讼法》（以下简称《民事诉讼法》）进行了大规模的修订，在总结既往实践的基础上，吸收《证据规定》的立法经验，终于在部门法层面正式确立了专家辅助人制度，并明确了专家辅助人的两项主要职责：其一，就鉴定人做出的鉴定意见提出意见；其二，就专业问题提出意见。[5]

在《民事诉讼法》规定的基础上，各地方高院对如何具体适用民事专家辅助人制度进行了积极探索。2014 年 7 月 11 日，由浙江省高级人民法院发布的《关于专家辅助人参与民事诉讼活动若干问题的纪要》首次明晰了专家辅助人意见

[3] 参见王栋等：《价值、现状与重构：民事诉讼专家辅助人制度之探讨》，载《鉴定制度》2017 年第 4 期，第 16 页。

[4] 除此之外，《证据规定》第 61 条还具体规定了专家辅助人行使职权的形式，如接受审判人员和当事人的询问，就案件中的问题进行对质及对鉴定人进行询问等。

[5] 参见《民事诉讼法》第 79 条：当事人可以申请人民法院通知有专门知识的人出庭，就鉴定人作出的鉴定意见或者专业问题提出意见。

的证据形式,将其界定为“当事人陈述”。[6] 紧随其后,2015年颁布的《最高人民法院关于适用〈中华人民共和国民事诉讼法〉的解释》(以下简称《民诉法解释》)进一步细化了专家辅助人参与诉讼的具体规则,使其更具有可操作性,[7] 并于其第122条第2款对专家辅助人意见的效力及证据形式进行了确认。[8] 以此为标志,我国在实定法上最终确立了将法定证据形式之一的“当事人陈述”作为民事专家辅助人证据形式的思路。

然而,值得关注的是,由上述对法律条文的梳理可以发现,“专家辅助人”并非我国诉讼法规范性法律文件中的法定表达方式。其系研究领域对立法中存在的“具有专门知识的人员”或者“有专门知识的人”的学理称谓。最高人民法院较早的对“专家辅助人”概念进行了解释,其系指“在科学、技术以及其他专业知识方面具有特殊的专门知识或经验的人员,根据当事人的请托并经法院准许,出庭辅助当事人对讼争的案件事实所涉及的专门性问题进行说明或者发表专门意见和评论的人”。[9] 而此处之所以将“具有专门知识的人”概括为“专家辅助人”,是因为立法者要在制度功能上将此“具有专门知识的人”与“鉴定人”进行明确区分,使此二者在司法中发挥不同的作用,寄望此二者之间能够相互配合,公正、合理、科学地解决诉讼中遇到的专门性问题。[10] 而从我国相关立法者的论述来看,我国所欲构建的,正是一种“鉴定人+专家辅助人”的双层专家

〔6〕 参见《关于专家辅助人参与民事诉讼活动若干问题的纪要》(浙高法〔2014〕100号)第15条之规定:专家辅助人在法庭上就鉴定意见或者专门性问题发表的意见视为当事人陈述。

〔7〕 依据《民诉法解释》第122条、第123条之规定,专家辅助人的职责为“代表当事人对鉴定意见进行质证,或者对案件事实所涉及的专业问题提出意见”。专家辅助人应接受人民法院及当事人的询问,并与对方当事人申请的专家辅助人进行对质。除此之外,专家辅助人不得参与专业问题之外的法庭审理活动。

〔8〕 参见《民诉法解释》第122条第2款之规定:具有专门知识的人在法庭上就专业问题提出的意见,视为当事人的陈述。

〔9〕 参见黄松有:《民事诉讼证据司法解释的理解与适用》,中国法制出版社2002年版,第296页。

〔10〕 参见李学军、朱梦妮:《专家辅助人制度研析》,载《法学家》2015年第5期,第149页。

证据制度,此问题留待后述,此处不再详述。[11]

然而,笔者以为,将专家辅助人的意见界定为“当事人陈述”这一证据形式并不妥恰。首先,专家辅助人的意见与当事人陈述的特征并不相互契合;其次,当事人陈述的偏向性与专家辅助人意见的相对中立性存在一定龃龉;最后,当事人陈述的证明力较弱,难以形成对鉴定意见的有效平衡,将专家辅助人的意见界定为当事人陈述,将使其难以发挥制衡鉴定意见在诉讼中过重的作用,实现制度目的。有鉴于此,为了更好地实现我国专家辅助人制度创设的初衷,应当将专家辅助人意见规定为一类单独的证据种类,重构我国的专家辅助人意见体系。本文将从目前诉讼法上将专家辅助人意见视作对当事人陈述立法现状着手,对我国民事诉讼专家辅助人意见的证据形式进行反思,以期对专家辅助人制度的完善有所助益。

二、质疑:将专家辅助人意见视为当事人陈述之否定

我国实定法中虽然明确了专家辅助人意见应当被视为“当事人陈述”,确定了专家辅助人的证据形式。但此实然的规定并不妨碍我们从应然的角度探讨专家辅助人制度形式的合理性。事实上,已有学者从意见证据与陈述证据二者之间的关系出发,对专家辅助人意见能否被视作当事人陈述提出了质疑。[12] 发掘专家辅助人及当事人陈述的特征,结合我国立法目的分析当事人陈述与专家辅助人意见的“性格”及目的实现的可能性,本文认为,将专家辅助人意见界定为“当事人陈述”缺乏合理性。这也是本文核心观点所在。

(一)专家辅助人意见与当事人陈述之特征难以契合

1. 当事人陈述的特征

当事人陈述是我国《民事诉讼法》上予以明确的独立证据种类,系指诉讼当

---

〔11〕 参见奚晓明主编:《〈中华人民共和国民事诉讼法〉修改条文理解与适用》,人民法院出版社 2012 年版,第 200 页。

〔12〕 将具有专门知识的人在法庭上就专业问题提出的意见,视为当事人的陈述,这与我国《民事诉讼法》第 79 条规定不相契合。两者之间的差异主要在于理论上意见证据能否转换为或者视同于陈述证据。参见郭华:《对抗抑或证据:专家辅助人功能的重新审视——兼论最高法院审理“奇虎 360 诉腾讯”案》,载《证据科学》2016 年第 24 卷,第 137 页。

事人就自己所知道的案件事实情况向人民法院所做的陈述。[13] 从理论上讲,其至少存在下列特征。

其一,当事人陈述对证明待证事实具有直接价值。当事人一般是案件的亲身经历者,其对案件事实一般有着最为直接的感受和较为全面的了解,法院往往能够从当事人陈述勾勒出案件的轮廓。因此,当事人陈述通常能够成为直接证据。其二,当事人陈述往往基于特定的诉讼目的做出,故其内容往往具有特定性。一般而言,当事人陈述包括对案件事实情况的陈述,关于诉讼请求的说明,对案件处理方式的意见,对证据真实性、合法性和关联性的分析及能否进一步采信的意见;除此之外,还包括对系争事实的法律评断和适用法律的意见等。[14] 其三,当事人陈述还应符合法定程序,否则不具有证据能力。其四,当事人陈述囿于其陈述视角,往往具有一定的复杂性。从本质上说,由于当事人往往与案件的诉讼结果有着法律上的利害关系,其具有虚假陈述的可能性。这也使得当事人陈述的证明力不稳定。[15] 其五,当事人陈述需向法院做出,如仅向诉讼代理人或者其他人陈述相关的案件事实,则难以被评价为当事人陈述这一证据形式。

上述当事人陈述的特征至少涵盖两个层次:一方面,当事人陈述包含一系列的外在特征,即当事人陈述可以涵盖的内容、程序等;另一方面,当事人陈述还包含着关键的内在特征,即其本质上具有明显的主观性,其系当事人对其亲身经历的案件事实的外向表述,而此表述结果却又直接关系其利害得失,因此,其在陈述中难免会有权衡与选择,很难完全做出客观陈述。

2. 专家辅助人意见不具备当事人陈述的特征

既然当事人陈述具有前述特征,那么循此思路,亦可对专家辅助人是否符

〔13〕 参见李浩主编:《证据法学》,高等教育出版社2014年版,第109页。

〔14〕 参见洪浩主编:《证据法学》,北京大学出版社2005年版,第89页。

〔15〕 当事人陈述复杂性的具体表现为,一般情况下当事人对案件事实最为了解,其所作的陈述本应具有较大的证明力,然而当事人对诉讼的结局最为关心,因此其作虚假陈述的可能性也比较大。此外,当事人在利益动机的驱动下,可能出现陈述的反复性与不稳定性,推翻之前的陈述。在仅有当事人陈述的情况下,除非当事人认可,否则当事人陈述没有法律效力,不能作为认定案情的根据。参见李浩主编:《证据法学》,高等教育出版社2014年版,第111页。

合其特征做出判断。首先，专家辅助人意见并不具备前述当事人陈述的外在特征。其一，专家辅助人并非案件的亲历者，案件结果与专家辅助人并没有绝对的利害关系。其并非对案件的全部经过进行描述，而是仅就案件中某个特定的专业问题发表意见，其所关注的专业问题，仅为法官在进行事实认定时遇到的一个具体问题而已。其所解决的问题，仅为案件事实的冰山一角。即使在专业性很强的案件中，其对专业问题的解释，仅仅对法官自由心证的形成产生推波助澜的作用。以“奇虎360诉腾讯”案为例，在本案中，双方当事人皆申请了专家辅助人。双方专家辅助人的主要作用在于对“滥用市场支配地位”这一专业问题进行说明，而非帮助、替代当事人就其全部行为进行阐述，以表明其行为符合或不符合滥用市场支配地位。[16] 在此意义上，专家辅助人意见并不具有证明上的直接性，其仅仅具备间接性。其二，专家辅助人并不参与诉讼的其他程序，其对诉讼请求、案件处理方式等亦无直接联系。因此，专家辅助人意见的内容与特定的当事人陈述的内容并不相同。其三，专家辅助人发表意见有其自身的独立程序，与当事人陈述的程序要求不同。因此，专家辅助人意见并不具备当事人陈述的外在特征。

其次，专家辅助人意见亦不具备当事人陈述的内在特征。专家辅助人意见系相关领域专家针对某一科学、技术或专业问题做出的意见，其虽然可以基于立场而有选择性的发表意见，但其所发表意见应是对该专业问题的客观陈述。而为何会有客观性的要求，下文将对此从制度目的角度进行详述。一言以蔽之，专家辅助人意见的客观性与当事人陈述的主观性特征具有本质上的不同。若将专家辅助人意见视为当事人陈述，则会因两者本质特征不同而在其审查、采用中产生裂隙，衍生出诸多矛盾。故而将专家辅助人意见解释为当事人陈述难以自洽。

---

〔16〕 在此案中，腾讯公司聘请了中国社会科学院信息化研究中心秘书长姜奇平和中央财经大学法学副教授吴韬，与之针锋相对，奇虎360聘请了欧洲RBB调研机构的顾问、英国学者David Stallbass以及RBB职员Yu Yan，作为各自的专家辅助人出庭就“滥用市场支配地位”进行说明。参见广东省高级人民法院（2011）粤高法民三初字2号民事判决书。转引自郭华：《对抗抑或证据：专家辅助人功能的重新审视——兼论最高法院审理“奇虎360诉腾讯”案》，载《证据科学》2016年第24卷，第134页。

（二）当事人陈述与专家辅助人意见的本质存在龃龉

专家辅助人意见会因不同的制度定位投射出差异化的“性格”，此“性格”是其制度本质的集中体现。具体而言，专家辅助人因不同的制度定位可能表现出“明显倾向性”或“相对中立性”。若专家辅助人在诉讼中立足于一方当事人的利益，且不论专家辅助人刻意偏颇、歪曲地发表意见，即使其意见具有客观性，亦难免会有所选择与偏向，进而使专家辅助人意见具有明显的倾向性色彩；与此相对，若专家辅助人在诉讼中立足于查明真相、发现真实、解释客观专业问题，那么，客观性、科学性与中立性即成为对专家辅助人意见的要求，即使有所倾向，也要在中立、科学与客观的基础上保持克制，不能表现出明显的倾向色彩。从本质上讲，此两类“性格”是有天壤之别的，此二者代表了不同定位下司法体系对专家辅助人所欲承担角色的期许，是立足于不同利益衡量视角下制度化差异的体现。

毋庸置疑，当事人陈述的特征使得陈述内容具有强烈的倾向性，即当事人的陈述总会向着有利于自己一方的方向发展，趋利避害乃人之本性。而法律亦会对此种倾向保持容忍与克制，这既是法律在人性面前谦抑性的要求，亦是对当事人诉讼权利保护的体现。

然而，对专家辅助人而言，其意见的属性绝非简单的“绝对中立”或“绝对偏向”即可盖棺定论。从其定位出发，专家辅助人的意见虽不必像鉴定意见一般绝对的中立与客观，但亦不能如当事人陈述一般带有明显的主观性与偏向性。从某种程度上讲，“专家辅助人意见的中立性不容置疑，但其参与诉讼的倾向性亦不容忽视和抹杀”，专家辅助人应当具备“双重性格”。〔17〕

我国的专家辅助人制度系对比较法上既有成果的继受，是域外经验与我国实践结合的产物。因此，要清晰界定我国专家辅助人意见的“性格”，便需要对专家辅助人制度的域外立法例及其立法宗旨进行考察，同时兼顾我国法律移植中的客观考量因素，如此方能明确我国专家辅助人的制度性格，进而同当事人陈述进行对应。

1. 域外“专家辅助人制度”的证据性质探微

专家辅助人意见应当具有中立性抑或倾向性，此问题来源于对英美法系与

〔17〕 参见裴小梅：《论专家辅助人的性格——中立性抑或倾向性?》，载《山东社会科学》2008年第7期，第155页。

大陆法系中专家证人制度在实践过程中所生的异化效果的思考。从宏观上来看,不同的诉讼法律体系下的专家辅助人制度孕育出了各有千秋的专家辅助人意见。

德国作为大陆法系的代表,其一贯奉行职权主义,其民事诉讼法中尤其注重法院专家(Court Expert)的作用,而对于由当事人选任的专家(Party-Selected Expert)在发现案件真实中的公正性与所能起到的作用却存有疑虑。在德国法上,专家制度的建立旨在促进发现事实真相,立基于此,法院专家独立于各方当事人,且秉持客观中立之立场。[18] 在德国民事诉讼法上,当事人可以自行选任专家。然而,由于德国民事诉讼法并未就当事人选任专家的过程进行专门规制,因此,德国法院认为由当事人选任的专家所发表的意见与法院的专家所发表的意见对审判的价值并不相同。鉴于当事人与专家辅助人存在较为密切的关系,所以此种专家辅助人往往被人怀疑受到当事人的操控。“法院通常会对当事人选聘专家的可信度产生怀疑,因为这些专家受雇于当事人,并且往往已经与律师就案情进行过探讨。”[19] 进而,在德国民事诉讼法上,这种由当事人选任的专家所发表的意见并不能被视为证据,其仅仅是一份声明,或由当事人一方提出的主张。其更多的作用,系对法院专家所提交意见之补充或辅助。[20] 因此,德国法上所采信的专家意见往往带有极强的中立性。

而在奉行当事人对抗主义的英国,其建立了专家证人制度,其专家意见与一般证据无二。但总体来讲,英国的专家证人具有极强的倾向性色彩。专家证人与其所属一方当事人之间具有更强的依赖性。此处的依赖性至少体现在经济层面,当事人会给专家证人提供丰厚的报酬,而这势必会影响专家证人观点的客观性。毕竟“没有人愿意让赞助人感到失望,金钱的诱惑可以促使其克服因不客观而产生的心理压力。”[21] 由于当事人聘请的专家均从各自当事人的角度提出专家意见,专家基于经济利益的考虑,“与其说当事人是在选择最好的专

---

〔18〕 See Sven Timmerbeil, “The Role of Expert Witnesses in German and U. S. Civil Litigation”, 9 *Ann. Surv. Int’l & Comp. L.* 2003, p. 179.

〔19〕 John H. Langbein, “The German Advantage in Civil Procedure”, 52 (4) *U. Chicago. L. REV.* 1985, p. 834.

〔20〕 前引 18, pp. 177 – 178.

〔21〕 前引 19, p. 835.

家,毋宁说其是在选择最好的证人”。[22]

因此,英国的专家证人从根本上讲是为聘用其的当事人利益服务。这就对专家意见的客观性产生了极大挑战。申言之,专家证人所提供之意见对案件真实的作用,更多地取决于专家证人所处的诉讼地位:当专家依赖其专业知识所欲证明的专业问题与当事人的利益具有趋同性时,此时的专家在推动案件发现真实上发挥的是一种积极的促进作用;与此相反,若专家依赖其专业知识所欲证明的专业问题与当事人的利益存在冲突时,此时的专家在推动案件发现真实上很可能会发挥一种消极的阻碍作用,如缄口不言,甚至歪曲、片面的进行解释。[23]

如上所述,英美法系与大陆法系的专家证人制度均有其难以克服的弊端。就以德国为代表的大陆法系专家证人而言,其立法与司法中存在夸大法院专家作用的倾向,由此导致法院在批准当事人专家证人上具有较大随意性,这也是当事人专家在司法实践中较少被运用的重要原因。[24] 诚然,专家辅助人偏私的现象难以避免,但在立法层面甚至司法层面对专家辅助人意见进行否定无异于因噎废食,因为业内的声誉与司法系统的不良记录等措施足以有效对专家辅助人进行控制。不仅如此,当事人聘请专家有助于制约法院专家的一家独大,实现诉讼两造地位之平衡。当然,如何重新构建当事人专家与法院专家乃至法院之间的关系,从而发挥当事人专家的应有作用,尚需考虑法律体系的自洽与衔接。

而对英美法系而言,专家证人过于强调倾向性也使专家证人的意见难以为发现真实服务,体现在诉讼结果上,“胜诉与否更多取决于专家的言辞或者自

---

〔22〕 Nei Andrews,“Liability of Expert Witnesses for Wasted Costs in Civil Proceedings”, 64 *Cambridge Law Journal*,2005,pp. 566 – 568.

〔23〕 参见毕玉谦:《辨识与解析:民事诉讼专家辅助人制度定位的经纬范畴》,载《比较法研究》2016年第2期,第102页。

〔24〕 参见邵劭:《论专家证人制度的构建——以专家证人制度与鉴定制度的交叉共存为视角》,载《法商研究》2011年第4期,第91页。实际上,自我国确立专家辅助人制度以来,其适用率也偏低,一部分原因也可归咎于鉴定人地位的强大。参见前引3王栋等文,第18页。

信,而并非他的专业能力。”[25]这难以发挥专家证人的诉讼作用,使其与律师等诉讼委托代理人无异,难以实现制度设计的初衷。

综上所述,可以得出,过分强调专家证人的中立性或倾向性均存在矫枉过正、过犹不及的弊端,而取此二者之长以补其短无疑是一种较为明智的选择。当然,这要建立在我国具体实践现状之上。

2. 我国专家辅助人的立法倾向

我国传统诉讼法上专家证人制度沿袭了大陆法系的立法模式,与德国法相类似,我国在实践中亦存在鉴定意见一家独大的局面。有鉴于此,为了改善此种局面,更好地实现在民事诉讼程序中的两造对抗,在专家辅助人制度建立的过程中,我国允许当事人像英美法系一样自主选择专家辅助人,并赋予了专家辅助人所发表的意见证据属性,体现出极强的英美法特征。毋庸置疑,这在一定程度上体现了当事人对抗、推动以审判为中心的司法体制改革的意图,但我国的专家辅助人制度是否天然的具有英美法上的倾向性,摒弃相对中立性,尚需对我国立法目的与司法实践状况进行考察。

首先,以立法资料观之,全国人大常委会在2011年公布的《民事诉讼法修正案(草案)》“一审稿”中仅仅对鉴定制度做出了修改,并未吸收“有专门知识的人”参与诉讼。但在审议草案时,基于“查明事实,分清是非,维护当事人合法权益”之目的,相当一部分立法、司法工作者及学者不约而同地认为在医疗事故、环境污染和知识产权等专业性较强的案件审理过程中,专家意见愈来愈不可或缺。[26] 由此观之,我国专家辅助人的创设,至少是承载着“查明事实、分清是非”的职责,此立法的出发点就决定了我国的专家辅助人制度不可能脱离客观、中立的价值而存在。

其次,在诉讼过程中,并不存在绝对的私人利益与价值倾向。在实践中,律师与当事人之间的关系一直为司法程序所惕怵。此二者之间的私人利益关系远甚于专家辅助人与当事人,即便如此,律师与法院之间存在的公法意义上的

---

[25] See John Bastern, “The Court Expert in Civil Trials—A Comparative Appraisal”, 40 *Mod. L. REV.* 1997, p. 174.

[26] 参见《全国人民代表大会法律委员会关于〈中华人民共和国民事诉讼法修正案(草案)〉修改情况的汇报》,载王胜明主编:《中华人民共和国民事诉讼法释义》,法律出版社2012年版,第731页。

诉讼法益关系亦被社会广泛接受,这层关系对律师参与诉讼的良知、职业操守提出了较高要求。[27] 专家辅助人与当事人在利害关系上远不及律师。因此,可以“举重以明轻”,专家辅助人发表意见时应当恪守相对中立的价值底线,不得“刻意”违反科学真理发表意见。

紧承前述,专家辅助人与鉴定人之间相互制约、互为补充,此二者在诉讼上所发挥的功能具有反差性而并非趋合性。因此,对于法院专家(鉴定人),其立场与法院并无二致,他不为双方任一当事人服务,具有公共属性,故而我们有理由要求其站在客观、中立的立场上发表鉴定意见;然而,对于当事人所选任的“具有专门知识的人”,基于其经济利益的牵连性,司法对其天然所附带的偏私性会保持一定的容忍与克制,但囿于其查明真相、维护当事人合法权益的功能与价值定位,其本质上并不能过于偏离中立价值轨道。因此,专家辅助人意见应当具备相对的客观、中立特质。[28]

综上所述,专家辅助人意见应当具有相对中立性,当事人陈述的倾向性特征并不能满足专家辅助人意见的要求。因此,将专家辅助人意见视作当事人陈述缺乏合理性。

(三)将专家辅助人意见视作当事人陈述与立法目的相背离

如前所述,由于当事人往往与案件结果有着利害关系,因此当事人陈述具有虚假的可能性。当事人陈述的显著倾向性使得法官在采信此类证据时会对其真实性等进行更为严格的审查,《民事诉讼法》对当事人陈述的审查提出了明确要求,确立了仅当事人陈述作为孤证时不能对相关事实进行认定,还需结合其他证据进行进一步印证的规则。[29] 而《证据规定》更是确立了“仅有当事人陈述,在未经对方当事人承认的情形下,当事人陈述并不发生证据效力,该当事

[27] 例如,律师在执业活动中不得故意提供虚假证据或者威胁、利诱他人提供虚假证据,妨碍对方当事人合法取得证据。参见《中华人民共和国律师法》(2017)第40条第1款第6项之规定。

[28] 参见前引23,毕玉谦文,第101页。

[29] 参见《民事诉讼法》第75条第1款之规定:人民法院对当事人的陈述,应当结合本案的其他证据,审查确定能否作为认定事实的根据。

人仍应承担举证责任”的规则。[30] 因此,立法层面及司法层面对当事人陈述的证明力实际上是持怀疑态度的。其能在多大程度上证明待证事实,仍依赖于法院或其他诉讼参与人的认定。在此意义上,若将专家辅助人意见的视作当事人陈述,实际上就是在效力上削弱了专家辅助人意见的证明力。而此等证明力,实难以实现立法机关所欲赋予专家辅助人制度的价值与功用。

如前所述,我国《民事诉讼法》继受于大陆法系,结合实践的特征,我国在创设专家辅助人制度的过程中对同样具备大陆法系特征的日本民事诉讼法进行了检视与借镜,申言之,即日本法上的诉讼辅助人制度。[31]

在日本诉讼法上,诉讼辅助人是随同当事人及其代理人一起出庭进行口头陈述的人。[32] 从诉讼地位来看,诉讼辅助人仅仅在案件审理过程中扮演“附加人员”的角色。[33] 其如何在庭审过程中发挥作用,有赖于法官的许可与指示。伴随着涉诉问题的专业化与技术化,日本司法机关逐渐引入相关领域的专家成为当事人一方进行诉讼的助手。立基于此,专家辅助人在法庭上的活动应当被视为当事人的活动,其所做陈述亦应当视为当事人的陈述。[34]

然而,对制度的挪用并非参考域外法制的目的,更深层次的原因乃是对借鉴对象的制度在实践中取得效果的认可,基于这种认可而期望能在我国产生相似的社会效果。因此,应该从我国创设专家辅助人制度目的的实现程度来衡量专家辅助人意见作为当事人陈述是否合适。

事实上,结合我国司法实践传统与现状观之,我国所欲构建的专家辅助人制度,是能够与当前既存的鉴定制度并驾齐驱的一种“双层专家”证据制度。此

---

〔30〕 参见《证据规则》第 8 条第 4 款之规定:当事人在法庭辩论终结前撤回承认并经对方当事人同意,或者有充分证据证明其承认行为是在受胁迫或者重大误解情况下作出且与事实不符的,不能免除对方当事人的举证责任。

〔31〕 参见杜万华主编:《最高人民法院民事诉讼法司法解释实务指南》,中国法制出版社 2015 年版,第 212 页。

〔32〕 参见[日]中村英郎:《新民事诉讼法讲义》,陈刚等译,法律出版社 2001 年版,第 72 页。

〔33〕 参见[日]高桥宏志:《民事诉讼法——制度与理论的深层分析》,林剑锋译,法律出版社 2003 年版,第 201 页。

〔34〕 前引 31,第 213 页。

“双层专家”证据制度须能有效地克服前述英美法系上的专家证人制度和大陆法系上专家鉴定人制度的不足,从而取长补短,发挥两种制度下各自的比较优势。当然,两种制度的具体结合并非简单的制度相加,而是立基于我国实践、有主次区分的有机结合。故而,我国的双层专家证据制度应以鉴定制度为基础和主干,充分体现专家在专业问题上的中立立场,有效地消解专家证人制度中的因“显著倾向性”所带来的弊端;与此同时,作为鉴定制度补充的专家辅助人制度,其目的在于提供鉴定制度之外的证据手段,从而实现对鉴定人的行为和作用的有效的制约。因此,应当防止专家辅助人沦为另一种形式的“鉴定人”而虚有其表,这并不利于法官综合各方面的因素对诉讼中的专业问题做出更客观的判断。

而将专家辅助人意见视作当事人陈述显然不能实现制约鉴定人意见的效果。由于当事人陈述在鉴定意见面前天然弱势的证明力,此二者在地位上天然的不平等将使相互制约的目的落空,落入鉴定意见“一证独大”的窠臼。事实上,若理论或立法层面将专家辅助人的意见视为当事人陈述的一部分,显然表现出对当事人所聘请专家的不信任。更进一步,此规定对专家辅助人在诉讼过程中替一方当事人说假话具有逆向的激励作用。且不论专家辅助人在严重扭曲科学原理与客观真理的情形下对事实认定带来的困扰,即使专家辅助人客观、公正的对专业问题提出了意见,但由于其是否为法院采信因其当事人陈述的性质而受到极大限制与不信任,这无疑会对专家辅助人制度的实践产生困扰。

(四)小结

设立专家辅助人制度如同一把双刃剑,如果不能够较好地把握其运用的尺度,就有可能使该项制度的弊端大于其益处。一方面,该项制度有助于使法庭更好地认识和矫正鉴定人所提供的鉴定意见的缺陷与偏差,保证审判结果的客观、公正性。另一方面,在现实生活中,当事人所申请的专家辅助人出庭的直接目的在于从专业的视角为一方当事人的利益服务,其天然地具有鲜明的立场。此时,若不对专家辅助人进行约束,其甚至会置基本的科学原理、常识于不顾。这不仅违背设立专家辅助人制度的初衷,不能为法庭客观、公正地认识和判断鉴定意见提供必要的帮助,而且容易混淆视听。

立基于此,在立法中我们就应在发挥专家辅助人作用的前提下尽量减少其主观性、明显的偏向性甚至“党派性”。将专家辅助人的意见视为当事人陈述,在削弱专家辅助人意见证明力的同时还会助长其主观性与片面性,我们至少应在立法层面上坚持和倡导专家辅助人向法庭出具意见应当具有客观性、科学性,最低限度也应强调专家在专业问题上应当秉持相对中立的立场,并提升专家辅助人意见的地位,使其成为独立的证据形式,来制约鉴定意见"一证独大"的现状。

三、证立:专家辅助人意见应作为单独证据形式

(一)专家辅助人意见证据形式的探讨

既然将专家辅助人意见视作当事人陈述缺乏合理性,那么,应当如何对待专家辅助人意见的效力呢?对于此问题,学术界与司法界已经经历了长时间的探讨。对已有的学说进行梳理与检视,整合其中较有代表性者,可以归纳为如下观点。

第一种观点否定了专家辅助人意见的证据效力,其认为专家辅助人意见仅仅为法官甄别鉴定意见提供参考,是影响法官自由心证的重要手段。其最主要的作用,在于为法官的心证形成过程排除合理怀疑,提供逻辑上的链接和路径上的支持。[35]

第二种观点认为,专家辅助人意见的效力等同于鉴定意见。此观点认为,专家辅助人在审判的各方之间所发挥的功用是不同的。就专家辅助人与当事人而言,专家辅助人应当科学、规范地发表认识和观点;在专家辅助人与法官之间,专家辅助人应当起到说明专业知识的作用,以便法官查清案情;在专家辅助人与鉴定人之间,此二者应当相互监督与补充。故专家辅助人在诉讼地位上应当与鉴定人相同,其意见系专家证人之一种,效力等同与鉴定结论。[36]

除上述观点外,学界还曾出现过将证人证言作为专家辅助人意见证据形式的观点。该观点能够成立之根本,在于将我国所欲建立的专家辅助人制度理解

---

〔35〕 参见汪建成:《司法鉴定模式与专家证人模式的融合——中国刑事司法鉴定制度改革的方向》,载《国家检察官学院学报》2011 年第 4 期,第 110 ~ 115 页。与此观点相似的观点还可参见沈明磊、董蕾蕾:《民事诉讼专家辅助人制度适用问题研究》,载《法律适用》2017 年第 1 期,第 81 页。

〔36〕 参见张俊文、黄远志:《论我国专家辅助人制度的完善——以重庆市医疗纠纷司法裁判情况为例》,载《人民司法 · 应用》2011 年第 19 期,第 65 页。

为英美法系的专家证人制度。立基于此,方可提出专家辅助人意见应当作为证人证言发挥作用。[37] 但是,随着立法机关对“我国并非借鉴英美法系专家证人制度”的立法说明不断深入与“专家辅助人+鉴定人”双层专家证据制度实践的开花结果,此观点已有明日黄花之势。甚至有学者认为,将专家辅助人意见视为证人证言与我国既有的证人制度、证据理论存在矛盾和冲突。[38] 证人证言作为民事专家辅助人的证据形式并不妥当。

必须承认的是,上述前两类观点对专家辅助人意见效力问题的论述确有其合理性,但并不是实现专家辅助人制度创设目的的最优方式。本文以为,应当将专家辅助人意见规定为一类单独的证据类型在民事诉讼法中加以明确,并辅以相应的专家资质、出庭作证、意见审查与采信规则及一定的追责制度,构建一套切实可行的专家辅助人制度,以实现专家辅助人制约鉴定人的制度目的。下文将对此方法的合理性进行证成,并回应上述两例观点。

(二)专家辅助人意见应当被规定为单独的证据形式

方法应当服务于目的,这是衡量一项制度举措是否应当被采纳的根本标准。易言之,在专家辅助人意见证据形式选择这一问题上,应当重点关注的,是何种证据形式最有利于我国专家辅助人制度目的的实现。比较来看,将专家辅助人意见规定为单独的证据形式无疑是最佳选择。

1. 更有利地实现制衡

首先,前已述及,我国建立专家辅助人制度的初衷,并非效仿英美法系建立一套专家证人制度,而是针对我国鉴定意见“一证独大”、专家意见难以制约的现状,通过增强当事人一方的专家力量,来制衡鉴定意见的作用。我国所构建的“鉴定人+专家辅助人”的双层专家证据制度,本质上是为了“查明事实、分清是非”,是为了保证鉴定意见的公正、客观与中立,其次才是一定程度上兼顾当事人诉讼权利。[39] 我国诉讼体系内的专家辅助人与鉴定人之间应当是互相制

---

〔37〕 参见胡震远:《我国专家证人制度的建构》,载《法学》2007年第8期,第95页。

〔38〕 参见郭华:《鉴定人与专家证人制度的冲突及解决——评最高院有关专家证人的相关答复》,载《法学》2010年第5期,第10页。

〔39〕 参见《全国人民代表大会法律委员会关于〈中华人民共和国民事诉讼法修正案(草案)〉修改情况的汇报》,载王胜明主编:《中华人民共和国民事诉讼法释义》,法律出版社2012年版,第731页。

约、互为补充的关系,此二者如同鸟之两翼,车之两轮,共同为法官心证的形成服务。由此,专家辅助人应当与鉴定人具有同等的诉讼地位。诉讼地位相同的重要表现之一,便是专家辅助人意见与鉴定意见具有证明力上的等价性,而欲使二者具有平等的证明力,其在证据形式上就应具有对等性。而在我国已将鉴定意见作为独立证据形式的背景下,为满足专家辅助人意见制约鉴定意见的制度创设目的,也应当将专家辅助人意见规定为一类单独的证据形式。实际上,前述将专家辅助人意见视为鉴定意见的观点亦是对专家辅助人意见独立证据形式地位的肯定,只不过我国已经建立了专家辅助人与鉴定人并存的双层专家证据模式,且法律已将鉴定意见单独列出,为了防止二者混淆,将专家辅助人意见视为鉴定意见并不可取。

其次,从诉讼理论出发对此问题进行进一步阐释。一般而言,当事人事实主张的证明与反驳主要涉及三个基本层面的问题。第一个层面是法律问题。此问题通常由律师解决。第二个层面是事实问题。在一般情况下,证人制度的存在便是为了解决认定事实的问题。第三个层面是具有专业性问题。为此,双方当事人皆有权聘请相关专业领域人士来协助对专业问题进行说明与确认。由此可见,律师、事实证人和专家等都可发挥辅助一方当事人参与的作用。〔40〕此三者本应相互配合,互相印证,共同对法官心证的形成与逻辑链条的完善发挥平等的作用。然而,反观我国司法实践,律师与证人之地位无论在立法还是司法中均占据了举足轻重的地位,此二者所发表之意见均成为影响裁判结果的重要考量因素。而专家辅助人作为专家的一种,却未与其他主体一样在诉讼中获得相同地位,归根结底是专家辅助人意见并不具备独立的证据形式,其只被当作当事人陈述的附庸。而此结果显然与理论预期相背离。因此,只有将专家辅助人意见规定为一类单独的证据形式,方能更好地实现对鉴定意见一证独大的制衡。

2. 更加符合我国立法现状

从我国当前诉讼法规的现状考虑,也宜将专家辅助人意见规定为一类单独证据形式。一方面,既然我国《民事诉讼法》已经从实定法层面规定了专家辅助人制度,且该制度意在让具有专门知识的人针对鉴定意见或专业问题发表意见,起到制衡鉴定意见的作用,那么,就应当顺势赋予专家辅助人意见一定的法

〔40〕 参见前引 23,毕玉谦文,第 100 ~ 101 页。

律效力,否则,在鉴定意见一家独大的既有条件下,专家辅助人出庭提出意见的制度期许就仅能停留在纸面,成为制度构建的空想。[41] 另一方面,尤应注意的是,我国专家辅助人不仅承担对专家鉴定意见质证的作用,更肩负在鉴定人缺位的场合对专业问题发表意见的责任。我国《民事诉讼法》第79条明确规定,在存在鉴定意见的场合,专家辅助人可就鉴定人的鉴定意见提出意见,对鉴定意见进行质证;在不存在鉴定人的情形下,专家辅助人可就专业问题发表意见。相较于鉴定意见,专家辅助人还承担鉴定意见缺位场合的专业问题说明功用,其应当与鉴定意见一样,被规定为一类单独的证据形式。

3. 满足程序正当性要求

规定专家辅助人意见为单独证据形式不仅符合制度目的,还有利于规范法官对这一类证据采信的规则,进而实现法官的心证公开,克服法官自由心证的局限性。

法官将对证据事实的自有判断形成的"内心确信"作为认定案件事实的根据是自由心证制度的核心。[42] 法官自由心证有其局限性,这集中体现为,自由心证过于依赖法官的理性和良心,这会使心证结果的公正性缺乏稳定保证。有鉴于此,在适用自由心证制度的国家,无不建立一套综合的证据规则,以期实现对法官心证的制约。

对专家辅助人意见而言,若只将其视为法官自由心证的参考意见,由于缺少对此意见适用的具体规则,最终专家辅助人如何对法官心证产生作用外界是不得而知,最终裁判结果是否公正则完全有赖于法官个人的理性与良心。反之,将专家辅助人规定为单独证据形式,并辅之以完善的证据使用规则,可以规范法官对专家证据的采信,制约法官心证过程,推动法官心证公开,这也与我国审判公开的司法改革精神相契合。[43] 专家辅助人意见对于鉴定意见及专业问题的证实和证伪都起着极其重要的作用,对某些专业问题的判断更是有着十分重要的影响。因此,对于专家辅助人意见的审查判断需要更为明确的规则,而

---

〔41〕 参见王国征编著:《民事证据的提供和收集专题研究》,湘潭大学出版社2013年版,第224页。

〔42〕 参见樊崇义主编:《证据法学》,法律出版社2003年版,第30页。

〔43〕 参见唐静:《论民事诉讼庭审中的心证公开》,载《法律适用》2014年第4期,第111页。

明确审查规则的建立更有赖于确立专家辅助人意见的独立证据属性。

四、重构：专家辅助人意见证据规则的重塑

承前所述，将专家辅助人意见视作当事人陈述并不妥恰，宜将其作为一类单独的证据形式，如此方能发挥其对抗鉴定意见的作用。而将专家辅助人意见规定为独立的证据形式，应同时考虑如何为专家辅助人意见这一证据形式配以相应的证据适用规则，这无疑是一个体系化的工程。当然，在具体构建专家辅助人意见适用规则之前，首当其冲的无疑是确定专家辅助人意见单独证据形式的法律地位。这就要求对当前的法律规范进行适当修改，在证据规则中直接明确专家辅助人意见这一类证据形式。例如，我国当前的《民事诉讼法》第 63 条规定证据包括当事人陈述、书证、物证、视听资料、电子数据、证人证言、鉴定意见和勘验笔录这 8 类，应当在此条中直接明确专家辅助人意见作为第 9 类证据形式，并在此基础上对《民事诉讼法解释》《证据规定》等进行配套修改，做到法制的统一。

在明确了专家辅助人意见独立证据形式的基础上，应当通过出台相关司法解释的手段对专家辅助人意见的具体适用进行规制与明确。

第一，就专家辅助人的资质而言，不应苛以过高要求。〔44〕毕竟，专家辅助人系经由当事人的聘请且经过法院准许，出庭协助当事人在庭审活动中对诉争的案件中所涉及的专门性问题进行说明或发表意见。一方面，在我国专家辅助人制度的构建上，仍是以鉴定人为主干与基础，专家辅助人为补充，“专家辅助人”与“鉴定人”本就不同；另一方面，过高的资格限制会减少能够参与诉讼的专家辅助人的数量，进而降低专家辅助人制度的适用率，使此制度创新难以在现实中发挥其应有的功效。然而，对专家辅助人的适度要求并不意味着对其无资质的要求。相反，要将这一类“具有专门知识的人”所发表意见作为一类单独证据类型进行认定，其本身需证明其对待证事实而言确实具有专门知识。在此问题上，有形式标准与实质标准可资参考。就形式标准而言，可通过学历、学位、职

〔44〕 有学者将此陈述为专家辅助人的资质不以诉前为确认为依据，对专家辅助人的选任不应当有特定的资格要求。参见李学军、朱梦妮：《专家辅助人制度研析》，载《法学家》2015 年第 5 期，第 160 页。

称、准入资格等具体衡量专业知识、业务能力和技术水平的形式上的证明材料,直接对欲出庭的专家辅助人的专家身份进行认定;当然,许多专业领域可能并不存在专门的资质证件,对“具有专门知识的人”的资质认定,可以从下列几个方面进行实质认定:其一,该专家应当对其在所涉领域的成果进行一定程度的展示,如要求其列举在该领域的工作履历及成果等;其二,该专家对专业知识的掌握应当符合一定的程度要求;其三,该专家所掌握的专业知识应与所涉专门知识相匹配。这是由于随着科学技术的发展,学科划分逐渐呈现精细化特征,在大的门类学科之下又出现了诸多二级、三级学科,而这些学科之间往往又存在一定程度的隔阂。因此,申请以专家辅助人资格出庭的人必须在具体学科方向上与待解决问题相契合,熟知该工作、技术所涉及的理论知识,并拥有一定工作、技术的经验。[45]

第二,既然专家辅助人意见应当作为独立的证据形式,那么,对专家辅助人意见的质证程序宜进行相应安排。前已述及,在我国的制度设计背景之下,专家辅助人虽为一方当事人选任,但其主要功能在于克服鉴定意见一家独大的局面,更好地服务于发现真实,其应当带有一定的中立性。那么,对专家辅助人意见进行质证也是增强其客观性、矫正其偏向性的重要举措。具体而言,对专家辅助人意见的质证可以在庭前会议阶段及庭审阶段分别进行。一方面,应当确立庭前会议上开示专家辅助人意见的程序。庭前会议的主要功能是双方当事人对庭审可能出现的新证据进行开示、交换,对证据中存在的较大争议提前明示。专家辅助人原则上应以口头方式出庭发表意见,也可通过书面形式发表意见。另一方面,专家辅助人出庭质证可采用“直接询问—交叉询问—再次询问—再次交叉询问”的交叉询问程序进行,[46]以增强其客观性与公正性。

第三,应当对专家辅助人的权利及义务进行界定。一方面,为了专家辅助人更好地发挥制衡鉴定人的作用,应当对其权利进行明确,专家辅助人应享有如下权利:首先是知情权。要实现对鉴定意见的质证以及询问鉴定人,就应当赋予专家辅助人查阅鉴定中使用的资料、方法及器械的权利,也有权对诸多涉

〔45〕 参见刘鑫、王耀民:《论专家辅助人资格的审查》,载《证据科学》2014年第6期,第713~715页。

〔46〕 参见韩红:《专家辅助人出庭制度的构建》,载《国家检察官学院学报》2015年第2期,第98~99页。

及专业问题的细节进行了解。其次为质询权。专家辅助人有权对鉴定人进行询问,且鉴定人有义务对涉案专业问题进行回答,否则就应当承担不利的法律后果。另一方面,专家辅助人还应负有相应义务,以实现案件的公正审判。首先,专家辅助人有义务出庭发表意见。在接受了当事人的委托并得到法庭允许后,专家辅助人就应按照相关规定出席法庭就相关问题发表意见和提问,并接受法官和双方当事人的询问。〔47〕 其次,由于专家辅助人的意见应具有相对中立性,因此,其应当负有客观、真实发表意见的义务,专家辅助人对于专业知识的解答应忠实于法律与事情真相,不得为了帮助胜诉而违背客观真理。在明确专家辅助人权利及义务的基础上,将更有利于专家辅助人发挥作用,实现专家辅助人的制度价值。

第四,对专家辅助人的意见采信规则而言,应当分不同情况分别处理。第一类是存在鉴定意见的情形下,专家辅助人的意见应被“有限采信”,其“只能质疑或佐证,即其只在裁判者认定是否采纳或在多大程度上采信鉴定意见时产生效力”。〔48〕 这是专家辅助人的辅助功能本质所确定的,当存在鉴定意见时,其仅可以为佐证鉴定意见的公正性、科学性和客观性服务。在这个层面上,专家辅助人与鉴定人互为表里,其意见与鉴定意见同时作为认定案件事实的依据,由法官决定在多大程度上采用何者。第二类则是在不存在鉴定人及鉴定意见的情形下,由专家辅助人对相关专业问题发表意见。此时,专家辅助人作为该领域的专业人员,其意见的可采信程度不应受到限制,是否应当采信而作为定案依据,应当由法官自由裁量。这也与查明事实,分清是非、保护当事人诉讼权利的立法要求向契合。

第五,还应当构建规范专家辅助人出庭行为的程序规范。这与我国当前诉讼法中专家辅助人出庭发表意见的要求相匹配。例如,针对屡次不实提供意见或违反庭审秩序的专家辅助人,可以记载其不良出庭记录,相应提高其后续参加庭审的资格要求;对于故意提供虚假意见的专家辅助人,可尝试探索相应的责任追究制度。

---

〔47〕 参见吕中伟:《我国专家辅助人制度之完善》,载《河南财经政法大学学报》2015 年第 2 期,第 179 页。

〔48〕 参见李学军、朱梦妮:《专家辅助人制度研析》,载《法学家》2015 年第 5 期,第 161 页。

五、结　　语

专家辅助人意见不应当被作为当事人陈述,而应成为一类单独的证据形式被规定于民事诉讼法体系之中。此外,还应体系性地构建专家辅助人意见的证据适用规则,从根本上回应我国“鉴定人+专家辅助人”的双层专家证据模式的立法旨趣。与枝繁叶茂的鉴定制度相比,专家辅助人制度尚处于发展与完善阶段,其制度价值尚未经实践的充分检验,即使最终的经验表明将专家辅助人规定为独立证据形式使其诉讼地位过重,有矫枉过正之嫌,但在当前阶段,强调专家辅助人意见的重要意义,对专家辅助人制度在我国司法实践领域切实的落地生根将大有裨益。

(责任编辑:邝耿毅)

国际法治的多维图景

跨国代孕中代孕母的法律地位认定和权利保护

李　珏*

摘要：

跨国代孕主体的多方性、跨国性、复杂性，导致跨国代孕引发的人身财产纠纷案件相当棘手，其中代孕母法律地位的认定和合法权利的保护尤为复杂。本文从比较法和冲突法角度出发，借鉴多国有关代孕合法性和代孕母法律地位认定的立法经验，分别在实体法直接规定和冲突法介入指引层面上，厘清代孕母被认定为代孕子女合法母亲的情形。此外，在代理孕母被认定为合法母亲的基础上，本文参考英国、美国、德国、印度等国的先进立法，结合国内现有立法基础，对代孕母权利认定和保护提出理论依据和立法建议，尤其注重保障其堕胎权和反悔权，从而解决跨国代孕中代孕母的法律地位认定和合法权利保护问题。

关键词：

跨国代孕；法律适用；代孕母；亲子关系；儿童最佳利益

一、引言：跨国代孕问题的产生与研究现状

（一）跨国代孕问题的产生与紧迫性

就跨国代孕协议最多可涉及意向父亲、意向母亲、代孕母（可能多个）、卵子捐献者、精子捐献者、代孕诊所等数个主体，可观代孕关系的复杂性。如图 1 所示，2014 年海牙国际私法会议（HCCH）的调查表明，过去五到十年，是各国代孕

---

* 李珏，武汉大学法学院 2018 级博士研究生。

的高发年,[1]但据笔者查实,HCCH所提供的数据为不完全统计,与一些国家官方统计对照出入甚多,[2]从事代孕行业的工作人员也表明,实际代孕儿童的出生量远大于官方给出的数目,[3]代孕问题的严重性远超政府和官方机构的认知。

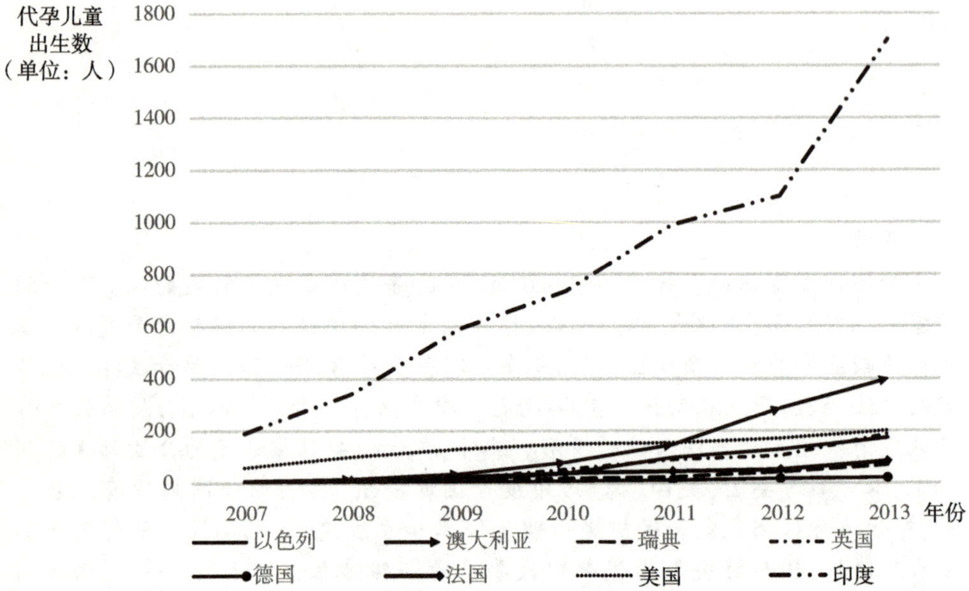

图1　8国代孕数据统计(2007~2013年)

[1] *A Study of Legal Parentage And The Issues Arising from International Surrogacy Arrangements*, HCCH, March 2014, pp. 58-63.

[2] 根据美国人工生殖辅助技术中心(SART)官网提供的数据,仅2013年度便有近50,000名代孕婴儿在美国出生,到2015年,该数据已达60,000名。载 http://www.sart.org/globalassets/__sart/infographics/number-of-clinics-treatments-births.png,最后访问日期:2018年2月28日。

[3] 笔者邮件联系印度代孕律师Anurag Chawla,该律师表明,印度在没有国家注册中心的情况下,无法提供准确的ART诊所和代孕儿童数量统计数据。最近的一篇报道中说,印度有30,000多家ART诊所,而印度医学研究委员会(ICMR)估计数目仅约3000家,双方统计出入甚多;再加之以目前印度的ART诊所已不再集中在都市和大城镇,而是延伸到缺乏基本的市政设施和医疗设施的半城市地区,导致印度的代孕数据更加难以准确统计。

目前我国司法实践中由代孕产生财产和人身纠纷的案件业已出现，但是基于卫生部部门规章禁止医疗机构和医护人员从事代孕，[4]故我国尚未出现正规合法的代孕机构，代孕广告和运作仍在地下暗中进行。因为没有合适的监管，我国代孕市场不仅存在"小广告""黑中介""代孕作坊"等非法运营方式，[5]还伴之以"胎儿性别选择""自然代孕"等违法行为，[6]危及代孕母以及代孕儿童的安全。我国迫切需要有关代孕立法，以规范相关代孕主体的行为，尤其注重保护在代孕关系中处于弱势地位的代孕母的合法权益。

（二）跨国代孕问题的研究现状与争议核心

2017 年 3 月 HCCH 代孕协议专家组会议认为代孕协议所引发的三大核心问题为：承认外国代孕亲子关系判决、代孕亲子关系判定和儿童法律地位认定与权利保护。[7] 有学者认为，第二个问题即法定父母身份的确定是代孕问题的重中之重。[8] 笔者认为，其中又以代孕子女合法母亲身份的确定尤为棘手：在生理母亲（代孕母）、社会母亲（意向母亲）、基因母亲（卵子捐献者）同时主张对代孕子女的亲子权利时，法院判定代孕子女合法母亲的依据是目前存在较大争议的问题，这也是本文后续讨论代孕母权利保障的先决问题。实践中，HCCH 专家组虽在努力起草有关代孕协议的国际公约，但其认为在涉及本国对代孕的基本态度和法律规定时，公约并不能涵盖代孕的所有方面，尤其是一国如何认

---

[4] 参见《人类辅助生殖技术管理办法》（2001 年）第 3 条第 2 款；《人类辅助生殖技术和人类精子库伦理原则》（2003 年）。

[5] 参见詹红星、朱俊全：《代孕行为的刑法规制》，载《医学与法学》2017 年第 6 期，第 10～11 页。

[6] 参见刘长秋：《代孕规制的法律问题研究》，上海社会科学出版社 2016 年版，第 101～106 页。

[7] See *Report of the Experts' Group on the Parentage / Surrogacy Project*, HCCH, 3 Feb. 2017, p. 3.

[8] 参见高升、王洪根：《论跨国代孕中法定父母身份认定的法律冲突》，载《河南财经政法大学学报》2017 年第 4 期，第 159～166 页。

定代孕产生的法定亲子关系,应当留给该国国内法(实体法和冲突法)解决。[9] 因此,国际合作有其边界,对亲子关系的认定仍应从一国国内实体法的直接规定和冲突法的间接指引着手。

笔者认为,代孕母享有合法母亲地位有两种情形:一是依据实体法律直接确定代孕母为代孕子女的合法母亲;二是跨国代孕案件中经过冲突法的间接指引,最终适用赋予代孕母母亲地位的法律而使其享有对代孕子女的母亲权利。第二部分从实体法层面切入,了解到代孕子女合法母亲的确定主要受基因、分娩、契约三大因素的影响,兼辅之以子女最大利益原则。[10] 基于跨国代孕产生的复杂身份关系,不能简单以单一标准一概论之,故本文根据代孕的不同类型,再结合上述三大要素,对代孕协议的合法性和代孕母的法律地位进行判定。第三部分从冲突法层面切入,主要内容涉及在跨国代孕案件中,通过冲突规范的指引,分析代孕母被认定为合法母亲的各种情形与具体方式。同时,因目前我国国际私法中尚无代孕亲子关系判定的明确规定,本文将借鉴别国经验,提出我国《涉外民事关系法律适用法》增设跨国代孕亲子关系认定的立法建议。因前述对代孕母法律地位的认定是确定并保护其合法权利的先决问题,故第四部分顺理成章提出立法建议,明确并保护代孕母基于其身份和法律地位所享有的权利。

二、跨国代孕母法律地位认定之实体法规范

笔者认为,若要讨论第三部分中跨国代孕的冲突法问题,须以厘清国内实体法对于跨国代孕的规定为基础。首先,一国国内法律有关代孕合法性和代孕母法律地位的规定会随着代孕类型不同而有所差别;其次,横向对比各国法律可得其中有关亲子关系判定也各自不同,于是便导致本文所讨论的跨国代孕中代孕母的法律地位会随代孕类型不同而有所区别。故而本部分前两小节先从

---

〔9〕 *Report of the Experts' Group on The Parentage / Surrogacy Project*, HCCH, 3 Feb. 2017, p. 27: The Group generally believed that the legal effects flowing from legal parentage should be left to State Law.

〔10〕 参见严红:《跨国代孕亲子关系认定的实践与发展》,载《时代法学》2017 年第 6 期,第 101 ~ 102 页。

国内实体法角度厘清各国对不同类型的代孕所持的态度，然后再分析在跨国代孕的前提下各种代孕类型中代理孕母的法律地位。下文以最典型的“基因联系”和“代孕协议是否有偿”为标准，分类讨论代孕协议的有效性，以及代孕母的法律地位。

评判一国法律关于代孕合法性的规定和代孕母与代孕子女亲子关系的认定，并非简单的黑白对错，而应建立在对该国文化历史、医疗技术、道德伦理、社会福利有充分了解的前提下，对其做出最为科学全面且合乎规律的判断。[11] 笔者认为，承认代孕母为合法母亲有其合理性：一是根据儿童出生的第一表征确定其法定母亲不易出现混乱，且代孕母从怀孕中孕育出母性，对怀孕、分娩会更用心、更有责任感；二是为有效禁止代孕，也为婴儿获得更充分的生母照料，应否认代孕子女和意向父母之间的亲子关系，包括养子关系，而承认代孕母为代孕子女的合法母亲。而承认意向母亲为合法母亲也有其道理：一是代孕母应依法履行代孕协议将代孕子女亲权转移给意向父母；二是意向父母往往出于基因联系或长久期盼对代孕儿童怀有强烈的期待和感情；三是儿童利益最大化原则，意向母亲通常拥有更好的经济能力、家庭环境，更有利于儿童健康成长。[12] 本小节尝试通过将各国对传统代孕、基因代孕、有偿代孕和无偿代孕的态度进行分类，得出各国认定跨国代孕子女的合法母亲的规律。

（一）以基因分类法为视角：传统代孕与基因代孕

代孕分类标准多样，本文首先采取笔者认为最为科学全面的“基因分类法”，即伊拉克医学教授 Azhar 所提出的，根据配子与意向父母是否有基因关系为标准，通过排列组合，将代孕分为六大类的方法。[13] 本文为使读者阅读清晰，将其规整如下（见表 1）。

---

〔11〕 Hartmut Kreß, *Samenspende und Leihmutterschaft-Problemstand*, *Rechtsunsicherheiten*, *Regelungsansätze*, 240 FPR. 2013, pp. 2 – 3.

〔12〕 参见顾菲：《跨国代孕的国际私法问题研究》，东南大学 2016 年法律硕士学位论文，第 24 页。

〔13〕 Shabih H. Zaidi, *Ethics in Medicine*, 3rd ed. SIPS. 2014, pp. 191 – 192. Azhar Mousa Al-Toriahi is Professor of University of Kufa Medical School, a Gynaecologist and Obstetrician of repute.

表1 代孕之基因分类法

Egg / Sperm	surrogate mother (√)代孕母	intending mother (√)意向母亲	egg donor 捐卵者
intending father 意向父亲	1. Traditional surrogacy 传统代孕	3. Gestational surrogacy 妊娠代孕	5. Gestational surrogacy and egg donation 妊娠代孕 & 卵子捐献
sperm donor 捐精者	2. Traditional surrogacy and sperm donation 传统代孕 & 捐精	4. Gestational surrogacy and sperm donation 妊娠代孕 & 捐精	6. Gestational surrogacy and embryo donation 妊娠代孕 & 配子捐献

但是笔者认为,以基因判定合法母亲的方式并不宜适用于跨国代孕中存在配子捐献的情形,因为随着科技发展,跨国代孕可能存在配子的捐献者与代孕母或者代孕行为地远隔重洋,甚至是匿名捐赠的情形,以遗传基因确定代孕子女的合法母亲具有过大的不确定性,故而本文对表1中的"2""4""5""6"种代孕类型不予讨论。而且在参与HCCH调查的国家中,仅有7个国家和少数学者采用遗传基因原则确定亲子关系,此种方式已渐式微。[14] 目前大多数国家不承认与意向父母均无基因关系的代孕,故而大部分代孕案例都呈代孕子女与意向父母一方或双方有基因关系的传统代孕和妊娠代孕。[15] 因此,本小节讨论的重点即为跨国"传统代孕"与"妊娠代孕"中代理孕母的法律地位。

1. 跨国传统代孕之代孕母法律地位认定

大多数国家国内法对传统代孕持严苛态度,即不承认传统代孕类型的代孕协议。传统代孕中代孕母提供了卵子,代孕子女与代孕母之间有基因关系,故而基因型代孕违反公序良俗是众多法院的共识。[16] 传统代孕中代孕母扮演了

---

〔14〕 这七个国家是:克罗地亚、多米尼加共和国、以色列、墨西哥、波兰、斯洛伐克、乌拉圭。

〔15〕 *Report of the Experts' Group on the Parentage / Surrogacy Project* 3, HCCH, Feb. 2017, p. 5.

〔16〕 See Craig Dashiell, "From Louise Brown to Baby M. and Beyond: A Proposed Framework for Understanding Surrogacy", Vol. 65, *Rutgers Law Review*, 2013, p. 851.

"基因母亲"和"生理母亲"两个角色,代孕子女与意向母亲的唯一关系便是代孕协议,而法院通常情况下会认定传统代孕因违反公序良俗而协议无效,不会因一纸代孕协议而忽略代孕母与代孕子女生物学上的血缘关系,继而承认意向母亲为代孕子女的合法母亲。因此,在传统代孕中,法院通常采纳"基因"因素,认定代孕母为代孕子女的合法母亲。

在跨国代孕中,因为目前大多数国家不承认传统代孕协议的合法性,所以实际上各国法律态度的一致性导致是否跨国对传统代孕效力的影响不大,即大多数国家的实体法都规定跨国传统代孕协议无效,与其对国内代孕的态度保持一致,认定代孕母为代孕子女的合法母亲。然而事无绝对,在冲突法层面仍存在一些情形,可能导致跨国代孕中的传统代孕有效,意向母亲被认定为代孕子女的合法母亲,这种情形将在第三部分冲突法部分详细介绍,此处不赘述。

2. 跨国妊娠代孕之代孕母法律地位认定

在妊娠代孕中,个别国家法律给予了更多的宽容,尤其是在英美国家,更多承认代孕协议的有效性,强调保护意向父母的权益和法律地位。[17] 因为在妊娠代孕中,意向母亲扮演了"基因母亲""社会母亲"两个角色,而代孕母只是利用其子宫为意向父母所提供的胚胎进行代孕。更确切言之,代孕母提供的是一种"特殊的劳务",她将"怀孕"作为一种商品,出售给出于各种原因无法或不愿亲自生育的意向父母,故而更适宜将代孕母和意向父母定义为一种纯粹的契约关系。因此,在妊娠代孕中,法院通常采纳"契约"因素,认定意向母亲为代孕子女的合法母亲。

承认国内妊娠代孕的国家,其实体法大概率会承认跨国妊娠代孕,而无须顾及不承认妊娠代孕的外国的态度。因为一国法律有主权内最高效力,无须遵守外国的实体法律规范和道德伦理习惯。故而,在跨国妊娠代孕案件中,承认妊娠代孕的国家大都认定代孕协议有效,从而认定意向父母为代孕子女的合法母亲。反之,不承认妊娠代孕的国家,也大都认定跨国妊娠代孕协议无效,从而认定代孕母为代孕子女的合法母亲。以上结果均在实体法层面考量,未考虑冲突法的介入指引,为使文章结构更加清晰,第三部分集中详述跨国代孕中的冲突法问题,此处不再赘述。

---

〔17〕 Craig Dashiell, "From Louise Brown to Baby M. and Beyond: A Proposed Framework for Understanding Surrogacy", Vol. 65, *Rutgers Law Review*, 2013, pp. 852 – 853.

(二)以是否有偿代孕为视角:商业代孕与无偿代孕

以代孕协议是否有偿为标准,可将代孕分为有偿代孕和无偿代孕。有偿代孕又称商业代孕(Commercial Surrogacy),即代孕母、代孕机构、意向父母达成协议,代孕母提供代为妊娠生子的服务,意向父母支付明显高于代孕母怀孕所支出费用的酬金,代孕机构为双方提供中介、医疗、法律等服务的代孕类型。而无偿代孕又称公益代孕(Altruistic Surrogacy),是代孕母和意向父母之间出于情谊、道德而进行的完全无偿或给予适当补偿的代孕类型。

现存的各国国内法关于代孕的法律规定有三大类:绝对禁止代孕、禁止商业代孕(只允许无偿代孕)和允许商业代孕。[18] 第一类,德国、法国、日本绝对禁止一切代孕,且会对代孕参与者判处有期徒刑和罚金惩罚。[19] 我国也有刑法学者秉持此种态度,希望通过高级别的、全面的、明确的方式,将代孕入罪。[20] 大多数认定代孕非法的国家和学者考虑分娩因素,规定代孕母为子女的法定母亲。[21] 如日本通过 Aki Mukai 案、Kobe Yasunao and Yoko Kondo 案和 Manji 案,确立了"无论是否有血缘基因关系,代孕母是代孕子女的法定母亲"的规则。[22] 第二类,英国、澳大利亚、以色列和中国香港只禁止商业代孕,而允许无

---

〔18〕 参见刘长秋:《代孕规制的法律问题研究》,上海社会科学出版社2016年版,第70~85页。

〔19〕 《德国胚胎保护法》(1991年)第1条、《德国收养中介法》(1989年)第13条、《德国民法典》(1900年)第1591条、《法国民法典》(1900年)第16条第7款、《法国刑法典》(2013年)第227条第3款、《日本国关于代理怀孕之见解》(2003年)、《日本国关于精子、卵子、胚胎的提供繁殖辅助医疗制度整备报告书》(2003年)、《日本国以代孕为中心的人工生殖技术问题报告书》(2006年)。

〔20〕 参见詹红星、朱俊全:《代孕行为的刑法规制》,载《医学与法学》2017年第6期,第10~11页。

〔21〕 参见师超:《国际代孕若干法律研究》,中国青年政治学院法学院2016年硕士学位论文,第19~23页。

〔22〕 See Marcelo De Alcantara, "Surrogacy in Japan: Legal Implications for Parentage and Citizenship", 48 *FCR*. 418. (2014); Paul Beaumont, "International Surrogacy Arrangements - Legal Regulation at International Legal", 26 *OHP*. 251 (2013).

偿代孕，这类国家和地区大多规定代孕母是代孕子女的法定母亲。[23] 但是第二类国家和地区和第一类相比立法弹性稍大，尤其是在跨国代孕中法定母亲之争并未盖棺定论，尚有转圜的余地，其法律通过结合“基因”“登记”等因素为有偿代孕的意向父母主张其法律地位留出空间。[24] 故而对于这一类只承认无偿代孕的国家，通常认定无偿代孕协议的意向母亲为代孕子女的合法母亲，而认定有偿代孕协议的代孕母为子女的合法母亲。第三类，印度和美国（多州）是允许商业代孕的两大国，其均倾向于意向母亲为代孕子女法定母亲。如印度法律明确规定，孕母须在怀孕之初就放弃母亲地位，孩子的法定母亲是意向母亲；[25] 美国加州法律在立法上较为宽容，规定分娩和血缘都可构成母亲权利来源，具体案件中留给法官自由裁量，但在司法实践中美国法院一般倾向于赋予代孕协议亲权约定条款极大效力，即事实上以判例认定意向母亲是代孕子女的法定母亲。[26]

综上所述，在国内法立法角度，对代孕采取消极严苛态度的国家，大都会认定代孕母为代孕子女的合法母亲；而对代孕采取积极宽容态度的国家，往往都承认意向母亲为代孕子女的合法母亲；两者之间，只承认无偿代孕的国家，则通过结合“基因”“登记”“儿童利益最大化”“限制代孕”等因素，区别对待单纯的国内代孕和复杂的跨国代孕，从而对代孕子女的合法父母进行判定，这也是下文跨国商业代孕和跨国无偿代孕中代孕母法律地位认定讨论的重点。

1. 跨国商业代孕之代孕母法律地位认定

笔者认为，一国法律如果承认商业代孕，通常情况下也会承认跨国商业代孕协议，从而认定意向母亲为跨国代孕子女的合法母亲；但是一国如果完全禁止代孕，通常情况下也会认定跨国代孕协议因违反本国公序良俗而无效，从而

---

〔23〕《英国人类生殖与胚胎研究法》（1990 年）、《英国代孕安排法》（1985 年）、《澳大利亚亲子法》（2004 年）、《澳大利亚人工生殖治疗法》（2010 年）、《以色列代孕母法》（1996 年）、《香港人工生殖科技条例》（2000 年）。

〔24〕参见余提：《各国代孕法律之比较研究》，中国政法大学出版社 2016 年版，第 71 页。

〔25〕《印度辅助生殖诊所管理准则》（2005 年）第 18 条。

〔26〕See Usha Rengachary Smerdon, “Crossing Borders: Internatioal Surrogacy Between the United States and India”, 39 *Cumberland Law Rev.* 35 (2009).

认定代孕母为跨国代孕子女的合法母亲。然而上述分析并无绝对,法院仍有可能通过冲突规范的指引,得出与前述论述相反的结论,这便是第三部分重点解决的问题,此处不赘。故而本部分问题便产生于介于前二者之间的只承认无偿代孕的国家,这些国家多对国内代孕和跨国代孕持有不同态度。

以色列法律便是最好的例证:以色列对国内和跨国代孕的规定不同,在跨国代孕中,以色列法律主要考虑基因和登记因素,要求意向父母通过基因测试证明与代孕子女的亲子关系,且只有当儿童出生时意向父母被登记为法定父母或者其确认为父母身份时,该意向父母才可能成为代孕儿童的法定父母;[27]而在国内代孕中,以色列法律主要考虑血缘和社会监督因素,通常以血缘为标准判断代孕子女的合法父母,但同时也十分强调社会监督在代孕过程中发挥的作用,规定婴儿出生后社工是儿童的唯一法定监护人,将代孕母和意向母亲都排除在法定监护人的候选名单之外,从而预防代孕子女出生后产生抚养纠纷时无人照料等情形发生,保护代孕子女的生命权和健康权。值得一提的是,即便是对商业代孕非常宽容的印度,该国政府在2012年之后便不断发布禁止跨国代孕的政府公报,[28]立法机构从2015年开始也在起草禁止跨国代孕的法律。[29]所以在诸如印度和前文提及的以色列等对单纯国内代孕和跨国代孕持不同态度的国家,也可能出现跨国代孕协议被判决无效,代孕母被判定为代孕子女法定母亲的案例。[30]

综上所述,承认商业代孕的国家通常情况下认定意向母亲为跨国商业代孕

---

〔27〕《以色列代孕母法》(1996年)第12条。

〔28〕*Foreign nationals intending to visit India for commissioning surrogacy*, para. 2, Government of India, Ministry of Home Affairs, 9 Jul. 2012; *Foreigners for availing surrogacy services in India*, para. 1, Indian council of Medical Research, Division of Reproductive Biology and Maternal Health, 27 Oct. 2015; *Commissioning of Surrogacy-instructions Regarding*, Government of India, para. 1, Ministry of Health & Family Welfare, Department of Health Research, 4. Nov. 2015.

〔29〕*A Study of Legal Parentage and the Issues Arising from International Surrogacy Arrangements*, HCCH, March 2014, p. 55.

〔30〕Union of India & Anr. v. Jan Balaz & Ors., Item No. 302, Section Ix/pil(W)/X, 4 (Supreme Court of record of Proceedings India, 2010).

子女的合法母亲；完全禁止代孕的国家通常情况下认定代孕母为跨国商业代孕子女的合法母亲；只承认无偿代孕的国家有可能认定跨国商业代孕中与代孕子女有基因联系的意向母亲为合法母亲；只承认国内商业代孕而不承认跨国商业代孕的国家也可能认定跨国代孕母为代孕子女的法定母亲。

2. 跨国无偿代孕之代孕母法律地位认定

接上文论述，在只承认无偿代孕国家的司法实践中，从国内代孕角度出发，国内法允许无偿代孕而禁止商业代孕，故而认定无偿代孕协议有效而商业代孕协议无效。因此，此类国家大概率认定无偿代孕中的意向母亲为法定母亲，而商业代孕中的代孕母为法定母亲。上述规定是为维护国内公序良俗、基本法律原则和伦理态度，而在跨国代孕案件中，涉案的主体与本国联系可能并不密切，故亲子关系的认定主要考虑“儿童最佳利益原则”，即最终倾向于判定更有利于儿童成长的意向母亲为儿童的法定母亲。即跨国代孕中，国内法中只承认无偿代孕的国家仍有可能认定跨国代孕协议有效，从而认定跨国商业代孕中的意向父母为代孕子女的法定母亲。

同上一小节推论，承认商业代孕的国家大都承认无偿代孕，故而通常情况下认定意向母亲为跨国无偿代孕子女的合法母亲；完全禁止代孕的国家也禁止无偿代孕，故而通常情况下认定代孕母为跨国商业代孕子女的合法母亲；只承认无偿代孕的国家通常情况下也会承认跨国无偿代孕，从而认定意向母亲为合法母亲。

（三）跨国代孕母法律地位认定之实体法规律

一国法律可能对国内和跨国代孕持有不同态度。有的国家对国内和跨国代孕都承认；有的国家对国内和跨国代孕都否认；有的只承认国内代孕，否认跨国代孕；有的承认跨国代孕，否认国内代孕。承认国内代孕的国家也可能认定外国代孕母为合法母亲，承认外国代孕的国家也可能认定国内代孕母为合法母亲，在此问题上法院需要综合考虑法院地实体法规定、基本政策和儿童最佳利益原则再作出裁断。笔者通过前两节对跨国代孕进行的分类讨论，最终得出跨国代孕中合法母亲认定的国内实体法规律，详述如下：

第一，针对跨国基因代孕，大多数国家的实体法都规定跨国传统代孕协议无效，认定代孕母为代孕子女的合法母亲。第二，针对跨国妊娠代孕，承认妊娠代孕的国家大都认定代孕协议有效，从而认定意向父母为代孕子女的合法母亲；反之，不承认妊娠代孕的国家大都认定跨国妊娠代孕协议无效，从而认定代孕母为代孕子女的合法母亲。第三,针对跨国商业代孕,承认商业代孕的国家通常情况下认定意向母亲为跨国商业代孕子女的合法母亲;完全禁止代孕的国家通常情况下认定代孕母为跨国商业代孕子女的合法母亲;只承认无偿代孕的国家通常情况下对国内和跨国代孕规定不同,有可能认定跨国商业代孕中与代孕子女有基因联系的意向母亲为合法母亲;只承认国内商业代孕而不承认跨国商业代孕的国家可能认定跨国代孕母为代孕子女的法定母亲。第四,针对跨国无偿代孕,承认商业代孕的国家大都承认无偿代孕,故而通常情况下认定意向母亲为跨国无偿代孕子女的合法母亲;完全禁止代孕的国家也禁止无偿代孕,故而通常情况下认定代孕母为跨国商业代孕子女的合法母亲;只承认无偿代孕的国家通常情况下也会承认跨国无偿代孕,从而认定意向母亲为合法母亲。

表2 跨国代孕母法律地位认定

分类标准 合法母亲	基因联系	是否有偿
代孕母	1. 跨国基因代孕; 2. 跨国妊娠代孕 (不承认妊娠代孕国)	1. 跨国商业代孕(完全禁止代孕国、只承认国内商业代孕国); 2. 跨国无偿代孕(完全禁止代孕国)
意向母亲	3. 跨国妊娠代孕 (承认妊娠代孕国)	1. 跨国商业代孕(承认商业代孕国); 2. 跨国商业代孕(只承认无偿代孕国 & 与代孕子女有基因联系); 3. 跨国无偿代孕(承认商业代孕国); 4. 跨国无偿代孕(只承认无偿代孕国)

综上所述,在实体法层面认定代孕母为合法母亲基本上是因为代孕协议被认定违法,如表2所示,具体而言有以下几种情形:(1)跨国基因代孕中大多数国家均认定代孕协议违法而认定代孕母为合法母亲;(2)跨国妊娠代孕中不承认妊娠代孕的国家也会认定代孕母为合法母亲;(3)完全禁止代孕的国家,无论是跨国商业代孕和跨国无偿代孕,均不承认其协议的合法性,而认定代孕母为合法母亲;(4)只承认国内商业代孕而不承认跨国商业代孕的国家可能认定跨国代孕母为代孕子女的法定母亲。

三、跨国代孕母法律地位认定之冲突法规范

(一)跨国代孕案件中冲突法规范的介入对代孕母地位的影响

上一部分表明,在跨国代孕案件中,各国立法中关于代孕的态度不同,关于代孕儿童法定母亲的规定也各自相异。此时,在涉案主体多方且跨国、法律存在冲突的情况下,便产生了法律适用问题。在司法实践的法律适用过程中,迫切需要冲突法的介入与指引,以达到保护代孕母和代孕儿童的合法权利、维护实质正义的结果。

因各国立法中冲突法规范和实体法规范均存在冲突,所以会导致跨国代孕案件在法律适用时尤其会得到意料之外的结果,这也是第二部分第三节留而未决的问题。笔者认为,通过冲突法的介入指引,前一部分所得出的跨国代孕母法律地位认定的规定存在例外,即跨国代孕案件中依据法院地法本应判定代孕母是合法母亲的案件最终判定意向母亲为合法母亲,或本应判定意向母亲是合法母亲的案件最终判定代孕母为合法母亲。以下详细论述冲突法中影响实体法律结果的因素。

其一,冲突规则中连结点的不同导致法院最终适用的法律不同。例如,第二部分提及的,跨国商业代孕中,尽管承认商业代孕的国家承认代孕母与意向父母之间存在的“代孕协议”的合法性,也通常认定意向父母为代孕子女的法定父母,但跨国代孕案件有其特殊性,法院仍有可能适用代孕的“儿童出生地”“孕母惯常居所”“儿童国籍国或惯常居所”“意向父母的国籍国或惯常居所”法律。如果这些连结点所指引的法律认定代孕协议无效,那法院将最终适用之并认定代孕协议无效,从而认定代孕母为代孕子女的合法父母。上述不同的连结点表明着立法者不同的立法态度,即对儿童、代孕母和意向父母各个主体的侧重保护,每个连结点都可能导致不同的父母子女关系的判定结果。

其二,当事人之间存在的“法律规避”可能导致其意图适用的冲突规范无效而适用法院地法的情形。此种情形大概率出现在当事人为规避本国禁止代孕的法律而向外国代孕机构或代孕母寻求代孕的案例中。但是认定当事人之间是否存在“法律规避”首先要判断其规避的法律是否是“强制性规定”。我国目前在司法解释中明确规定的只涉及劳动者权益保护、公共卫生、环境安全、金融安全等其他领域。笔者认为,我国目前有关的代孕立法中卫生部的规章并不属

于“强制性规定”的范畴,故而我国法院通过“法律规避”制度而不适用外国承认代孕的法律并不符合《涉外民事关系法律适用法》及其司法解释的规定。但是法律规避制度广泛存在于世界各国,有关的立法也各不相同,理论上仍然可能存在通过认定当事人存在法律规避而适用法院地法,最终判决代孕协议无效,代孕母为代孕子女的合法父母的情形。

其三,法院地“公共秩序保留”逃避阀(escape valve)也可导致冲突规范指引的法律不被最终适用。[31] 有些国家出于基本道德伦理、法律法规、历史文化等因素,不承认代孕,并认为代孕的存在影响了其社会公共利益。这些国家可能在跨国代孕案件中通过认定外国法律适用的结果违反了本国公共秩序而不予适用承认代孕的外国法律,从而直接适用本国法律,最终认定代孕协议无效,判定代孕母为代孕儿童的法定母亲。然而公共秩序保留与法律规避一样,均有其适用的一定条件,例如对公共秩序的认定和对违反公共秩序的严重性的判断便是棘手任务,所以承认跨国代孕协议有效是否违反了国内公共秩序尚存在争议。同时,虽然公共秩序保留给了法官一定的主观裁判空间,但是法官要保持运用此权利的“谦抑性”,不得滥用此规则,否则有侵犯当事人合法权利之嫌。综上所述,法官只有在经过充分的逻辑论证承认跨国代孕协议会违背本国公共秩序后,才能适用本国法律确认代孕协议无效,最终判定跨国代孕母为代孕儿童的法定母亲。

(二)跨国代孕中冲突法规范的类型、问题与立法建议

关于跨国代孕亲子关系的法律适用问题,国际上立法大致有三类:第一类,英国、美国、新西兰、阿根廷、爱尔兰、印度、委内瑞拉、匈牙利法律规定,父母子女的人身关系适用父母亲国籍国法;[32] 第二类,大多数国家规定父母子女的人身关系适用共同经常居所地法,辅之以保护弱者权利地法,我国便采取此种立法;[33] 第三类,以德国为例,其立法与第二类相似,但立法关注点更侧重于子女,

〔31〕 参见王洪根:《论跨国代孕法定父母身份承认中的公共秩序》,载《西部法学评论》2018年第1期,第122～124页。

〔32〕 参见袁泉、罗颖仪:《跨境代孕亲子关系认定所涉及的若干国际私法问题》,载《国际法研究》2017年第6期,第106页。

〔33〕《中华人民共和国涉外民事关系法律适用法》(2010年)第25条。

规定适用子女惯常居所地法与弱者权益保护地法。[34]

笔者认为,上述三种亲子关系法律适用方法均存在一定问题。首先,上述国家的冲突规范用于解决涉及父母子女关系中的人身和财产关系问题,而本文讨论的问题的焦点是跨国代孕中母亲身份的认定,是人身和财产关系问题的先决问题,故而不宜直接适用上述亲子关系,上述法律仅是没有明确法律规定时无奈的替代品,冲突法立法中应当单独针对跨国代孕子女父母的认定进行明确、特殊的规定。其次,对于跨国代孕案件,在代孕母申请法院判决自己为代孕子女合法母亲时,法院未经审理之前,根本无法确定代孕子女的合法父母,而且亲子关系为本问题,甚至不能将其认定为先决问题来予以解决,故而此时如果依照第一类和第二类冲突规则适用父母子女的经常居所地法律,未免存在循环论证之嫌。最后,像德国一样的第三类立法,单独适用子女惯常居所地法,又会因为新生儿未获得出生证明等原因无法确定其惯常居所地,往往最终适用代孕行为地,即儿童出生地法律,以行为地确认代孕产生的亲子关系,不仅具有不确定性,而且很有可能导致跨国的"跛脚亲子关系",因为该地点不一定与代孕协议或代孕各方有最密切联系,或最有利于保障儿童权益。[35]

综上所述,为使案件得到最公正解决,国际私法立法在涉及代孕亲子确认时应处理得更为细致、明确,即应避开"父亲""母亲"等身份概念的运用,而代之以"儿童出生地""孕母惯常居所""儿童国籍国或惯常居所""意向父母的国籍国或惯常居所"等,提高立法的明确程度,从而避免司法实践中所产生的歧义和不确定性。同时,应在国际私法立法中明确列明有利于保护儿童权益或弱者权益的条款,由法官在具体案件中进行裁量,给予法官一定自由空间,在其充分了解每个案件的特殊性后,考虑到每个案件中更需要被侧重保护的主体,从而最终达到个案的公正与平衡。

四、跨国代孕母之权利保护

在跨国代孕中,代孕母作为劳务方往往也是处于弱势的一方,笔者认为其

---

[34] Einführungsgesetz zum Bürgerlichengesetzbuche (1896), Absetz 14.

[35] *Report of the Experts' Group on the Parentage / Surrogacy Project*, HCCH, 3 Feb. 2017, p. 5.

合法权利需要被明确并侧重保护。目前越来越多的国家从保护儿童利益的角度出发,倾向于承认代孕所生儿童与意向父母之间的法定亲子关系。[36] 在不承认代孕的国家,代孕母的权利并没有单行法予以明确规定,故而其维权只能依照基本的民法、刑法和行政法;更有甚者,因为世界各地发展水平不一致,部分不发达地区的代孕母仍有被压榨劳动、强迫流产、禁止堕胎等人权之虞。[37] 此时反观印度、美国等承认商业代孕的国家,作为跨国代孕大国,其立法中对于代孕协议各方的权利设定较为平衡,在对代孕保持积极开放态度的同时,也没有忽略对代孕母的权利保护。

经过前三部分的论述,本文已经得出代孕母会被认定为合法母亲的两种情形:一是依据实体法律确定代孕母的亲权;二是跨国代孕案件中经过冲突法的指引,最终适用赋予代孕母亲的法律而导致其享有对代孕子女的亲权。笔者认为,此时应对代孕母基于其母亲身份而享有的权利进行明确和保护,或者也可表述为代孕母通过行使以下权利获得了其母亲地位。上述国家的经验也许可以视为我国相关立法的有益参考,下文将详述这些国家立法中对代孕母权利保护的规定。

(一)自由权利:跨国代孕母之人身自主权

代孕母之人身自主权是指代孕母自由利用自己的子宫为他人进行代孕的权利,但该权利并不妨碍代孕母以为他人代孕为初衷而最终获得属于自己的孩子。[38] 跨国代孕中代孕母的人身自主权尤其值得保障,即跨国代孕中代孕母有权决定自己为谁代孕,因为其代孕可能不仅出于经济利益,还可能出自实现自我价值,甚至可能达到挽救一些禁止代孕的国家中因一方或双方无法生育而处境濒危的家庭的效果。

首先,跨国代孕母可以通过自己的身体和劳动谋生以及实现自我价值。跨国代孕无疑成为迫切想要自己的孩子,但是本国法律规定代孕违法的妇女的“救命稻草”。亚里士多德认为,由于女性的自然属性,女性被贬低为和自然一

---

[36] 参见杜涛:《跨国代孕引发国际私法问题》,载《中国妇女报》2016年3月2日,第A03版。

[37] *Report of the Experts' Group on the Parentage / Surrogacy Project*, HCCH, 3 Feb. 2017, p. 4.

[38] 参见余提:《各国代孕法律之比较研究》,中国政法大学出版社2016年版,第94页。

样的被动的被统治物地位,女性因此只能依附在家庭这个组合体中以男性为中心来生活。[39] 在当今世界此言并非危言耸听,在一些不发达国家,如穆斯林妇女的主要作用和功能便是生育,极其贬低女性价值并将不孕的妇女污名化,此类妇女若因不孕不能拥有自己的孩子,将面临失去丈夫、家庭、生活来源的绝境。[40] 正如 Shabih H. Zaidi 书中提及的,黎巴嫩为特定年龄的女性提供第三方生殖辅助技术服务的妇科医生 Gynae/Obs,提供了 Ayatullah Khamanei 的判决,以说明许多妇女到这些诊所去生育,是为弥补她们的生育能力不足,从而拯救她们的婚姻和她们的尊严。[41] 其次,女性享有与生俱来的以自主决定生育问题为核心的生育权,有权决定自己生育还是不生育以及何时生育。[42] 同时,现实中代孕母在代孕时也付出了十月怀胎的辛苦劳动,如仅以代孕违背传统道德和亲子观念而否认其付出的身体劳动和承受的心理压力,认定其代孕行为违法,不仅违反民法领域的平等自愿原则,也并未成功守护公序良俗原则。[43] 最后,跨国代孕母的人身自主权有其法律依据。一些国家认为代孕逼迫性"出租子宫"、剥削贫穷女性的劳动力、破坏代孕母家庭稳定而禁止代孕。[44] 但是更有国家如印度,从法律上为代孕妇女提供支持,赋予女性以放弃母亲的权利,即代

[39] 参见杨征征:《环境治理视域下的女性权益保护——基于马克思恩格斯文本的研究》,上海三联书店 2014 年版,第 22 ~ 23 页。

[40] 参见阿齐扎·艾尔·希布瑞:《伊斯兰教、法律与习俗:重新界定穆斯林妇女的权利》,载凯利·D. 阿斯金、多丽安·M. 科尼格编:《妇女与国际人权法》(第 3 卷),黄列等译,生活·读书·新知三联书店 2012 年版,第 396 ~ 399 页。

[41] See Shabih H. Zaidi, *Ethics in Medicine*, 3rd ed., SIPS. 2014, pp. 185 – 187.

[42] 参见吴宁、岳昌智:《女性权利的法律保护》,同济大学出版社 2010 年版,第 87 ~ 91 页。

[43] 参见孔德猛:《妊娠型代孕的伦理正当性研究》,载《自然辩证法通讯》2016 年第 6 期,第 97 ~ 105 页。

[44] See Joseph Tham · Alberto Garcia · Gonzalo Miranda, *Religious Perspectives on Human Vulnerability in Bioethics*, 1st ed., Springer Science & Business Media Dordrecht, 2014, p. 125.

孕母可以根据法律合法地放弃母亲亲权,将代孕子女的亲权转让给意向父母。[45]

综上所述,跨国代孕母享有代孕的人身自主权有其权利来源、现实需求和法律基础。

(二)合同权利:跨国代孕母之收取报酬权

代孕母之收取报酬权是代孕母的一项基本的劳动和社会保障权利,即代孕母提供了正常代孕劳动后,有权根据代孕合同向合同相对人请求按时、足额支付劳动报酬。[46] 但是在跨国代孕中,并非所有国家都允许商业代孕,甚至大多数情况下意向父母的所在国是不承认商业代孕甚至完全禁止代孕的国家,若代孕母向意向父母所在地法院申请其报酬,该法院是否应予以支持?代孕母是否还有别的救济途径?

首先,应从程序法层面出发,确定有权受理代孕母报酬权申请的法院。以我国《民事诉讼法》第23条为例,合同纠纷应由被告住所地或者合同履行地法院管辖。基于意向父母住所地法院和代孕合同履行地法院对代孕协议的态度不同,显然可以得出,认定代孕行为合法的代孕合同履行地对代孕母的权利救济更为有利。故而笔者主张代孕母向代孕行为地,通常情况下是代孕母的经常居所地,主张权利救济。

其次,如果代孕行为地法院拒绝受理,或者代孕协议约定合同管辖法院为意向父母住所地法院,则需要从冲突法层面出发,判定合同应当适用的法律。依旧以我国法律为例,根据《涉外民事关系法律适用法》第41条中规定的特征性履行和最密切联系原则相联系的条文可得,在当事人没有约定适用的法律的时候,应当适用最体现合同性质,也与合同联系最密切的代孕行为地法。故而,即使是意向父母住所地法院管辖代孕母的报酬请求案件,除非当事人另有约定,仍应适用允许商业代孕国家的代孕母住所地的法律。而在允许商业代孕的

[45] See Louis Perreau-Saussine and Nicolas Sauvage, *International Surrogacy Arrangements-Legal Regulation at the International Level*, Oxford: Hart Publishing, 2013, 1st. ed., p. 122.

[46] 参见吴宁、岳昌智:《女性权利的法律保护》,同济大学出版社2010年版,第65~67页。

国家,此为受法律和合同保障的债权。[47] 此外,笔者认为,代孕母即使被认定为合法母亲,也不意味着意向父母可不支付合同约定的报酬,因为儿童法定父母的确认是由一国法律规定法院判决,并非代孕母的过错导致代孕子女的亲权归属于自己而违约,除非代孕母行使下文的反悔权,此处不赘述。

值得一提的是,笔者认为,虽然很多国家规定,代孕是对不孕夫妇的人道主义关怀,只允许无偿代孕,但笔者认为,评价跨国代孕对代孕母的剥削和商品化不应仅从代孕协议支付的费用或者其他补偿的数目来判断。即使是商业代孕,也未必就是对女性的物化和剥削;反之,如果完全不给或比合同约定少给代孕母报酬而让其义务劳动,不仅是对代孕母的剥削和压榨,也是无视代孕母付出的至少十个月的时间成本与承受的巨大的风险、压力与辛苦。所以,代孕母获得规范条件下合同约定的一定的补偿或者报酬,不仅有利于真正保护代孕母的权利,也有利于达成实质正义。

(三)补救权利:跨国代孕母之反悔权

代孕母之反悔权是指代孕母在代孕过程中反悔,可不继续履行合同,终止妊娠,或由自己抚养出生后婴儿并成为其合法母亲的权利。反悔权是代孕法律中对代孕母最为宽容、科学、细致、合乎人性的一项规则,保护了代孕母经过十月怀胎与胎儿产生的亲情羁绊,体现了代孕法律中的人文主义关怀,是他国在代孕立法时可以考虑移植的法条。例如,印度代孕立法中规定了大量保护孕母的措施,虽然其规定意向父母是儿童的法定父母,但代孕子女出生后6周内,孕母若希望留下代孕子女,意向父母只能基于"儿童最佳权利"向法院申请亲权。[48] 英国法律也规定了"代孕协议不得强制执行"的原则,[49] 即若代孕母反悔,意向父母或代孕机构都不得强行带走代孕子女,该子女的合法母亲仍是代孕母。美国法律规定更为自由,即代孕协议履行中,合同双方都有权终止契约,[50] 此处的"违约"是法律赋予的终止契约的权利,也就不存在合同法意义上

---

[47] Ergas, Yasmine, "Babies without Borders-Human Rights, Human Dignity and the Regulation of International Commercial Surrogacy", 27 (1) *Emory International Law Review*, 2013, p. 23.

[48] 《印度人类参与生物医学研究之伦理规范》(2000年)第16条。

[49] 《英国人类受精与胚胎法》(2008年)第11条。

[50] 《美国人工生殖子女法律地位统一法》(1988年)第37条。

一方违约后对方要求实际履行的救济途径。此即法律阻却了合同实际履行的可能性,代孕母通过行使反悔权获得了对子女的母亲地位。

跨国基因代孕(传统代孕)中代孕母提供卵子,胎儿与孕母不仅有事实孕育关系,还有基因血缘关系,更多的羁绊使得此类情形在基因代孕中更为频发。但是在跨国代孕中,是否只有印度、英国、美国的代孕母可以享受本国法律规定的“反悔权”,其他国家的代孕母是否完全没有可能行使此项权利?笔者认为,跨国代孕中代孕母若非承认商业代孕并规定了反悔权的国家的国民,其可以不通过行使反悔权,而可以通过认定代孕协议无效的方式排除意向父母的合法父母地位,从而自己享有对代孕子女的亲权。综上所述,规定了反悔权的国家的代孕母可以通过行使该项权利获取对代孕子女的母亲地位,而没有规定反悔权的国家大都不承认商业代孕,代孕母亲可以主张代孕协议无效,从而获取代孕子女的母亲地位,殊途同归,两种方式都保障了跨国代孕母的亲权。

此外,笔者认为“反悔权”还有两个需要注意之处。一是法律需要保持自身的平衡,如果过于偏向代孕母显然会侵犯意向父母的权利,因此,为防止代孕母滥用反悔权,有些国家法律规定了“收养预告登记”制度,其功能类似于国内的公证,以公权力的介入来确保代孕协议的履行。[51] 二是即使对于认定代孕母为代孕儿童法定父母的国家,反悔权虽对代孕母的亲子并无锦上添花,但从合同法角度,若代孕母违约事由合乎法律规定,仍然有利于减轻代孕母和意向父母之间的违约赔偿责任。

(四)医疗权利:跨国代孕母之堕胎权

代孕母之堕胎权是指在代孕过程中代孕母出于身体健康或其他原因终止妊娠的权利。在跨国代孕中,代孕行为地、代孕母经常住所地、意向父母住所地关于代孕和堕胎的法律规定可能都有差异,便导致问题更为复杂。

首先,判断跨国代孕母是否有权堕胎,应判定堕胎原因是否为医疗因素,此条件应以堕胎地(通常也是代孕行为地)法律为标准。这一条件不难满足,绝大

〔51〕 参见康茜:《代孕问题的法律调整问题研究——以代孕契约为中心》,西南政法大学2011年博士学位论文,第122~127页。

多数国家如印度[52]、英美[53]、欧洲[54]法律都不会禁止母亲出于自身健康而堕胎。欧洲人权委员会受理的帕顿诉联合国案和克努森诉挪威案更是确立了以下原则:即使是胚胎的父亲都无权干涉孕母堕胎权。[55] 更有甚者,如德国法律规定孕母可以在事先获得资讯中心签发的证明后要求终止妊娠,[56] 若因医疗机构(此处可指代孕机构)原因使得母亲失去终止妊娠的机会,即产生错误怀孕和错误出生,孕母健康、财产权利遭受损害时,孕母还可以向该机构主张医疗费用、代孕子女抚养费用和精神损害赔偿。[57] 笔者认为,此种法律规定毋庸置疑是对代孕母的生命权和健康权的保障。此外,出于更加人性化的角度,有些国家法律规定或者代孕协议约定,会直接规定代孕母在代孕过程中有享受代孕机构、意向父母以及第三方医院提供的医疗服务的权利,以保证代孕母和代孕儿童的健康和安全。

其次,若非因为医疗原因,跨国代孕母希望终止妊娠,则应考虑两方面原因:一是代孕母所在国家法律是否允许堕胎;二是代孕子女的合法母亲是否是自己,若不是的话又可否与代孕协议的对方即意向父母达成终止妊娠协议。代孕母若如第二部分和第三部分所述被认定为合法母亲,且代孕母住所地或者代孕行为地法律允许堕胎,则代孕母无须考虑意向父母国家的法律,可以自由终止妊娠。若代孕母并未被认定为合法母亲,则需要考虑代孕母住所地或者代孕行为地法律是否允许堕胎,以及可否与意向父母达成终止妊娠协议,代孕母违

---

〔52〕 See Usha Rengachary Smerdon,"Crossing Borders:Internatioal Surrogacy between the United States and India",39 *Cumberland Law Rev*. 34 (2009).

〔53〕 Ibid. ,p. 35.

〔54〕 联合国《消除对妇女一切形式歧视公约》(1979 年)第 16 条第 1 款第 5 项;欧洲议会《妇女在生育方面的权利宪章》(1988 年);《开罗行动纲领》(1994 年)第 8(25)段;《北京宣言与行动纲要》(2015 年)。

〔55〕 参见玛雅·基里洛娃·埃里克森:《堕胎与生殖健康:让国际法更多地回应妇女的需要》,载凯利·D. 阿斯金、多丽安·M. 科尼格编:《妇女与国际人权法》(第 3 卷),黄列等译,生活·读书·新知三联书店 2012 年版,第 31 ~ 33 页。

〔56〕 参见余少祥:《荷兰和德国妇女健康权考察报告》,载李西霞主编:《妇女社会权利的保护:国际法与国内法视角》(下),社会科学文献出版社 2013 年版,第 722 ~ 723 页。

〔57〕 参见唐超:《德国错误怀孕和错误出生诉讼的判例法述评》,载《河北法学》2017 年总第 35 卷,第 145 ~ 149 页。

反第一方面则是违法,需要承担刑事或行政责任,违反第二方面则是违约,则需要进行民事赔偿。

综上所述笔者认为,跨国代孕母享有堕胎权有三种情形:一是医疗原因,代孕母为自身生命健康被迫终止妊娠;二是代孕母被认定为合法父母并在不违反其所在国家法律的前提下自主决定终止妊娠;三是意向母亲被认定为合法母亲且代孕协议双方达成终止妊娠协议并在不违反堕胎行为地法律的前提下,代孕母终止妊娠。

五、结语:代孕母之权利应在实体法和冲突法层面均加以保护

综上所述,跨国代孕母会被认定为合法母亲的两种情形:一是依据实体法律确定代孕母的亲权;二是跨国代孕案件中经过冲突法的指引,最终适用承认跨国法律而导致其代孕母享有对代孕子女的亲权。实体法层面,笔者通过对跨国代孕以"基因联系"和"是否有偿"为标准分类讨论,得出了在实体法层面上认定跨国代孕母为合法母亲的规律,即基本上会因为代孕协议被认定违法而认定代孕母为代孕子女的合法母亲。冲突法层面,法院也可能经过冲突规范的指引、法律规避和公共秩序保留两大"逃避阀"的适用,最终认定代孕母是代孕子女的法定母亲。

实体法立法层面,无论跨国代孕母是否被认定为合法母亲,其合法权利都应得到保障。笔者认为,我国可以借鉴印度、美国法律中有关代孕母权利保护的条款,丰富、完善我国立法,保障代孕母的合法权利。此外,法院在面临跨国代孕案件时,可以引用现有的实体法并结合冲突法的介入指引,依法判断代孕母亲的合法地位,尤其注重保障代孕母的人身自主权、收取报酬权、反悔权和堕胎权。与此同时,冲突法立法层面,国际私法立法涉及代孕亲子确认时应处理得更为细致、明确:其一,基于代孕亲子关系确认的先决性,应将其单独立法;其二,应避开"父亲""母亲"等身份概念的运用,而代之以"儿童出生地""孕母惯常居所""儿童国籍国或惯常居所""意向父母的国籍国或惯常居所"等,提高立法的明确程度;其三,应在国际私法立法中明确列明"儿童最佳利益"条款。笔者认为,只有从实体法和冲突法双管齐下,才能有效解决跨国代孕产生的复杂的代孕母法律地位问题,最终实现跨国代孕母的权利保障。

(责任编辑:邝耿毅)

浅析国际商事仲裁中的“费用担保”规则

张恺强 *

摘要：

仲裁“费用担保”是国际商事仲裁实务中非常重要且常见的临时措施之一。在“败诉方要补偿胜诉方诉讼费用”的大原则下，为了保证被申请人在胜诉后能追回自己为参加与维持仲裁所付的款项，被申请人有权基于特定的理由提请仲裁庭裁令申请人提供仲裁费用的担保。现如今国内立法、国际条约或国际仲裁机构的仲裁规则对费用担保制度均有宏观规定，但没有细化“费用担保”可裁令原因，从而不利于“费用担保”制度的“可预期性”。在国际仲裁实践中，常见的裁令费用担保需要考虑申请人的财政状况、仲裁请求权基础、申请人是否随意处置自身财产、仲裁预付金、是否为商业风险、申请人财产的执行能力以及被申请人的行为以及主观恶意等情形。

关键词：

国际商事仲裁；临时措施；费用担保；仲裁程序

一、引　　言

通常来说，国际商事领域仲裁当事人之间的争议标的往往事关重大利益，这使得当事人在选择仲裁规则、议定仲裁程序、执行裁决结果上十分谨慎。在国际商事仲裁中，“仲裁费用”承担的大原则是由败诉方补偿胜诉方合理的“法律费用与其他费用”。因此，被申请人为了保证胜诉后申请人有足够的资本负担己方为进行仲裁而支付的高昂费用，可在仲裁过程中向仲裁庭申请裁令“费

* 张恺强，西南政法大学国际法学院 2015 级本科生。

用担保”(Security For Costs)。[1] 而临时措施(Interim Measures),尤其是“费用担保”制度等程序性事项,已成为国际商事争端能够公正裁决的重要标志与保障。[2]

然而,尽管涉及“费用担保”的国际规则众多,司法实践中也很常见,但目前国际商事仲裁依然没有统一仲裁庭可裁令“费用担保”的条件,绝大多数情形下由仲裁庭自由裁量,从而“费用担保”的裁令在实践中充满不确定性与不可预期性,难以发挥法律“行为预期”的功能。因此本文着重梳理归纳现行国际仲裁规则中“仲裁费用担保”措施的实践,并对梳理结果作出分析与评价,明晰在国际仲裁费用担保领域的普遍关联性与一致性。

二、仲裁“费用担保”的对象及该制度的历史发展

(一)仲裁“费用担保”的概念辨析

根据国际仲裁机构的普遍规则,当事人在仲裁程序中需缴纳的费用由三部分构成:(1)仲裁员的报酬与开支;(2)仲裁机构管理的费用;(3)当事人为了仲裁争议所付法律费用与其他费用。[3] 仲裁员与仲裁机构费用的负担原则是由

---

〔1〕 See David D. Caron, Lee M. Caplan, *The UNCITRAL Arbitration Rules: A Commentary*, 2th ed., Oxford University Press, 2013, p. 1058.

〔2〕 参见杨子:《国际商事仲裁中的财产保全问题研究》,郑州大学2016年硕士学位论文,第1~2页。

〔3〕 如《英国仲裁法》(1996年)第59.1条:“(1) Reference in this Part to the costs of the arbitration are to—(a) the arbitrator's fees and expenses, (b) the fees and expenses of any arbitratal institution concerned, and (c) the legal or other costs of the parties.”再如,《国际商会仲裁规则》(2017年)第37.1条规定:“The costs of the arbitration shall include the fees and expenses of the arbitrators and the ICC administrative expenses fixed by the Court, in accordance with the scale in force at the time of the commencement of the arbitration, as well as the fees and expenses of any experts appointed by the arbitral tribunal and the reasonable legal and other costs incurred by the parties for the arbitration.”

仲裁双方平摊，且一般是以预付金的方式交给仲裁机构。[4] 如果当事人不在仲裁程序开始前缴纳仲裁员及机构管理费用、报酬与正常开支，仲裁程序将无法启动。[5] 因此本文所述对象仅仅包括“法律费用与其他费用”。

至于何为“法律费用和其他费用”，不同仲裁机构规定不一，不同案件所表现的结果也不尽相同。如在 Demessey Limited v. Cassels Brock & Blackwell LLP 案的裁决中，仲裁庭给出了“法律费用与其他费用”的常见项目，包括但不限于：律师代理费、起草文书的费用、口头答辩前的仲裁程序提议（如提议调查证据，提议听证等）费用等。[6] 在加拿大安大略律师协会制作的诉讼费用指南中，将书面陈述披露、口头答辩、庭前准备、庭前会议、开庭、记者、证人、专家证人、聘用律师等费用归类于“法律费用和其他费用”。[7] 仲裁庭可将双方当事人应交而未交的费用（如仲裁员报酬、仲裁机构管理开支等）一并纳入费用担保范围。[8] 另一案件裁决认为“法律费用与其他费用”除了包括已经支付或者已经要求支付的金额，还应包括未来可能会支付的款项。因此“费用担保”包括对后

〔4〕 参见杨良宜：《仲裁法—从开庭审理到裁决书的作出与执行》，法律出版社 2010 年版，第 21 页。如《国际商会仲裁规则》（2017 年）第 36. 2 条：“As soon as practicable, the Court shall fix the advance on costs in an amount likely to cover the fees and expenses of the arbitrators and the ICC administrative expenses for ... The advance on costs fixed by the Court pursuant to this Article 36(2) shall be payable in equal shares by the claimant and the respondent.”再如《斯德哥尔摩商会规则》（2017 年）第 51. 3 条：“Each party shall pay half of the Advance on Costs, unless separate advances are determined. Where counterclaims or set-offs are submitted, the Board may decide that each party shall pay advances corresponding to its claims.”

〔5〕 例如《中国国际贸易仲裁委员会仲裁规则》（2015 年）第 12. 3 条：当事人依据本规则申请仲裁时应“按照仲裁委员会制定的仲裁费用表的规定预缴仲裁费”。

〔6〕 See Demessey Limited v. Cassels Brock & Blackwell LLP. ONSC 4122, CanLII, para. 33(2011).

〔7〕 Sahar Cadili, *Motion for Security for costs*, Working Paper of the Ontario Bar Association, 2015, pp. 15 - 16. http://www.lawrences.com/docs/default-source/publications/security-for-costs-paper-final-pdf-(00209965).pdf? sfvrsn = 2[2015 - 6 - 1/2017 - 12 - 26].

〔8〕 同上。

续仲裁进程中所应付费用的合理估计。[9]

此外,本文所论述的"仲裁费用担保"(Security For Costs)不同于国内程序法中的"财产保全"(Property Preservation System)制度。根据我国《民事诉讼法》《仲裁法》及相应法律法规,"财产保全"的对象应为实体性争议标的。具体而言,是指仲裁庭作出最终裁决之前,为了防止当事人隐匿、转移、变卖有关财产,保证将来发生法律效力的仲裁裁决得到切实有效的执行,从而保证诉讼一方当事人及时获得应有的损害赔偿,而对有关当事人的财产所采取的一种临时性强制措施。[10] 该类"财产保全"涉及的是实体争议的赔付,在国际仲裁规则中也有体现。[11] 而本文讨论的"费用担保"制度的对象仅针对双方当事人为了提起仲裁与维持仲裁有效进行而支付的法律费用与其他费用等程序性"交易成本",不涉及实体争议问题。

与"财产保全"明显不同的是,仲裁一般"费用担保"仅能由被申请人向申请人提出,除非被申请人自身有完全独立的"反索赔"(Counter-claim),而不是本质上属于抗辩的"对冲"(Set-off);[12] 而"财产保全"由申请人请求法院或者仲裁机构担保被申请人财产,且申请人自身也要提供相应担保。[13]

(二)"费用担保"制度的历史沿革

"费用担保"制度起源于历史上英国的诉讼程序。在1828年英国Witham v. Venables (1828) 1 Menz 291 案中,英国法院确立了"费用担保"制度的一大

---

[9] See Mabri Construction Ltd. v. Thomas C. Assaly Corp. ,6 O. R. (2d) 178 (H. C.) (1974).

[10] 参见司建军、李毅:《论商事仲裁中的财产保全——兼论我国有关立法及其完善》,载《研究生法学》1998年第1期,第26~29页。

[11] 如《伦敦国际仲裁院仲裁规则》(2014年)第25.1条与《新加坡国际仲裁中心规则》(2016年)第27条。

[12] 参见杨良宜:《仲裁法——从开庭审理到裁决书的作出与执行》,法律出版社2010年版,第27页。

[13] 《中华人民共和国民事诉讼法》(2017年)第100条第2款:"人民法院采取保全措施,可以责令申请人提供担保,申请人不提供担保的,裁定驳回申请。"

原则:在任何情况下,自然人不可被要求提供费用担保。[14] 这个原则在 1884 年的 Lumsden v. Kaffrarian Bank 3 S. C. 366 案中得以具体扩充:“领土中的任何居民无论贫穷富贵、有无赔付能力,均不得被要求提供费用担保;相反,法人可以被要求提供费用担保,除非该法人能证明自己在相应领土内拥有足够价值的不动产。”[15] 该扩充解释在 1911 年 Lombard v. Lombardy Hotel Co. Ltd. (*In Liquidation*) TPD 866 案中被再次适用。“自然人不可被要求提供仲裁费用担保”原则一直影响至今,但并非所有国家以及仲裁规则依然遵守此规定,如 2008 年南非的 Zietsman v. Electronic Media Network Ltd. & others 案,标志着一直受英国司法制度影响的南非对原有规则的突破。[16]

在立法方面,最早由英国制定的相应法律赋予了法院可裁令申请人提供费用担保的权力。英国 1908 年《公司并购法》(前身是英国 1862 年《公司法》)第 278 条规定:当一家有限公司作为申请人败诉且没有资金偿还被申请人时,法律赋予英国法院裁定要求申请人提供费用担保的权力。[17] 随后英国 Pure Spirit Company v. Fowler 案发展了费用担保的规则,认为公司的破产清算行为足以成为法院裁定提供诉讼担保的理由。[18] 英国 1948 年《公司法》第 447 条规定,法院可以在法院诉讼或者仲裁的申请人经济不稳定或者破产时裁令其提供费用担保。[19]

1962 年英国《高院规则》第 23.1 条具体规定了当申请人符合“外国申请人、‘名义上’申请人、告票上的申请人地址没有提供或错误提供、申请人改变地址以期逃避诉讼的不良后果”等条件时,法院在某些情况下有权裁令申请人提供费用担保。但欧共体《罗马公约》第 6 条规定了不能歧视欧共体成员及人士,

---

〔14〕 See Boost Sports Africa (Pty) Ltd. v. The South Africa Breweries (Pty) Ltd. ZASCA 93, para. 5 (2015).

〔15〕 前引 14。

〔16〕 See Zietsman v. Electronic Media Network Ltd. & others (4) SA 1 (SCA), para. 4 (2008).

〔17〕 参见前引 4,杨良宜书,第 28 页。

〔18〕 See Mahmud Samad, *Court Applications Under the Companies Acts*, Bloomsbury Professionar, 2013, pp. 1153 – 1154.

〔19〕 See Hudson Strumpffabrik GmbH v. Bentley Engineering Co Ltd. 2 Q. B. 587 (1962).

也就是不能把其他欧共体国家的申请人视为外国申请人要求提供费用担保。因此1996年《英国仲裁法》对提供费用担保有所收紧,其第38.3条规定英国以外的申请人已经不是要在仲裁提供费用担保的理由,只有在申请人身份不明与经济不稳定的情况下才要提供。[20] 该原则被1996年的Fitzgerald v. Williams (1996) QB 657案与1997年的Chequepoint Sarl v. Mcclelland(1997) QB 51.案所引用。[21]

(三)"费用担保"制度的意义

1.保护本国被申请人的权利

这是英国最开始创立"费用担保"制度的原因。在国际商事仲裁中,提请仲裁的申请人是"进攻方",而被申请人是被动的"防守方"。根据仲裁费用分担的原则,申请人在败诉后理应支付被申请人合理的诉讼费用。但在相当长的通信不存在或不发达的年代,如果申请人是外国人或者是外国公司,在国内没有任何固定资产,败诉后一走了之,在本国的被申请人毫无办法取回诉讼费用。所以,要求外国申请人在起诉前提供费用担保就给了国内被申请人一定的保障。[22]

2.防止申请人毫无根据的滥诉,浪费"司法"资源

对于即将破产或者经营状况不周的公司而言,已经处于"胜诉有所得,败诉无所失"的状态,因为无资产的公司基于有限责任,即使败诉也无法向股东追偿资产来交付高昂的仲裁费用,但是一旦胜诉便可赢得大量资本。这种情况造成很多破产边缘公司的滥诉现象。而滥诉的涌现不仅占据大量司法资源,还给被申请人造成相当大的麻烦,因为被申请人需要在即使自己胜诉的情况下缴纳"仲裁费用"。为了防止该类情况的发生,通过"费用担保"制度扼杀"滥诉"的种子,当申请人无法预先支付一定"法律费用与其他费用"时,仲裁将被中止,极大节约司法资源,保障被申请人正当权益。而且申请人不提供费用担保,而禁

[20] 《英国仲裁法》(1996年)第38(3)条:The tribunal may order a claimant to provide security for the costs of the arbitration. This power shall not be exercised on the ground that the claimant is—(a) an individual ordinarily resident outside the United Kingdom, or (b) a corporation or association incorporated or formed under the law of a country outside the United Kingdom, or whose central management and control is exercised outside the United Kingdom。

[21] 参见前引12,杨良宜书,第29页。

[22] 同上。

止其推进仲裁程序也没有违反自然公正。

3. 增强仲裁解决机制的公信力以及地位

首先,“费用担保”规则的实施有利于提高仲裁裁决结果的公信力,具体而言即保证了程序正义。仲裁解决机制最根本的特性在于当事人双方“意思自治”以及“地位平等”,如果申请人的滥诉得不到遏制,被申请人的合法权利无法得到保障而成众矢之的,这样的争端解决机制公信力不会太高。相反,如果仲裁制度使得仲裁庭通过程序规则阻碍低质量案件,让最终裁决落实到更具意义的实体争议的解决上,才可保证仲裁解决机制的质量。

其次,“费用担保”规则在宏观上有利于提高仲裁作为争端解决机制的地位。仲裁庭能做出“费用担保”或是“临时措施”决定的前提是该仲裁庭被赋予这样的权力。如果将“费用担保”权限锁定在法院,仲裁庭仅被赋予“移送请求”之权力,委实不利于仲裁解决机制的发展[如我国《仲裁法》(2018 年)第 28 条将“审理财产保全”权力限于法院,仲裁庭仅为“案件邮递员”]。只有仲裁庭被赋予相类似的权限,仲裁解决机制的独立性方可体现。

三、国际商事仲裁规则对“费用担保”的规定及评析

如前文所述,仲裁庭裁令“费用担保”的前提是“有权”做出决定,而这样的权力依据需要规则支撑,或者说需经“法律授权”。不同国际仲裁条约或国际仲裁中心规则均对“费用担保”作出规定。

(一)国际商事仲裁“费用担保”规则梳理

1. 联合国国际贸易法委员会相关规则

《联合国国际贸易法委员会仲裁规则》(2010 年)第 26 条规定了国际仲裁“临时措施”,其中第 3 款包括“为其后使用资产执行仲裁裁决提供一种资产担保手段”。该款赋予了仲裁庭裁令当事人提供“费用担保”权力。虽然该款没有明确出现“仲裁费用担保”字眼,但是联合国国际贸易委员会工作组在第 47 次大会中达成共识,认为“费用担保”是该款的应有之意。[23] 同样的规则在《联合

〔23〕 *Report of the Working Group II* (*Arbitration and Conciliation*) *on the work of its fortyseventh session*, United Nations Commission on International Trade Law, A/CN. 9/641, Vienna 10 - 14 September 2007, para 48.

国国际贸易法委员会国际商事仲裁示范法》(2006年)第17.2(c)条以镜面复制《联合国国际贸易法委员会仲裁规则》(2010年)的方式确定"费用担保"制度。[24]

《联合国国际贸易法委员会仲裁规则》(2010年)在第26.3条给出了裁令"临时措施"的条件:首先,仲裁庭如若不采取该"临时措施",一方对另一方造成的损害难以通过损害赔偿裁决弥补;其次,两害相权取其轻,即采取"临时措施"造成的额外损害低于不采取而造成的后果;再次,"临时措施"请求方有在实体争议上胜诉的可能性,但该种胜诉可能性的预判不能左右仲裁员后续的裁判。[25]

2. 国外具有代表性的仲裁机构相关规则

《伦敦国际仲裁院规则》(2014年)第25.2条规定:首先,仲裁庭有权依据当事人的申请裁令"费用担保",而"担保费用"的范围可以是"任何其他当事人的法律费用或其他费用";其次,"担保费用"的形式可以为"定金、银行保证或者其他任何方式";再次,"费用担保"的裁令原因基于仲裁庭的自由裁量;最后,对于被请求人在提供"费用担保"时发生的任何费用,可由双方当事人互相提供赔偿保证。

《新加坡国际仲裁中心仲裁规则》(2016年)第27条规定:"除非当事人另有约定,除本规定明确规定的仲裁庭权力之外,在仲裁准据法中的强制性规定不禁止的情况下,仲裁庭还应当具有下列权力:J. 裁令当事人按照仲裁庭认为合适的方式,提供律师费用或者其他相关费用;K. 裁令当事人为全部或者部分仲裁争议金额提供担保。"《新加坡国际仲裁中心仲裁规则》(2016年)仅仅对"费用担保"的标的作出规定,但未提及"费用担保"申请的可裁令原因,仅仅以"仲裁庭认为合适的方式"赋予仲裁员自由裁量的权力。

此外,斯德哥尔摩商会仲裁院于2017年修改了2010年版的仲裁规则,新《斯德哥尔摩商会仲裁规则》(2017年)第38条单独规定了"费用担保"制度。首先,仲裁庭在特殊情况下经一方当事人申请,可要求原申请人或被申请人提

---

[24] See Tucker, Lee Anna, "Interim Measures under Revised UNCITRL Arbitration Rules: Comparison to Model Law Reflects both GreaterFlexibility and Remaining Uncertainty", *International Commercial Arbitration Brief* 1, No. 2, 2011, pp. 15 – 23.

[25] 《联合国国际贸易委员会仲裁示范法》(2006年)第17A条镜像复制《联合国国际贸易法委员会仲裁规则》(2010年)第26.3条。

供费用担保。其次,仲裁庭在裁令“费用担保”时应当考量以下条件:(1)双方当事人的胜诉可能性;(2)申请人与被申请人遵守不利裁决的能力以及可执行不利裁决的财产;(3)是否无论如何要求一方提供费用担保都是合理的;(4)其他情形。最后,当事人如若不提供“费用担保”,仲裁庭可暂停或中止部分或整个仲裁进程。

3. 中国国际经济贸易仲裁委员会仲裁规则

根据《中国国际经济贸易仲裁委员会仲裁规则》(2015 年)(以下简称《贸仲规则》)第 52 条第 2 款的规定,对于当事人一方“因办理案件而支出的费用”,践行“败诉方补偿”的大原则:首先,仲裁庭有权根据案件的具体情况在裁决书中裁定败诉方应补偿胜诉方因办理案件而支出的合理费用。其次,仲裁庭裁定败诉方补偿胜诉方因办理案件而支出的费用是否合理时,应具体考虑案件的裁决结果、复杂程度、胜诉方当事人及/或代理人的实际工作量以及案件的争议金额等因素。

根据《贸仲规则》第 23 条的规定,担保及其临时措施的裁令分为“三步走”:首先,当事人依据中国法律申请担保的,仲裁委员会应当依法将当事人的担保申请转交当事人指明的有管辖权的法院[该条与国内《仲裁法》(2018 年)第 28 条相似,仲裁庭本身不具有裁令“费用担保”的权力,其仅能将该“担保申请”移交给法院,最终由法院定夺]。其次,根据所适用的法律或当事人的约定,当事人可以向仲裁委员会仲裁院申请紧急性临时救济。仲裁员可以决定采取必要或适当的紧急性临时救济措施。紧急仲裁员的决定对双方当事人具有约束力。最后,针对一方当事人申请,仲裁庭依据所适用的法律或当事人的约定可以决定采取其认为必要或适当的临时措施,并有权决定由请求临时措施的一方当事人提供适当的担保。

(二)对国际商事仲裁“费用担保”规则评析

通过梳理上述国际仲裁规则可以发现,大多数规则对“费用担保”的规定过于笼统,且不统一。只有少数仲裁规则明晰了“费用担保”的可裁令原因,如根据联合国国际贸易委员会相关规则,仲裁庭在考虑是否裁令“费用担保”时,既要权衡采取“临时措施”对当事人造成损害,又要确保请求“费用担保”方(原仲裁关系中被申请人)有胜诉的可能性;再如《斯德哥尔摩仲商会仲裁规则》第 38 条单独列明的四项考量因素等。其余规则多赋予仲裁庭自由裁量权,如在《伦敦国际仲裁院规则》(2014 年)中,“费用担保”制度的考虑因素仅为“仲裁庭认为合适的条件”,并将“相互赔偿保证”作为可裁令费用担保的考量因素之一。我国贸易仲裁委员会《贸仲规则》虽然对“仲裁费用”的分类、计算方式等规定得十分详细,也对“当事人一方因办理案件而支出的费用”作出“败诉方承担”的原则性规定,但是没有更进一步将“担保等临时措施”与“因办理案件而支出的费用”相联系起来,因而可以说中国贸仲规则没有建立成熟的“费用担保”制度。

“不统一”“不具体”的规则在个案中不经过解释依然无法适用,仲裁员依然要借之于其他法律渊源。这样的“立法”局面赋予仲裁庭在决定合适的“费用担保”时,拥有较为广泛的自由裁量权。[26] 这样的裁量权既包括有权“裁与不裁”,又包括“可裁多少”,使得“费用担保”在实践中更多流于“经验”,而非“逻辑”。

为了解决上述问题,英国皇家御准仲裁员协会(CIArb)于2015年制定《费用担保申请指南》,逐条介绍“一般性规定”“仲裁请求与答辩的胜诉可能性”“申请方对于仲裁费用负担的能力”“裁令仲裁担保的公正性考量”“裁令的形式与内容”“裁令执行”等六个部分,为仲裁员在裁令费用担保时提供参考依据。[27] 虽然该《费用担保申请指南》相比其他仲裁规则而言较为全面,但无法作为仲裁规则被当事人约定和援引,从而不具有法定约束力,在国际仲裁实践的效力方面受到约束。

另有一些学者对“临时措施”整体裁令规则进行过归纳。Gary B. Born 考证道,绝大多数仲裁庭在裁令“临时措施”时,需要考虑以下因素:(1)严重的或不可修复的损害;(2)紧迫性;(3)不就实体内容预判下的表观胜诉可能性;(4)管辖权问题。[28] 然而笔者认为该类整理在面对具体问题时存在缺陷,

---

〔26〕 参见耶希勒马克:《国际商会仲裁实践中的临时和保全措施》,载《国际商会仲裁院公报》2000年第11(1)期,第31~33页。

〔27〕 参见英国皇家御准仲裁员协会《费用担保申请指南》(2015年)第1条至第6条(第3~16页)。载 https://www.ciarb.org/docs/default-source/practice-guidelines-protocols-and-rules/international-arbitration-guidelines-2015/2015securityforcosts.pdf? sfvrsn=16[2016.11.29-2018-2-18]。

〔28〕 参见[美]加里·B.伯恩:《国际仲裁法律与实践》,白麟等译,商务印书馆2015年版,第277页。

一方面，因为“临时措施”种类繁多，面对不同的“临时措施”仲裁庭需要考虑的因素不一（如保全现状或者裁定继续履行合同特别看重请求方能证明严重损害的存在、紧迫性以及提供表面证据，但证据保全、保密等临时措施较少考虑上述因素）；另一方面，虽然所有“临时措施”的考量因素均不允许仲裁庭“未审先判”，但不同“临时措施”下“胜诉可能性”的证明标准不同，如在仲裁实践中，“费用担保”的裁令标准要低于其他“临时措施”。[29]

规则不同，但原则相似。唯一能被所有仲裁机构接受的“普世”价值是裁令“费用担保”时需满足法律所追求的“正义”与“公平”。[30] 但如此形而上的原则在指导个案时，需要仲裁庭自由裁量什么样才是“公平”与“正义”，因此对于双方当事人来说不具有“可预期性”。本文后一部分将重点考察在国际仲裁实例中曾经被仲裁员运用过的“因素”。虽然这些“考量因素”不会一定导致“费用担保”的发生，但是可作为仲裁员在实务中相似情形下的参考依据。

四、国际仲裁实践中“费用担保”裁令的具体实践

需要注意的是，在国际仲裁领域中，案例本身不具有判例性质，或是法律渊源的性质，因此往先案例中援引或者创制的规则对后面相似的案例不具有约束力。但是，这并不否定案例的法律价值。法律是相对稳定的系统，基于法律规范的“可预期”价值，仲裁员往往需参考并沿袭以往裁决中的运用或创制的规则，尤其是在仲裁规则没有详细规定的情况下。可以说，国际仲裁领域的裁决是“法官找法”核心方向之一。下文所论述的裁令“费用担保”的原则与例外大多来自于仲裁实践，从法理上说均为“一次性规则”。但是基于仲裁员在“费用担保”领域常常考虑到如下规则，因此本文加以梳理。

（一）“费用担保”裁令的一般考量因素

1. 申请人的财政经营困难或者面临破产

申请人的经济状况是仲裁庭裁令“费用担保”最常考虑的理由之一。在很多情况下，由于申请人的财政出现问题甚至面临破产，仲裁庭会预测该申请人

---

〔29〕 See Fitchet v. Fitchet(1) SA 450 (ECD) at 454E-G (1987).

〔30〕 See Alan Redfern and Sam O'leary, "Why it is time for international arbitration to embrace security for costs", Vol. 32, Issue 3, *Arbitration International*, 2016, pp. 397 – 413.

将来败诉后不可能支付任何被申请人的诉讼费用。具体而言,如申请人现金流出现问题、缺乏运营资本抑或申请人本身是空壳公司等均可以作为被申请人提请费用担保的理由。[31] 此外,申请人正进行破产清算或破产重组的行为可作为裁令费用担保的理由。因为在这些情形下申请人一本万利,其胜诉后不仅能获得实体上的赔偿,还能让对方支付己方仲裁费;相反,败诉后基于公司的有限责任保护,申请人不需要承担任何财产上的不利损失。[32]

一般情况下,证明申请人财政状况的良莠的举证责任在被申请人,即被申请人在提请"费用担保"要求时,需就申请人过去及现在的财政状况提供准确而可信的证据从而使仲裁庭信服。但是特殊情形下仲裁庭也有权裁令提请"费用担保"的一方调查申请人的财政经营记录。[33] 如果申请人不予配合,那么仲裁庭有权对其作出不利判决。[34]

2. 申请人的滥诉行为以及被申请人具有胜诉的可能性

另一个仲裁庭经常考虑的原因是"实体争议"对申请人而言是否有利(即双方胜负可能性),因为仲裁庭裁令申请人提供"费用担保"可能会令一个"正当"的索赔不能进行或至少延误。一般情况下,如果申请人的仲裁请求有充足的事实和理由,那么仲裁庭就不该裁令"费用担保",但申请人需承担举证责任,证明己方请求事实理由充分。相反,如果被申请人有充分的抗辩理由,"费用担保"就应该被裁令。而大多情形下双方当事人的仲裁请求"正当性"与"胜诉可能性"难解难分,费用担保的裁令也就随之耽搁。[35]

在仲裁实践中,Boost Sports Africa (Pty) Ltd. v. The South Africa Breweries (Pty) Ltd. 案确立了一项规则:仲裁庭当且仅当申请人"滥诉"(Vexatious)时才能裁令费用担保,即便客观上当事人双方已难以支付仲裁费用。Bisset v. Boland

---

〔31〕 See Weixia Gu, "Security for costs in International Commercial Arbitration", *Journal of International Arbitration*, 2005 (22), supra. n1.

〔32〕 See Boost Sports Africa (Pty) Ltd v. The South Africa Breweries (Pty) Ltd. ZASCA 93, para. 15(2015).

〔33〕 See Gary Soo, "Securing costs in Hong Kong arbitration", *Int. A. L. R*2000, p. 29.

〔34〕 See Alvin Tan and Gillian Seetoh, "Security for Costs in International Arbitration", *International Arbitration Asia*, 2017, para. 14.

〔35〕 ICC Case 13359, p. 64.

Bank Ltd. 1991（4）SA 603 at 608D-E 案给"滥诉"作出定义，即"毫无事实与理由提请仲裁，唯一的目的就是找被申请人麻烦"。[36] African Farms & Townships v. C. T. Municipality 1963（2）SA 555（A）at 565D 案对"滥诉"进一步定义：所谓"滥诉"，就是当事人滥用司法程序，包括但不限于毫无依据地提请仲裁。当然，"毫无依据"的判定必须是明确的，而非高度盖然性的。[37]

但"费用担保"程序一般出现在仲裁进程初始阶段，仲裁庭一般不愿意事先对案件实体争议的是非曲直先进行评判，以免被批评违反自然公正，毕竟在没有证据情况下的"先决"或"预判"很冒险。在 Porzelack K. G v. Porzelack U. K. Ltd.（1987）1 WLR 420 案中，Nicolas Browne-Wikinson V-C 大法官明确表示在决定是否裁令费用担保时，不愿提前判断案件的实体与细节问题，除非该案件谁胜谁负很明显。[38] 在这种情况下，常见的做法就是从表面、大体上浏览案件并作出预判，且书面强调仲裁庭是客观行事，并在将来双方提供证据时坚决执行"证据裁判规则"。[39] 多数仲裁员支持这样的做法，比如在 Fitchet v. Fitchet 1987（1）SA 450（ECD）at 454E-G 案中，Olivier J. 法官表示"相比于其他临时措施的裁令，费用担保中需要对案件实体正义的预判标准相应较低"；Fletcher Moulton J 在 Goodson v. Grierson 案的裁决书中也提道："只要诉讼或仲裁请求在表面上符合'滥诉'标准就可以了。"[40]

3. 申请人故意或过失、善意或恶意处置自己的财产

申请人有意或者无意处置自己财产会导致将来无法执行有关费用支付的裁决书。因此，申请人如被证明有上述行为，一般都无可避免地会被裁令提供

---

[36] See Tambaoga Shirichena v. Namibia Training Authority（LCA 04/2016）[2016] NAHCNLD 81, para. 24.

[37] Holmes JA："An action is vexatious and an abuse of the process of Court *inter alia* if it is obviously unsustainable. This must appear as a certainty, and not merely on a preponderance of probability."

[38] 转引自杨良宜：《仲裁法——从开庭审理到裁决书的作出与执行》，法律出版社2010年版，第32页。

[39] 参见张斌生主编：《仲裁法新论》，厦门大学出版社2005年版，第231～233页。

[40] Quoted from Boost Sports Africa（Pty）Ltd v. The South Africa Breweries（Pty）Ltd. ZASCA 93, para. 19(2015).

费用担保。最常见"随意处置财产"类型是有证据证明申请人有意逃避费用支付裁决。如果申请人不能证明自己能够负担仲裁费用,或者毫无理由拖延该类证据的披露,那么仲裁员可将申请人的"证明不能"与"拖延"作为其已处置自己财产的理由,[41]即当申请人不愿意提供自己财产信息时,仲裁员与被申请人可对其产生合理怀疑,毕竟申请人最能证明自己的财产状况。[42]

另外,对于申请人恶意处置财产的行为,基于公平原则仲裁庭可降低费用担保裁令的门槛。恶意处置财产的行为包括故意转移、隐藏自己的资产或是提供虚假资产信息。正如在1997年A S. P. A. v. B AG案中确立的规则:"如果一方当事方采取特殊的方法抽取公司财产,从而在败诉时仅仅剩下毫无负担能力的公司空壳,这样的行为足以使仲裁庭裁令费用担保。"[43]此外,紧急仲裁员制度近年来有所发展。紧急仲裁员可以在申请人恶意处置自己资产的任何时候裁令费用担保,即使处置资产时仲裁庭还没有成功组建。[44]

对于申请人处置财产是否必须为恶意,在学界有争议。有些学者认为,申请人"善意"处置自己财产的行为,不能够作为裁令费用担保的理由。然而笔者认为这样的抗辩不能成立。因为从费用担保的本质功能来看,其目的在于消减被申请人在胜诉时无法负担相应仲裁费的风险。因此从被申请人的角度来看,不管申请人处置财产的行为是善意还是恶意,最终均会对被申请人造成损害。而且,基于申请人曾经的恶意行为,有理由相信其恶意处置行为的延续,因此恶意处置行为可以作为裁令费用担保的考量因素。只不过,仲裁庭要求被申请人提供对方为逃避裁决结果而故意转移资产的证据未免太过苛刻。[45]

4. 申请人财产不能有效执行

申请人的财产能否被有效执行很大程度上取决于申请人财产所在地。如

---

[41] 前引30,第196页。

[42] 同上。

[43] See David Altaras, "Security for Costs", Vol. 69(2), *Arbitration: The Journal of the Chartered Institute of Arbitrator*, 2003, pp. 87 - 88.

[44] 例如,《新加坡国际仲裁院仲裁规则》(2016年)第一部分。

[45] 如在ICC Case No. 12035 (2003)案中仲裁庭拒绝裁令"费用担保",由于缺少证据证明申诉方"滥诉"和有"站不住脚的诉因";同理案件见Switzerland v. Y. Co. Ltd., Republic of Yemen, Procedural Order No. 4, 2003.

果申请人的财产不在《纽约公约》(1958年)或者《日内瓦公约》(1949年)的签署国国内,会导致对申请人的不利裁决执行困难。当然在实际仲裁中这样的情况非常少见,因为《纽约公约》(1958年)的签署国有150多个,除非申请人的财产在缅甸、朝鲜等非缔约国。另外需要考虑的是,应将申请人财产所在地与申请人的住所地区分。申请人登记注册地或主要机构所在地并非本文所述“财产所在地”。“费用担保”的裁令不能仅仅因为申请人的公司住所地在别的国家而做出。该原则也在1997年的A S. p. A v. B AG案件中明确。[46]

5. 以自然人为名义的申请人

如前文所述,国际仲裁费用担保的大原则是不对自然人裁令费用担保。但是,如果被申请人可以证明第三方使用或借用自然人的名义“钻空子”,比如该第三方公司把有关的债务或者债权转让给一位自然人,让该自然人以受让方的身份进行起诉,那么“费用担保”则会被仲裁庭裁令,因为该费用担保实质上是施加于躲在自然人身后的公司。

另一种情形是多位申请人或被申请人共同仲裁,或者还可能是法人与自然人“混同”仲裁。此种情况下,如果要向申请人或者被申请人(在被申请人有独立的反索赔情形中)要求提供“费用担保”,就比较困难;如果自然人与法人同为申请人,若法人不提供“费用担保”而裁令中止程序甚至撤销索赔是欠缺依据的。因为即使法人(有限公司)不提供费用担保,自然人依然是可以推进仲裁程序的。至于法人能否因自然人的存在而避免提供“费用担保”,Okotcha and another v. Voest Alpine Intertrading GmbH(1993) BCLC 474案给了答案。上诉庭认为作为有限公司的法人还是要提供“费用担保”的,原因是有限公司可以限制责任但自然人会面对破产。所以即使中止或者撤销有限公司的索赔行为,剩下的自然人依然可以推进索赔。但如若最后败诉,该自然人没有法人提供的“费用担保”,就会面对庞大的诉讼费用,从而面临破产。出于此种考量,当法人与自然人并列为申请人时,只要满足条件可以(或应当)要求法人提供费用担保。[47]

(二)“费用担保”裁令的可抗辩理由

1. 申请人的经济危机是由被申请人造成的

仲裁庭在判断申请人的财政状况时,会考虑到申请人财政危机、资不抵债

---

〔46〕 前引43,第87页。

〔47〕 参见前引4,杨良宜书,第30页。

或面临破产的主要原因是被申请人造成的。双方私下进行的谈判可能会有相关证据,但这些证据通常是仲裁庭不知道的特权(殊)资料或者文件。

在实践中很难披露这样的文件,因为文件披露会涉及对案件的细节与实体争议提前审查和"预判"的问题。[48] 在没有查明事实以前,仲裁庭要格外注意不能先入为主地对案件进行判断。另一种情况是虽然被申请人对申请人的财产造成了损害,但是申请人的财政财政危机是多方原因共同作用的结果。[49] 该种情形下仲裁庭应该准许被申请方"费用担保"的申请,但是应根据被申请人对申请人财产状况造成影响的比例,对担保金额自由裁量。正常来说,因被申请人的原因造成的影响越大,申请人可被裁令的费用担保的金额越小。

2. 在签订合同时被申请人接受的商业风险

被申请人在与申请人商业往来的过程中对申请人可能出现的财政危机的风险的接受,是申请人对费用担保提请的抗辩。[50] 举例来说,如果一方当事人的"偿还不能"在双方商业交往中已被考虑,那么仲裁员不应认为该当事人的"负担不能"可作为裁令费用担保的理由,因为这是正常的商业风险。[51]该抗辩出现在大量国际商会仲裁案件中,如 ICC Case No. 7047 (1994)[52]、A. S. p. A v. B AG(1997)案[53]等。

ICC Case No. 15851/FM 案对上述规则进行了改良。该案仲裁员认为,如果商业风险从签订合同到提请仲裁的过程中间难以预料地大幅增加,则被申请人对商业风险的认可不构成申请人对费用担保的抗辩。该案中申请人的财政状况从 2000 年签订合同时到 2009 年提出仲裁止,并无不可预料的变化,因此

[48] See Lalatovi, Natasa, *Security for Costs in Investment Arbitration: Who Should Bear the Risk of an Impecunious Claimant*? Mondaq Business Briefing. Mondaq Ltd. 2016. HighBeam Research. 6 Apr. 2018, para. 20. https://www.highbeam.com/doc/1G1-462181500.html.

[49] 同上。

[50] 例如,英国皇家御准仲裁员协会《费用担保申请指南》(2015 年)第 3.2 条进一步规定,申请人缺乏资产或者可执行财产属于"除非被接受或认为是商业风险的一部分,否则建议裁令费用担保"的原因。

[51] 前引 27,第 7 页。.

[52] See *Consultant v. State agency and others*, ICC Case No. 7047 supra n. 17(1994).

[53] See A. S. p. A v. B AG, 2001 ASA Bulletin, p. 745 (1997).

该案仲裁员不同意裁令担保申请人的财产。

3. 当事人已经缴纳仲裁预付金

国际仲裁实践中,仲裁进程开始之前双方当事人会向特定机构存入一笔仲裁预付金,从而保障有足够的金额维持仲裁的顺利进行。一般来说,仲裁的预付金是由双方等额提交的。[54] 因而有一些仲裁员及学者认为,仲裁庭在裁令“费用担保”时,应考虑双方交付的预付金是否可以应付申请人“滥诉”的后果。[55] 在 ICC Arbitration 7137/1993 案中,仲裁庭考虑到仲裁费用已经通过预付金进行保障,因此没必要在相同的事项上采取两次担保措施。

当然另外还有一些仲裁员及学者根据《国际商会仲裁规则》(2017 年)“费用担保”条款的上下文提出了不同的观点,认为由双方提交的预付金使得“费用担保”措施的实施受到了限制。[56] 他们认为,当事双方提交的预付金仅仅是仲裁庭在决定费用时需要考虑的因素之一,不能成为通用的充分条件,因为预付金额大小因个案而异。最重要的是,费用担保的对象是双方在仲裁中自己所支出的费用,比如律师费、书面承诺费以及口头答辩费及其他相关费用。而仲裁预付金是为了维持仲裁顺利进行而预先支付的仲裁员的费用与仲裁机构的费用。[57] 二者的内涵不尽相同,因此预付金不能作为费用担保的抗辩理由。此外,由于绝大多数情况下费用担保的对象是申请人的财产,因此仲裁庭在裁令费用担保时,需要考虑的并非双方当事人提交的预付金的金额,而是申请人单方提交的预付金的金额。

4. 被申请人的恶意行为

被申请人的行为也是仲裁庭考虑因素之一。如果被申请人在提交预付金环节表现得拖沓或者干脆不提交,这个时候被申请人将被定性为“不干净的

〔54〕 See W. Laurence Craig, William W. Park, Jan Paulsson, Craig, Park and Paulsson, *International Chamber of Commerce Arbitration*, 3th ed., England: Oxford University Press, 2000, supra n. 35.

〔55〕 See ICC Case 11399, p. 38 (2001).

〔56〕 See In ICC Case No. 12035, paras. 36 – 38. 仲裁庭认为存在预付金是采取“限制性一般方法”和“避免采取临时措施保全费用”的理由。

〔57〕 See ICC Case No. 13359, p. 64 (2006).

手”。[58] 在ICC Case No. 13620案中,仲裁庭认为被申请人没有遵守《国际商会仲裁规则》(2017年),虽然不至于自动失去申请临时措施的权利,但不合规性确实会对被申请人提请临时措施造成实质性阻碍。[59]

此外,如果被申请人提请费用担保是为了对弱势方进行不正当侵略性施压,或者是为了拖延实体争议受到审议的时间,抑或是为了阻碍申请人诉诸法律权利的行使,仲裁庭均应将这些事实考虑在内。[60] 当然,上述动因并非最主要的考量因素。因为“费用担保”作为临时措施之一难免是具有施压性的,不过仲裁庭可设法缓解这种压力,如担保费用分期支付,并且使金额大小尽量合理。

5.“费用担保”作为临时措施在整个仲裁程序中的考量

裁令费用担保裁令很可能会使仲裁提前结束,所以被申请人应该在掌握了足够有关申请人财政状况的证据之后尽快提请,否则仲裁庭的决定会受到影响。如在开庭前几天的提请通常会被拒绝,因为此时裁令费用担保将导致开庭的延期,除非被申请人能证明是因调查取证困难或申请人经济状况突然恶化(如申请人所在地有媒体报道申请人突现经济危机)。

此外,国际仲裁中如采用“简易程序”一般不涉及费用担保。固然,在仲裁的早期不会决定最终的仲裁程序,但如果是简单(小金额索赔)或者要迅速处理的案件,就应该避免裁令申请人提供费用担保。[61] 针对书面审案件,Kerr法官明确表示,这种仲裁案件不应该裁令申请人提供费用担保,而应该将“复杂性、延误可能性与费用减到最低”。[62]

被申请人提请费用担保的时间也是考虑因素之一,过晚的提请会造成对申请人的不公平,因为申请人缺乏时间执行费用担保的裁令。[63] 当然,仲裁庭也

〔58〕 前引54,第469页。

〔59〕 See ICC Case No. 13620 (Procedural Order February 2006); ICC Bulletin, Vol. 24. p. 66(2014).

〔60〕 前引34,第28段。

〔61〕 参见前引12,杨良宜书,第33页。

〔62〕 See Mavani v. Ralli Brothers Ltd. 1 All. E. R. 555 (1973).

〔63〕 Robert J. M. Morgan, *The Arbitration Ordinance of Hong Kong: A Commentary*, Singapore: Butterworths, 1997, supra. 14. 25.

应该将被申请人延期提请的原因考虑在内。[64]

五、结　语

可以看出，虽然现行仲裁机构仲裁规则，抑或是联合国国际贸易委员会制定的示范法对费用担保条件的规定并非详细（有些甚至可以说是空白），但在国际仲裁实践中却有着丰富充实的选项，且已经日臻成熟。“立法空白”的现象也是由判例法中“法官造法”的原则所决定的。但从国际商事仲裁的渊源角度出发，不同机构、不同仲裁员裁判的案件仅仅具有参考价值，并无实际的约束力与强制力。然而，为了国际商事仲裁结构的稳定性，以及确保法律最基本的“行为预期”功能，一些权威性的国际仲裁机构所作出的裁决和国内法院作出的国际贸易判例对后世的裁判都具有拘束作用，说国际贸易判例是国际贸易法的又一渊源并不无道理。[65] 因此国际商事仲裁法给予了仲裁员相对自由与充分的裁量权，以及对其经验与智慧的信任。这与国际条约规则层面的“立法空白”下的信任不谋而合。

对于仲裁庭而言，在每一个案件中的工作就是要衡平“申请人诉诸仲裁公正”与“申请人无法执行费用裁决书时被申请人救济”之间的价值取向。但需要注意的是，仲裁员并不是只有“裁令”与“拒绝”费用担保两个极端选项，因为仲裁员还可以自由裁量费用担保的金额。因此，仲裁庭应将上述能考虑到的因素尽可能周全考量，但是要注意避免对案件先入为主的判断和预先裁决。对于仲裁双方当事人而言，在明晰已有“费用担保”裁令规则的原则与例外后，双方工作焦点将转移到证明实践上。例如，被申请人通过何种方式证明申请人经济状况不佳或持续恶化，或者申请人如何证明被申请人行为恶意从而对“费用担保”进行抗辩等。

笔者相信，国际商法学界以及国际仲裁领域将来会对“费用担保”规则有更加深入、明确的讨论，相关仲裁规则与实践中模糊之处也会减少（如根据仲裁实

---

〔64〕 参见英国皇家御准仲裁员协会《费用担保申请指南》（2015 年）第 4 条评论：“One reasonable excuse could be that the need for security arose late, after the Claimant's financial position deteriorated during the course of the arbitration.”

〔65〕 参见陈建民主编：《国际贸易法专论》，北京大学出版社 2007 年版，第 15 页。

践整理出证明“申请人财政不佳”的证据清单等)。相关努力将更有利于国际商事仲裁的建设,为参与国际贸易的商主体提供更加切实有效并具“可预期性”的争端解决方式。

(责任编辑:王津琼)

和平时期网络攻击的界定及国际法规则适用

王津琼*

摘要：

网络空间是全球治理的新兴领域，网络空间国际法治是网络空间治理的基础性问题和重要组成部分，关系到网络空间的国际规则如何制定、解释和适用。由于世界各国在网络空间全球治理的基本立场和国家利益存在巨大差异，当前网络空间相关国际法规则和制度尚未成型。和平时期，网络空间的冲突主要表现为不构成“使用武力”或适用“武装冲突法”的网络攻击（cyber-attack）行为。和平时期，规制网络攻击中的国际法规则主要涉及国家主权原则、禁止使用武力原则以及国家责任法在网络空间的适用。笔者认为，当前我国政府应当积极、深入地参与网络空间国际规则的制定，从而切实提升我国在网络空间国际秩序构建中的话语权和影响力。

关键词：

和平时期；网络攻击；国际法规则

一、和平时期网络空间国际法治现状分析

网络技术的飞速发展，极大地丰富了人类生活，也带来了前所未有的挑战，网络空间作为全球治理的新疆域，成为世界各国的必争之地。其中，网络空间国际法治问题是网络空间全球治理的基本问题，关系到既有国际法规则在网络空间如何制定、解释和适用，以及如何制定新的国际法规则。

---

* 王津琼，中山大学法学院 2017 级硕士研究生。

近年来,我国高度重视和平时期的全球治理问题,尤其是网络空间的国际治理,在国际社会凝聚起构建人类命运共同体的广泛共识。习近平主席多次发表关于网络空间的重要讲话,积极倡导各国充分尊重网络主权、推动构建网络空间命运共同体。[1] 为了应对各国在网络空间展开的技术博弈、理念博弈、话语权博弈,我国正在积极、深入参与网络空间规则的制定,加快提升我国在网络空间的国际话语权和规则制定权。

(一)网络空间的概念及特征

伴随着网络技术的革命性发展,计算机、通信、自动化、数字设备及其应用、服务、数据等共同构成的网络空间,已经深入改变人类的生活方式,深刻影响人类社会发展进程。

一般而言,网络空间包括四个层面:(1)物理层面,包括物质可见部分的基础设施,如电缆、路由器、服务器和计算机;(2)社会层面,包括现实空间与网络空间,即实现两个空间相互延展以及互动过程的人、物、社会结果;(3)逻辑层面,由网络设备之间存在的链接构成,包括保障数据在物理层进行交换的应用、数据、协议;(4)内容层面,包括数据、应用中相关内容的获得、存储、复制、交换和分发等。[2]

网络空间的发展使世界各国联系更加紧密,形成网络空间命运共同体,在全球治理进程中,任何一国都无法置身事外、独善其身。为此,我国积极倡导建立多边、民主的治理体系,构建和平、安全、开放、合作的网络空间,展现了我国在网络空间治理中的立场,是我国对于网络空间全球治理贡献的中国智慧和中国方案。

(二)网络空间全球治理的不同发展阶段

为了明确当前全球治理进程中网络空间国际法治的现状,需要先对网络空间规则与秩序的建立过程进行梳理。回顾网络空间治理的发展进程,笔者认为,根据网络基础设施和信息技术的发展水平以及各国之间针对网络空间的博弈特点,可以大致将网络空间治理的发展划分为三个阶段。

---

〔1〕 参见《习近平在第二届世界互联网大会开幕式上的讲话》,载新华网:http://www.xinhuanet.com/politics/2015-12/16/c_1117481089.htm,最后访问日期:2018年4月7日。

〔2〕 参见黄志雄:《网络主权论》,社会科学文献出版社2017年版,第25页。

第一阶段是网络空间各国自治阶段。美国等信息技术发达国家凭借其强大的技术水平,大力推动信息技术发展,并制定了一系列技术标准、行业规范。此阶段美国等信息技术发达国家在网络空间技术领域占据绝对优势地位;相比之下,其他信息技术发展中国家还处于学习、借鉴阶段,技术远远落后于美国等发达国家。此时,网络空间治理主要是通过各国国内法进行规制,各国网络空间的发展相对独立,各国之间关于网络空间的矛盾并不突出,主要是针对基础设施和技术标准的控制权展开博弈。

第二阶段是网络空间主权竞争阶段。一方面,中国、俄罗斯等发展中国家强调网络主权的正当性,并且主张充分发挥联合国在网络空间全球治理中的主渠道作用,由联合国统筹各方广泛参与治理。另一方面,美英等发达国家倡导"互联网自由",希望在联合国框架之外,推行"多边治理模式",继续保持其在国际规则制定中的优势地位。[3] 这一阶段,各国围绕网络空间属性是"全球公域"还是"国内主权范围";治理手段是采取国家政府主导的"多边治理模式",还是采用非国家行为体主导的"多利益攸关方模式"展开激烈交锋。

第三阶段是网络空间全球合作阶段。随着网络攻击、隐私侵犯、信息泄露、网络犯罪等网络冲突不断发生,国际社会逐渐意识到维护网络空间的安全需要各国的共同参与,于是各国开始积极展开合作,减少对抗性举措。期间,美国政府同意移交 ICANN[4] 管理权,ICANN 启动赋权社群机制改革;同时联合国信息安全政府专家组在 2013 年和 2015 年达成的共识性文件中明确地阐述了国际法基本原则和《联合国宪章》在网络空间的适用,强调了国际法基本原则同样适用于网络空间治理。[5] 这表明网络空间国际法治已成为国际社会的共同目

〔3〕 参见鲁传颖:《试析当前网络空间全球治理困境》,载《现代国际关系》2013 年第 9 期。

〔4〕 ICANN(The Internet Corporation for Assigned Names and Numbers),互联网名称与数字地址分配机构是一个非营利性的国际组织,成立于 1998 年 10 月,是一个集合了全球网络界商业、技术及学术各领域专家的非营利性国际组织,负责在全球范围内对互联网唯一标识符系统及其安全稳定的运营进行协调。

〔5〕 *Report of the Group of Governmental Experts on Developments in the Field of Information and Telecommunications in the Context of International Security*, United Nations General Assembly,2015/A/70/174,Jul. 22,2015,p. 11.

标,也意味着网络空间国际规则的制定进入利益博弈的深水区。

(三)和平时期网络空间的国际法规则概况

国际法的渊源主要包括国际条约、国际习惯、一般法律原则。国际条约即参与各方达成合意,通过成文协议相互约束,以某种特定方式行事或建立某种特定关系。国际习惯是"作为通例之证明而经接受为法律者",需要通过"国家实践"和"法律确信"进行确认。

笔者认为,由于当今各国在网络空间全球治理的基本立场和国家利益方面存在巨大差异甚至对立,短期内难以推动制定网络空间的全球性国际条约或国际习惯法。至此,针对网络空间治理、网络安全威胁等重大的全球秩序问题,目前仍然缺乏具体的国际条约和国际习惯法等"硬法规则"。

在此背景下,各国积极通过各类国际组织和国际会议加强协商合作,在此进程中,制定出一批以网络治理、网络安全、网络人权、网络犯罪等为主题的国际软法文件,包括国际组织决议、声明、宣言、行动计划等。

一方面,以美国为首的西方发达国家积极梳理和总结了适用于网络空间的既有国际法,希望形成网络空间的国际示范法。2008 年北约 14 国在爱沙尼亚首都塔林正式建立"网络防御合作卓越中心",2013 年中心出版了《塔林手册 1.0 版》,主要针对网络军事行动,分析武装冲突法在网络空间的适用。2017 年中心积极推出了《塔林手册 2.0 版》,18 名国际法专家参加了本书的起草、讨论、修改和定稿,使得《塔林手册 2.0 版》成为目前相对系统、权威的网络空间国际法研究成果,具有较高的参考和研究价值。《塔林手册 2.0 版》相比第一版而言,对和平时期国际法适用于网络空间的问题作了更加深入的解读,同时对网络空间主权理论作了进一步完善,明确了国家在网络空间的责任。

此外,英国等国积极推进全球网络空间治理大会(即"伦敦进程")的召开,重点针对网络空间规则构建开展多边谈判和辩论议程。截至目前,"伦敦进程"已经分别于 2011 年在伦敦、2012 年在布达佩斯、2013 年在首尔、2015 年在海牙召开了四次网络空间国际会议。[6] "伦敦进程"的内容和形式都对网络空间全球治理产生了重大的影响,但是,"伦敦进程"系列会议暂未达成任何实质性成果,各次会议都是通过发表《主席声明》的形式对主要议题和辩论过程进行总结。

---

〔6〕 参见鲁传颖:《网络空间治理的力量博弈、理念演变与中国战略》,载《国际展望》2016 年第 1 期,第 117 ~ 134 页。

另一方面,以中国、俄罗斯为代表的发展中国家坚定支持联合国及其专门机构在网络空间治理中发挥更大的作用。希望由联合国统筹各个国家、跨国企业、技术组织、公民社团等多利益攸关方广泛参与治理,协调不同平台和机制之间的职能。2011 年及 2015 年,中国、俄罗斯等国分别向联合国大会提交了《信息安全国际行为准则》,全面提出了网络空间的治理体系构想,是中俄等国为推动网络空间国际法治提供的重要"软法性文件"。2013 年及 2015 年,联合国信息安全政府专家组[7]发布工作报告,认为国家主权原则和相关规范适用于国家在其领土内对信息通信基础设施的管辖,明确地阐述了国际法基本原则和《联合国宪章》在网络空间同样适用。

笔者认为,当前网络空间国际法规则博弈呈现出阵营化、碎片化的复杂局面,主要表现为各国对于网络空间国际法规则的适用和制定仍然存在众多分歧,具体表现为:

第一,各国对于网络空间如何适用既有国际法规则存在争议。一方面,美英等西方国家曾经长期主导国际秩序,在全球治理进程中占据一定的优势地位,倾向于在网络空间中优先适用既有国际法规则;美英等西方国家积极主张"使用武力法"和"武装冲突法"在网络空间的适用,能够为其通过"反措施"及"自卫权"的行使来保护本国利益;同时,西方国家又主张国际人权法在网络空间的适用,更好地为其倡导的"互联网自由"提供法律支持。另一方面,中俄等发展中国家则强调《联合国宪章》所确立的国家主权原则、不干涉内政原则、禁止使用武力原则等是构建网络空间公平秩序的基石。中俄等发展中国家更希望针对网络空间治理的特殊情况,制定新的国际法规则,构建新的秩序局面,限制网络军备竞赛、打击网络恐怖主义、维护全球网络安全。

第二,各国对于网络空间全球治理适用何种模式存在争议。美英等西方国家提出"多利益相关方"的治理模式,核心要素是不同行为体在平等的基础上共同参与互联网治理。在技术层面表现为商业机构专家主导的自下至上的治理方式;在互联网关键资源领域,表现为 ICANN 的建立和运作基于共识基础上的政府有限参与;在公共政策领域,表现为互联网治理论坛(Internet Governance

[7] 联合国信息安全政府专家组于 2013 年根据第 68 届联大决议成立,由中国、俄罗斯、美国、英国等主要国家的代表组成,具有相对广泛的国际代表性。专家组主要研究网络安全领域现实和潜在威胁,探讨负责任国家行为规范、建立信任措施及国际法相关问题。

Forum,IGF)平台上,政府、私营机构、公民社会共同参与;在安全治理中,多利益相关方机制则突出表现为政府占绝对的主导地位。中俄等发展中国家则认为,联合国作为最具代表性和权威性的国际组织,是推动网络空间国际规则形成的最佳场所,各个主权国家应该在联合国框架下对各个重大事项进行积极合作,充分发挥联合国的主渠道作用。

由此可知,各国针对和平时期网络空间的国际法规则适用问题仍然存在众多分歧,深层原因是不同国家在意识形态、价值立场、国家利益等方面的差异乃至对立。由于人类社会对网络空间这一新兴领域的认识还相对有限,既有的国际法规则能否合理适用,新的国际法规则如何制定,以及制定怎样的规则,还需要通过各国国家实践及国际社会的协商合作来进一步明确和完善。

二、和平时期网络攻击的国际法界定

随着移动互联网和云计算的普及,全球范围内网络攻击事件层出不穷,逐渐波及生产生活的各个领域,手段新、范围广、危害重,引起了国际社会的广泛关注。世界经济论坛发布的《2018年全球风险报告》称,"网络攻击、数据诈骗、数据盗窃"已经成为仅次于自然灾害与极端天气的风险威胁。[8] 跨国网络攻击事件给各国造成了不同程度的损失,各国不仅通过国内立法和政策加强网络安全监管,而且积极寻求国际合作,共同推进网络空间国际法治的进程。

(一)网络攻击的定义

从技术层面看,网络攻击是指利用网络存在的技术漏洞与安全缺陷对系统中的硬件、软件以及数据展开攻击,对计算机系统中的数据进行篡改、夺取、增加等形式导致物理硬件、软件的破坏。[9] 常见的网络攻击形式包括:病毒、蠕虫、拒绝服务攻击、非授权资料拷贝、资料欺骗、隐蔽通道、搭线窃听、会话截持、IP欺骗、越权访问、逻辑炸弹等。

从法律层面看,网络攻击的认定要件主要包括:网络攻击者的身份、网络攻

[8] 参见戴丽娜:《2017年网络空间国际治理整体形势回顾》,载《信息安全与通信保密》2018年第2期,第13~16页。

[9] 参见刘欣然:《网络攻击分类技术综述》,载《通信学报》2014年第7期,第30~36页。

击的手段方法、网络攻击的针对目标、网络攻击的行为目的，以及网络攻击造成的损害结果。其中，网络攻击者的身份、网络攻击的手段方法以及网络攻击造成的损害结果是最为核心的要件。

解读国内外的官方文件及学术研究成果，笔者认为，目前国际社会对于网络攻击的定义尚未达成共识，以下文件的界定可以为研究提供一些参考。

2011 年美国《网络空间作战战略》将“网络攻击”定义为“利用计算机或有关网络或系统，旨在中断或破坏敌方关键网络系统、财产或功能的敌对行动”。[10] 2015 年《美国国防部军语及相关术语词典》规定网络攻击的方法包括“故意对敌人的网络、电脑、信息系统，或存储在上述系统中的数据资料，进行干扰、更改、破坏”。由此可知，美国政府的相关文件将“网络攻击”的范围限定在网络军事行动中，针对破坏对方关键网络系统的敌对行为，定义涵盖的范围比较狭隘。这种定义是为了将现实空间的战争法规则引入网络空间所做的准备，是网络战军事准备的预先表现形式。笔者认为，这种观点一定程度上会加剧国际社会成员之间的对抗性和不信任，不利于构建网络空间的和平秩序。

2017 年北约“网络防御合作卓越中心”编写的《塔林手册 2.0 版》，采用了更为广泛的定义，将“网络攻击”定义为“意图或可能导致人的伤亡或者物的毁损的网络行动，包括攻击性和防御性的网络行动”。[11] 具体而言，一方面，“网络攻击”包含“国际性武装冲突”和“非国际性武装冲突”；另一方面，认定“网络攻击”不仅以损害结果为判断标准，也可以从攻击行动的意图和目的入手进行判断。笔者认为，《塔林手册 2.0 版》对“网络攻击”的定义更加合理，适用范围更加广泛，并且细化完善了“网络攻击”的认定标准，能够更好地适用于当今网络空间出现的各种网络行动，对其进行界定和分类。

（二）网络攻击、网络犯罪、网络战争的区分

目前国内外关于网络攻击的国际法研究，通常会涉及网络攻击（cyber-attack）、网络犯罪（cyber-crime）以及网络战争（cyber-warfare）这三个术语，但是国内研究基本未针对以上三个概念做出明确区分。广义上，任何通过信息技术

---

〔10〕 *Department of Defense Strategy for Operating in Cyberspace*, U. S. Department of Defense, Jul. 1, 2011, pp. 5 – 6.

〔11〕 See Michael N. Schmitt, *Tallinn Manual* 2.0 *on the International Law Applicable to Cyber Warfare*, Cambridge, Cambridge University Press, 2017, pp. 415 – 416.

手段对计算机信息系统的干扰、破坏、掠夺等行为都属于网络攻击,即上述三个概念都属于广义的网络攻击范畴。但是从法律层面上来讲,有必要从网络攻击者类型、网络攻击的手段以及损害结果的严重程度对"网络攻击"做出进一步的划分。笔者认为,不针对以上三个概念做出明确区分,难以确定既有国际法规则在网络空间中具体情况的适用(见图1、表1)。

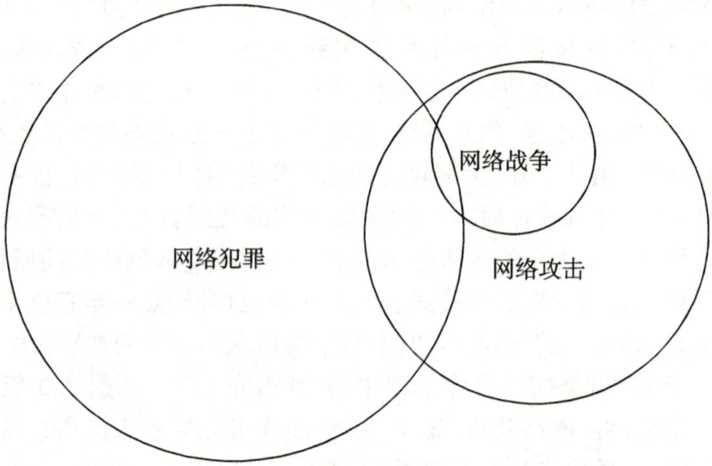

图1　网络行动的区别和联系

表1　不同网络行动的关键特征对比[12]

	网络攻击	网络犯罪	网络战争
行为主体是否为国家主体	×	√	×
行动方式是否通过计算机系统实施,并且违反刑法	×	√	×
行动目的是否攻击对方网络系统	√	×	√
行动目的是否危害国家政治和国家安全	√	×	√
行动效果是否达到与传统武装攻击相同的效果	×	×	√

〔12〕 See Hathaway et al., "The Law of Cyber-Attack", Vol. 100, No. 4, *California Law Review*, 2012, pp. 819 – 832.

1. 网络犯罪。网络犯罪指任何通过网络信息技术手段实施的违法犯罪行为，是法律调整网络攻击的最低限度要求。2001 年欧洲理事会《布达佩斯网络犯罪公约》界定“网络犯罪”是针对非国家主体实施的非正当网络行为。网络犯罪的主要表现形式为窃取、泄露、更改计算机信息，通过恶意软件及病毒进行侮辱、诽谤、恐吓与敲诈勒索等。网络犯罪通常由各国国内刑事立法以及国家间缔结的国际条约进行规制。

2017 年 5 月，WannaCry 蠕虫病毒通过微软系统 MS17 – 010 漏洞在全球范围传播，在 48 小时内攻陷 150 个国家和地区的企业、超过 30 万台的电脑设备，该蠕虫病毒向计算机中植入敲诈者病毒，导致电脑大量文件被加密，要求受害者支付价值相当于 300 美元的比特币才可解锁。此项网络行动主要针对私人主体进行敲诈勒索，危害他人财产安全，并未体现出明显的政治、军事目的，属于典型的网络犯罪行为。

2. 网络攻击。结合已有资料，笔者将本文讨论的“网络攻击”界定为“利用网络存在的漏洞和安全缺陷对网络系统的硬件、软件及其系统中的数据进行攻击，意图造成物的损毁、人的伤亡，但尚不构成‘使用武力’或适用‘武装冲突法’的网络行动”。此种攻击通常带有政治、军事目的，针对他国政府机构、组织发动攻击，不是仅仅针对私人主体的跨国网络行动。从目前的国际法体系来看，此类的网络攻击行为主要受到国家责任法、国际人权法、国际电信法等国际法规范的调整。

2007 年 4 月，爱沙尼亚重要的政府、银行、媒体网站遭遇空前的黑客攻击，被入侵的电脑组成了“僵尸”网络，发动了大规模的分布式拒绝服务攻击，用垃圾电子邮件阻塞了电子邮件账户，导致整个政府网络几乎瘫痪。这次攻击被认为是历史上第一次大规模针对政府和关键基础设施发动的网络攻击，但是没有达到“使用武力”或适用“武装冲突法”的标准。从“规模和后果”来看，尚未达到与现实战争中相当的损害结果，不能被认定为“网络战争”，可以界定为网络攻击。

3. 网络战争。通常认为，网络战争的主体是国家，攻击行为具有政治军事目的，攻击手段主要是通过计算机通信网络来破坏对方的政治、经济、军事信息基础设施及系统，造成损害的“规模和后果”达到“武装攻击”的效果或影响，形成与现实战争中相当的“战争”后果。

针对已经发生的网络攻击，哪些可以认定为“网络战争”，国际社会没有达成一致和公开的意见，塔林手册专家组认为最接近网络战争的实例是 2010 年针对伊朗的“震网”病毒攻击。伊朗布舍尔核电站遭受震网病毒(Stuxnet)攻击,至少有3万台电脑感染病毒,1/5的离心机瘫痪,致使伊朗核发展计划被迫延缓2年。专家组成员都认为其达到了使用武力的标准,但只有少数专家认为其构成武装攻击。

综上所述,区别网络攻击、网络犯罪和网络战争有利于具体分析既有国际法规则在网络空间不同情况下的适用。笔者认为,针对当前和平时期网络空间的全球治理,我们更应该关注跨国网络犯罪、网络攻击对各国带来的安全威胁,不应该过分强调和渲染“使用武力规则”以及“武装冲突法”在网络空间的适用。

长期以来,以美国为首的西方发达国家过多关注“网络战争”的国际法规则适用,强调网络战争是网络空间的一种合法作战形式,客观上加强了各国在网络空间的紧张局势,营造出网络空间领域积极备战的氛围。美国等西方国家谋求“绝对安全”的过程,是否会在客观上推动网络空间军事化和军备竞赛的加剧,是值得我们警惕的问题。当一些国家追求所谓的“绝对安全”,就意味着其他国家的“不安全”,其他国家受到威胁,为了维护本国的网络安全,也竞相加强网络军事力量的建设,这将导致网络军备竞赛的安全困境。

但是,结合国家实践来看,当今的网络攻击大多发生在与战争状态完全无关的和平时期,事实上,探讨网络空间和平时期的国际法治更具有现实意义。我国一直积极推动国际社会就网络空间的“和平属性”展开讨论,从维护国际安全、预防网络冲突、避免军备竞赛的角度研究国际法适用网络空间问题。因此,笔者认为,我们更应该重点关注不构成“使用武力”或适用“武装冲突法”的网络攻击行为,应该如何适用国际法规则。

三、和平时期网络攻击适用的国际法规则

本文的视角着眼于和平时期网络攻击适用的国际法规则,即抛开了武装冲突法相关规则在网络空间适用的部分,重点针对不构成使用武力的网络攻击展开分析。

(一)国家主权平等原则

1. 国家主权平等原则的含义

《奥本海国际法》中指出:“平等是国际法的基础原则,国际法是以主权国家

的共同同意为根据产生的,国际社会的成员国是平等的国际法主体。”[13]早在联合国筹备初期,中、苏、美、英就在《普遍安全宣言》中承认,根据一切爱好和平国家主权平等的原则,建立一个普遍性的国际组织。《联合国宪章》第2条规定“本组织系基于各会员国主权平等之原则”,第78条再次肯定“联合国会员国之关系,应基于主权平等之原则”。根据旧金山会议第一委员会第一专门委员会的起草报告,国家主权平等原则包括:(1)各会员国在法律上是平等的;(2)各会员国享有完整主权所包含的各项权利;(3)各会员国的法律人格、领土完整、政治独立必须得到充分的尊重。[14]

国家主权在网络空间的延伸表现为“网络主权”,各个主权国家在网络空间的主权权利包括但不限于:一是对位于国家领土内的网络基础设施、网络数据、网络活动及其管理行使主权权利,二是依据国际法对领土外的网络活动享有司法管辖权,三是国家在网络领域受到武力攻击时享有自卫权,四是受到网络攻击的受害国有权依法采取反措施,五是有权平等参与互联网治理与国际法规则制定。[15]

2. 国家主权平等原则在网络攻击中的适用

因为网络空间具有超地缘性、虚拟性、开放性等特点,不同于传统的现实空间。网络空间的这些特性使得传统的国家主权和领土边界更加难以确定,对传统国际法中国家主权的管辖范围提出了挑战。[16]

首先,明确国家主权平等原则在网络空间同样适用。虽然国际社会普遍认可国家主权平等原则在网络空间同样适用,但是西方发达国家与发展中国家对于网络主权行使的边界与范围有着不同的主张。西方发达国家一方面承认各国在网络空间享有网络主权,另一方面又认为各国的国家主权在网络空间领域

---

〔13〕 [英]詹宁斯、瓦茨:《奥本海国际法》(第1卷第1分册),王铁崖等译,中国大百科全书出版社1995年版,第275页。

〔14〕 参见杨泽伟:《国家主权平等原则的法律效果》,载《法商研究》2002年第5期,第109~115页。

〔15〕 参见马新民:《网络空间的国际法问题》,载《中国国际法年刊2015》,法律出版社2016年版,第180页。

〔16〕 参见刘阳子:《对国家网络主权的理解》,载《中国信息安全》2012年第11期,第62页。

应当最大限度地克制,进而保持全球网络空间的自由、开放。[17]

具体而言,美国等发达国家长期担心遭受网络攻击,采取各种手段避免他国对其网络空间进行干涉。与此同时,美国等一些西方国家却对一些发展中国家在网络空间领域行使合法权利横加干涉。例如,2013年土耳其在国内遭遇大规模反政府武装冲突事件时,为了防止西方发达国家利用部分网站进行煽动宣传,在本国境内相继封杀了Twitter、YouTube等网站,即遭到美国等西方国家的强烈谴责,认为土耳其破坏了互联网空间自由开放的秩序。

笔者认为,美国等发达国家倡导网络空间要保持开放、自由的状态,反对他国在本国境内进行技术过滤和网络审查,是以进攻性的手段追求其在网络空间的绝对安全和行动自由,这种行为是没有合法性依据的,是一种典型的双重标准,是霸权思维的体现。土耳其作为一个主权国家,关闭威胁其国家主权与社会稳定的网站,是一国行使网络主权的正当行为。

其次,明确何种网络攻击行为违反国家主权原则。如果一国未经他国许可,擅自破坏他国的网络空间设备、干预网络空间行为,侵犯有关自然人和法人的合法权益,就是侵犯国家主权的表现,违法了国家主权平等原则。例如美国政府的棱镜计划,根据斯诺登提供的文件,美国政府未经他国允许,通过谷歌、微软等互联网企业,对其他国家的网络数据进行大规模监控,其中包括擅自侵入中国的关键设施计算机系统,窃取相关数据与信息。

笔者认为,美国一方面要求他国不对美国进行网络攻击,宣称要保护其国家安全与知识产权,另一方面却无视他国网络主权,长期对他国的网络关键基础设施进行攻击,监控他国网络信息与数据,这一做法已经严重侵犯他国合法的安全与经济利益,这种网络攻击行为无疑是侵犯中国网络主权的外在表现,是对国家主权平等原则的公然违反。网络主权是国家主权的全新内容和重要组成部分,互联网是国家重要基础设施,中华人民共和国境内的互联网属于中国主权管辖范围,中国的互联网主权应受到尊重和维护,美国政府无法为其行为的合法性和正当性做出解释,此种网络攻击是违反国家主权原则的具体表现。

[17] See Jensen, Eric Talbot, "Cyber Sovereignty: The Way Ahead", Vol. 50, No. 2-3, *Texas International Law Journal*, Spring-Summer 2015, pp. 275-304.

（二）禁止使用武力原则

1. 禁止使用武力原则的含义

《联合国宪章》第2.4条是“禁止使用武力”原则的核心条款，该条款明确“各会员国在其国际关系上不得使用威胁或武力，或以与联合国宗旨不符之任何其他方法，侵害任何会员国或国家之领土完整或政治独立”。“禁止使用武力”是当今国际法的基本原则，并被视为习惯国际法中的强行法，但是《联合国宪章》中并未针对“武力”概念进行解释，导致国际社会对“武力”的内涵与外延的界定无法一致。

狭义地理解，“武力”仅指武装力量和军事力量。[18] 但是考虑到当今网络攻击的特殊性，需要从更加广义的标准对“武力”进行认定。笔者认为，美国海军学院的迈克·施密特教授的观点相对明确、具体地提出了网络攻击中“武力”的认定标准，从“规模和后果”进行界定。迈克·施密特教授认为，尽管《联合国宪章》第2.4条主要约束传统武装军事力量对他国施加胁迫的行为，但如果网络攻击直接导致或可能导致与传统军事手段相当的人员、物体损伤，无疑应当界定为“使用武力”。受害国也可以通过评估：(1)攻击行为造成损害的严重程度；(2)损害结果产生的迅速程度；(3)攻击行为与损害结果的关联程度；(4)对他国领土的侵入程度；(5)攻击后果可以量化的程度；(6)攻击行为在国内法或国际法上被推定为合法的程度；(7)国家参与攻击的程度等要素来综合判断。[19]

2. 禁止使用武力原则在网络攻击中的适用

(1)何种网络攻击构成《联合国宪章》第2.4条的“使用武力”。首先，考虑“威胁实施网络攻击”的行为。威胁实施网络攻击的目的在于迫使他国屈服于本国意志，在网络空间中，通过网络实施武力威胁既包括通过网络手段告知威

〔18〕 参见刘扬：《论国际法上的禁止使用武力》，载《国际关系学院学报》2005年第6期，第25～30页。

〔19〕 See Schmitt, Michael N., "Computer Network Attack and the Use of Force in International Law: Thoughts on a Normative Framework", Vol. 37, No. 3, *Columbia Journal of Transnational Law*, 1999, pp. 885－938.

胁,也包括通过网络手段实施威胁。[20] 传统上,发布武力威胁通常以外交照会的方式实现,可以是书面形式或口头形式,可以是公开的或私下的,可以是明示的或暗示的,可以是正式的或非正式的。由此可见,威胁并没有严格的形式要件,通过任何手段传达的威胁的意思表示都可以认定为武力威胁。因此,在国际法上,采用计算机网络等电子媒介传达威胁的行为,与传统媒介传达威胁实质差别不大,可以认定为与传统威胁产生一致的法律后果,构成第2.4条的"使用武力"。

其次,考虑"实际实施网络攻击"的行为。传统武器通常具有爆破性或者物理破坏性,但是随着科学技术的不断发展,现代战争中逐渐出现生物化学武器等新型武器,都被广泛认定为"武装",并制定了相关国际法规范。[21] 所以,对网络空间中"使用武力"的界定,也应该随着技术发展和国际形势的变化,做出相应调整,不能拘泥于传统的"爆破性或者物理破坏性"标准进行认定,需要结合当前网络攻击的实践,判断网络攻击是否直接导致或可能导致与传统军事手段相当的人员、物体损伤。

(2)何种网络攻击构成《联合国宪章》第51条的"武力攻击"。《联合国宪章》第51条构成了对"禁止使用武力原则"的例外,根据该条的规定,当遭受"武力攻击"时,国家可以行使"单独或集体自卫之自然权利"。[22] 结合国际法理论研究和相关国家实践可知:第2.4条中的"使用武力"和第51条中的"武力攻击"含义明显不同。那在网络空间中,何种攻击才能认定为"武力攻击"呢?

国际法院在1986年尼加拉瓜案中提到,需要将"较严重的武力攻击"与"低烈度的使用武力"进行区分,只有那些"后果严重、规模显著"的"使用武力"才

〔20〕 参见朱雁新:《计算机网络攻击构成"使用武力"之分析》,载《西安政治学院学报》第24卷第4期,第100页。

〔21〕 如1972年签订的《禁止细菌(生物)及毒素武器的发展、生产及储存以及销毁这类武器的公约》、1977年签订的《禁止为军事或任何其他敌对目的使用改变环境的技术的公约》、1993年签订的《关于禁止发展、生产、储存和使用化学武器及销毁此种武器的公约》和1995年签订的《关于激光致盲武器的议定书》。

〔22〕 参见王虎华主编:《国际公法学》,北京大学出版社2009年版,第54页。

能认定为“武力攻击”[23]。笔者认为,可以借鉴国际法院的观点,从“规模与后果”对网络攻击造成的损害范围和损害结果进行判断,区分网络攻击中“较严重的武力攻击”与“低烈度的使用武力”。网络攻击如果要构成“武力攻击”,必须要达到“相当数量和烈度”的武装力量实施的攻击行为,并且可能对目标国造成实质性破坏,包括人员伤亡、财产损失、政治独立或领土的损害或削弱。

具体而言,如果网络攻击导致水库水坝的电脑控制系统停止运行,致使洪水淹没居民区,造成大量人员伤亡,可以认定此种网络攻击“达到相当数量和烈度”,构成“武力攻击”;再如网络攻击针对核电厂反应堆,使机器运作失灵,造成辐射性物质大量泄漏,附近居民区人员、财产损失惨重,造成严重的实质性损害,相当于现实空间战争中“武力攻击”的后果,那也可以认定此种“网络攻击”构成第 51 条的“武力攻击”。

为什么要明确区分第 2.4 条中的“使用武力”和第 51 条中的“武力攻击”呢？因为根据《联合国宪章》,受害国针对两种不同程度的网络攻击,能够采取的合法应对措施存在重大差异。

如果一项网络攻击构成了第 2.4 条所指的“使用武力”,但并未达到第 51 条所指的“武力攻击”,这种网络攻击可以认定为国际不法行为,但受害国通常只能依据《国家责任条款》所规定的非武力“反制措施”进行自我保护。反制措施是必要和相应的回应行为,其意义在于迫使责任国重新履行国际法义务或者遵守相关国际法规则,一旦国际不法行为停止了,受害国则不应该再坚持反制措施,而且反制措施应该尽可能采取短暂的、可恢复原状的行为,保持其“相称性”。

但如果该攻击行为达到第 51 条“武力攻击”的标准,受害国就可以依据《联合国宪章》的规定,行使包括使用武力在内的“单独或集体自卫之自然权利”进行反击。当一国使用武力进行自卫时,必须采取适当的作战手段和方法,而且不能超出必要的程度。自卫权可在受武力攻击的当时或停止后及时付诸实施,行使自卫权可以使用网络技术武器进行反击,其手段和方式都比普通的反制措施要严重得多。只要满足必要性和比例性标准,自卫的武力行动都是合理的和

---

[23] Applying the Critical Jurisprudence of International Law to the Case Concerning Military and Paramilitary Activities in and against Nicaragua, Vol. 71, No. 7, *Virginia Law Review*, Oct. 1985), pp. 1183 – 1210.

正当的。

(三)国家责任法

网络空间不是任何人可以开展敌对活动且没有规则和限制的"法律自由"地带。[24] 研究国家责任法在网络空间的适用,需要明确,国家需要对何种网络攻击承担国际法律责任,国家如何对其违反国际义务的行为承担法律责任。

根据联合国国际法委员会2001年第53届会议通过的《国家对国际不法行为责任的条款草案》(以下简称《国家责任条款》)可知,认定国家责任的构成要件包括:(1)该行为在国际法上归因于该国;(2)该行为构成该国国际义务的违反。[25]

1. 网络攻击中国家责任的违法性问题

违法性问题涉及的是国家是否违背国际义务,包括条约义务和非条约义务。首先,需要明确的是,前文讨论的构成"使用武力"及"武力攻击"的网络攻击行为,明显违反"禁止使用武力原则",可以认定具有违法性,从而导致国家责任。

其次,根据目前的实践来看,国家更容易遭受到"尚未构成适用武力"标准的低强度的网络攻击,国家实施此类网络攻击行为也可能违反其他现有的国际法义务。

例如,违反国家主权原则的网络攻击。国家主权原则在网络空间表现为"一国可对其主权领土范围内的网络关键基础设施和网络行为实施控制"。[26] 一国对位于他国的网络基础设施实施网络攻击,如果造成损害,就导致侵犯他国网络主权。而且,国家不能明知而许可位于己方领土或在己方政府完全控制下的网络基础设施用于从事非法的和有害于他国的行为。就适用范围而言,所有非法的和对其他国家产生有害后果的行为,都可能涉及侵犯他国主权。

例如,违反干涉内政原则的网络攻击。不干涉原则是指国家在国际关系上

[24] See Harold Hongju Koh, *International Law in Cyberspace*, USCYBERCOM Inter-Agency Legal Conference Ft. Meade, Sep. 18, 2012.

[25] 参见张乃根:《试析〈国家责任条款〉的"国际不法行为"》,载《法学家》2007年第3期,第95~101页。

[26] See Michael N. Schmitt, *Tallinn Manual* 2.0 *on the International Law Applicable to Cyber Warfare*, Cambridge: Cambridge University Press, 2017, pp. 11-27.

不得以任何借口、以任何方式介入别国的内部事务,不得以将自己的立场、意志或者社会制度强加于别国。国际法院认为,如果一国向恐怖分子或其他在别国进行军事行动的暴力集团提供"资金援助、人员训练、武器提供、情报或后勤支持"等,可以认定为违反不干涉原则。因此,在网络空间中,如果一国资助某个人、某组织进行网络攻击、提供网络攻击所需的技术、传播用于攻击的计算机病毒等行为都被认定为违反不干涉原则。

再次,违反双边或多边条约的网络攻击行为也可能产生国家责任的违法性问题。例如,甲乙两国签订的睦邻友好条约中规定,缔约国双方不得在对方领土范围内实施任何形式的间谍活动,如果甲国通过信息技术手段窃取了乙国军事控制中心的相关数据,则甲国的行为由于违反双边协议而导致国家责任。

总体而言,认定网络攻击是否具有违法性,需要判定该行为是否违反该国的国际义务,包括作为和不作为。一国的国际不法行为既包括战争状态中对武装冲突义务的违反,比如对平民发动网络攻击,也包括对和平时期各国间基本义务的违反,比如违反不干涉内政原则。举例来说,2010 年谷歌公司以"遭受中国政府支持的黑客袭击"以及"不满中国政府对互联网内容的审查政策"为由,宣布退出大陆市场。而后美国国务院迅速跟进,认为中国政府违反了国际义务,要求中国政府对谷歌上述声明提出的黑客袭击与审查政策做出解释。

笔者认为,中国政府依据国内立法依法管理互联网,有关管理措施符合国际通行做法,并未违反任何国际义务,根据我国《国家安全法》《网络安全法》的相关规定,国家有权对影响或者可能影响国家安全的网络信息技术产品和服务,进行国家安全审查,有效预防和化解国家安全风险。

2. 网络攻击中国家责任的归因性问题

归因性问题是判断国家责任的核心要素。归因是指将不法的作为或不作为行为归责于一国的方法或途径。归因性问题的核心是确定某一主体的"作为或不作为"能否被定性为"国家行为"的法律过程。[27] 一方面,由于网络攻击具有隐秘性、随意性等特点,网络攻击的来源和攻击者身份难以确定,增加了归因判断的难度;另一方面,由于网络攻击经常超出受害国的司法管辖权范围,调查取证也存在较大困难,使网络空间中国家责任的归因性问题面临新的挑战。因

[27] Gervais, Michael, "Cyber Attacks and the Laws of War", Vol. 30, No. 2, *Berkeley Journal of International Law*, 2012, pp. 525 – 579.

此,国际法上已有的归因规则能否适用于网络攻击,是否需要确立特殊的归因规则,成为需要进一步明确的问题。

首先,可以认定国家机关的网络攻击行为归因于该国。此类事实上的“国家机关”必须是完全依附于国家并且是在国家完全控制之下的。[28] 例如,由荷兰网络防御司令部、法国网络与信息安全局、爱沙尼亚国防联盟的网络单位或者美国网络指挥中心发动的网络攻防行动毫无疑问地可以归因于各自的国家主体。

其次,个人、组织等私人主体的网络攻击行为是否可以归因于国家,是一个争议较大的问题。一般而言,个人、组织的行为归因于国家存在三种方式:一是经国家机关授权的个人或组织的行为;二是某国机关实施的由别国政府交付的行为;三是国家机关越权或违背上级指示所实施的行为。[29]

《国家责任条款》第8条指出:“如果一人或组织实际上是在按照国家的指示(instruction)或在其指挥(direction)或控制(control)下行事,其行为应视为国际法所指的国家的行为。”前南斯拉夫国际刑事法庭曾经在“塔迪奇案”中指出,要将个人、组织等私主体的行为归因于国家,必须要证明两者之间的关联性。如何证明私主体行为与国家控制的因果关系,以及国家控制的程度如何判断,国际社会对此存在较大分歧。由于《国家责任条款》本身没有对这一问题做出明确的解释,司法实践中存在两种判断标准,分别是有效控制标准(effective control)和一般控制标准(overall control)。

(1)有效控制标准在1986年的“尼加拉瓜军事行动和准军事行动案”中被提出,该案涉及尼加拉瓜反政府武装接受美国的资助,在尼加拉瓜境内从事破坏行动,造成重大损失。[30] 国际法院最终认定美国对叛军存在资助、组织、训练、供给等行为,甚至在军事行动中起到了显著作用,但仍然不足以将叛军在尼

---

[28] Hathaway et al., “The Law of Cyber-Attack”, Vol. 100, No. 4, *California Law Review*, 2012, p. 817.

[29] 参见冷新宇:《网络攻击中国家责任的判别标准》,载《西安政治学院学报》2014年第2期,第97~101页。

[30] See “Applying the Critical Jurisprudence of International Law to the Case Concerning Military and Paramilitary Activities in and against Nicaragua”, Vol. 71, No. 7, *Virginia Law Review*, Oct. 1985, pp. 1183 - 1210.

加拉瓜的军事行动和准军事行动归因于美国。在尼加拉瓜案中,国际法院对个人、组织行为归因于国家提出了较为严格的标准。根据这一标准,要求国家对于个人、组织具有一种完全的控制,不仅仅是达到总体的控制,还要求对于该个人、组织从事特定的行动发出了明白无误的指令,所涉及的行动才能被归因于该国。主张存在有效控制的国家必须证明,有关控制是"针对被指控发生了不法行为的每一行动,而不是一般地针对个人、组织的整体行动"。

(2)一般控制标准在1999年前南斯拉夫国际刑事法庭上诉分庭审理"塔迪案"中被提出。该法庭认为,为了将一个军事或准军事团体的行为归因于一国,只需要证明国家对个人、组织进行了一般控制,这种控制不仅表现为武装和资助,也可以体现为协调或帮助,并不要求每个案件都要达到完全控制、显著影响的标准。[31] 因此,在"塔迪案"中,上诉分庭裁定,对穆斯林进行屠杀的塞族共和国军受到了南斯拉夫联盟共和国的控制。由此可见,相比于"有效控制标准","一般控制标准"认定门槛更低,要求更加宽松。这也意味着,如果在网络攻击中采用一般控制标准将更有可能实现对国家的归责。

笔者认为,深入分析可以发现,针对个人、组织等非国家实体发动的网络攻击,国家责任在归因标准的选择上,面临法律价值取舍的两难局面。一方面,如果采用"有效控制标准",由于当前网络技术的限制,受害国很多情况下难以取得足够充分的证据,难以满足高标准的证明要求,可能导致部分攻击国得以逃脱国家责任,但这种路径选择同时也能避免无辜的国家受到牵连;另一方面,如果采用"一般控制标准",一定程度上可以更好地保护受害国的利益,但也增加了其他国家受到无辜波及的风险。由于网络攻击在归因性问题上面临的主要困难在于其攻击主体身份和来源的隐蔽性,更优的选择是通过技术革新和国家合作寻求突破,进一步解决网络攻击中归因性面临的问题。

四、结　语

网络空间国际规则的制定和博弈成为全球治理的重点问题,国际法在网络

---

〔31〕 See Zaid, Mark S, "Trial of the Century - Assessing the Case of Dusan Tadic before the International Criminal Tribunal for the Former Yugoslavia", Vol. 3, No. 2, *ISLA Journal of International & Comparative Law*, Winter 1997, pp. 589 – 596.

空间治理中的作用日益受到重视。由于当前世界各国在意识形态、价值文化、现实利益方面存在较大分歧,导致国际法在网络空间的适用方面还面临着一些阻碍。在当前和平时期,我们更应该关注不构成“使用武力”的网络攻击应该如何规制,避免引起网络空间军备竞赛,更好地发挥国际法在网络空间全球治理中的作用。

随着中国综合国力的显著提升,国际影响力的明显增强,习近平主席指出:“我国要积极参与网络、深海、极地、天空等新领域国际规则的制定,推动各方在网络空间中遵守国际法基本原则,共同促和平、谋发展。”一方面,当前网络空间相关国际法规则和制度尚未成型,为我国深度参与网络空间国际规则的制定提供了良好契机。但另一方面,国际法在网络空间如何适用方面还存在诸多不确定性,这对我国研究和运用国际法的能力提出了重大挑战。

与美英等西方国家相比,我国在网络空间的话语权和影响力仍处于较为明显的弱势地位。究其根源,是我国在研究和运用国际法并据此提出符合本国利益主张的能力上还有较大欠缺。因此,我国政府应当在战略层面加强对网络空间国际规则博弈的研究,在此基础上更加积极、深入地参与网络空间国际规则的制定,从而切实提升我国在网络空间国际秩序构建中的话语权和影响力。

(责任编辑:彭箫剑)

私法保护的理论争鸣

《物权法》第190条第2款“不得对抗”之含义探析

张莹雪*

摘要：

《物权法》实施以来，无论是在理论界还是在审判实务中，对于该法第190条第2款中“不得对抗”的含义，都存在不同的理解与运用。这些不同并不是无关紧要的，而是直接关涉到承租人与抵押权人，甚至抵押物买受人之间利益冲突的衡平问题，其现实意义十分重大。本文拟从《物权法》第190条第2款的法条解读出发，结合案例与相关法律规定，对“不得对抗”含义的不同观点进行评析。通过比较抵押权与租赁权权益实现背后的法理价值，以及借鉴其他国家和地区对抵押权与租赁权权益冲突的解决规则，得出“不得对抗”含义的合理解释，并对该含义下抵押权与租赁权权益冲突的解决路径进行探析。

关键词：

不得对抗；抵押权；租赁权；衡平；救济

引　言

当在先设立的抵押权与在后成立的租赁权处于同一物上时，抵押权的实现往往涉及利益冲突的协调问题。那么对于二者的冲突究竟该如何处理，《物权法》第190条第2款给出的答案是“租赁关系不得对抗已登记的抵押权”。从表面上看，该法条似乎已经对两种权益的处理给出了导向意见，然而由于这一表述过于简练，其对“抵押权的实现是否当然排除买卖不破租赁”“如何考虑除去与否的影响因素”“除去该遵守怎样的程序与规则”都未能详尽。在这样的背景

---

* 张莹雪，中南财经政法大学法学院2017级硕士研究生。

下,关于《物权法》第190条第2款,特别是对其中最具有核心导向性的“不得对抗”一词含义的讨论,就引起了学界广泛的关注。但无论是理论界还是实务界,不论是我国立法还是外国规定,对于该权利冲突的解决观点均有不同。因此通过深入探析“不得对抗”的含义,可以采撷各种学说的合理观点,借鉴国外制度的先进设置,由此助力于我国在该问题审判中合理性与公正性的实现,保护抵押权人和承租人最根本的利益。

一、《物权法》第190条第2款的法条解读

于2007年10月1日起开始施行的《物权法》第190条第2款规定:“抵押权设立后抵押财产出租的,该租赁关系不得对抗已登记的抵押权。”此法条背后,暗含了法律对于租赁关系中承租人租赁权益及抵押关系中抵押权人权益的博弈与平衡,是一条具有规则性、指导性的法条。但是由于法条只是在原则上进行了概括性的指导,且部分表述具有模糊性,实际中的大量具体问题无法依据法条本身文义解释进行处理,所以探究法条背后传达的立法者的价值判断以及解读各种利益间的冲突与衡平就显得尤为重要。

(一)法条适用的权利前提

此法条适用的权利前提,首先是抵押权已经设立,依据《物权法》规定,不动产抵押权的设立必须满足抵押合同成立并生效,抵押人有处分权,抵押物已登记的生效要件。动产抵押权的设立必须满足抵押合同成立并生效、抵押人有处分权的生效要件,且对于《物权法》第190条第2款的适用,动产抵押还必须满足登记的对抗要件。此乃第190条第2款中抵押权设立的条件。

其次,对于租赁权的成立,我们应从两方面进行探讨。一方面,当租赁合同已签订并生效,承租人就享有要求出租人按照约定交付租赁物的权利,这是一种纯粹债权性的权利,适用债权的相对性及平等原则,多见于租赁合同纠纷的处理;另一方面,租赁权具有“物权化”的性质,这一层面上,租赁权意指承租人对租赁物进行占有使用的权利,这种权利具备“占有”这一公示性的表征,会产生“物权化”与特殊保护的问题。[1] 虽然我国立法对此并未明确加以区分,但法院在不同问题的处理上,仍会适用不同的租赁权判断标准,并进行不同的处

[1] 参见刘贵祥:《执行程序中租赁权的认定与处理》,载《人民法院报》2014年5月28日,第8版。

理。本文所探讨的租赁权实为第二种"物权化"的租赁权,所以此时租赁权需满足租赁合同成立并生效,承租人对租赁物已经占有并使用的成立条件。

(二)法条适用的顺序前提

在《物权法》第190条第2款规定的"抵押权设立后抵押财产出租的"语境下,可以判断出此法条适用的顺序前提是:抵押权成立在先,租赁权成立在后。那么要想判断两个权利的成立顺序,则必须先确定两个权利成立的时间节点。

首先,依据《物权法》第9条的规定,不动产抵押权的成立节点以登记时间为准,节点明晰,容易判断。而动产抵押权由于不以登记为生效要件,其于抵押合同生效时就已经设立,因此在一般意义上抵押合同的生效时间即为判断动产抵押权是否成立的节点。但在《物权法》第190条第2款的语义下,未经登记公示的动产抵押权不具有此法条规定的对抗效力,所以此时动产抵押权的节点应以登记为准。这样不仅可以有效避免抵押双方通过虚假串通更改合同签订时间,以达到利用法条的效果,而且也可以促使抵押双方当事人重视登记效力,彰显登记的公信力。

其次,在租赁权成立节点的判断上,由于租赁权为占有用益权,承租人须得取得占有,才能拥有用益权能,取得用益价值。[2] 所以租赁权的成立时间以占有作为首要的判断节点最为合适。同时,作为公示公信方面最符合外观主义的登记节点来说,由于我国租赁登记制度尚不成熟,以登记节点作为辅助判断标准较为合适,其不仅可以在占有节点模糊时起到辅助判断作用,也可以在一起程度上起到推动租赁登记制度发展的作用。此外,还存在以租赁合同的生效时间作为节点判断的情况,但由于合同的签订具有较大的随意性,出租人与承租人可以通过恶意串通虚构租赁合同、修改租赁合同签订时间,以损害抵押权人的利益。所以以租赁合同签订时间作为判断节点,在效力上是明显弱于占有与登记的。通过以上分析并参考我国《关于审理城镇房屋租赁合同纠纷案件司法解释的理解与适用》第6条"一房数租且合同均有效的情况下,人民法院按照已经合法占有租赁房屋的,已经办理登记备案手续的,合同成立在先的顺序确定履行合同的承租人"的规定,可知:对于租赁权成立节点的判断应遵循"占有为首,登记其次,合同再次"的顺序。

---

〔2〕 参见鲍家志、蒙旭:《论租赁权的本质——占有权》,载《广西政法管理干部学院学报》2005年第6期,第88页。

(三)"不得对抗"含义的多种观点

对于《物权法》第190条第2款来说,最重要的是它试图为两种权利的冲突制定解决规则,但是对于法条中"该租赁关系不得对抗已登记的抵押权"的"不得对抗"这一表述,在实际运用中存在理解上的差异,且根据结合运用的法条不同,解读亦有不同。

1. 当然除去说

有学者认为,此处的"不得对抗"意指,在先抵后租的情形下,抵押权人有权为实现抵押权而请求法院除去抵押物上存在的租赁关系,恢复抵押物设定抵押权时没有租赁负担的状态再进行处分。[3] 这种观点所持的是当然除去抵押物上租赁关系,当然排除"买卖不破租赁"的理念。在此观点下,凡是在抵押权实现时,抵押物上负担有租赁关系的,租赁关系在抵押权人行使其抵押权时即应归于消灭。支持这一观点的学者以"物权优于债权"的一般原理及权利设立时间的先后顺序作为其支撑依据。但这两点理由显然都无法完成对"不得对抗"下"当然除去"含义的合理性支撑。首先,"物权优于债权"的一般原理未关注到租赁权具有的特殊性,否定了"买卖不破租赁"原则下租赁权拥有的对抗物权效力。其次,此种观点对于租赁关系对抵押权实现的影响不做详加考虑,单纯以权利设立的先后顺序作为权益保护判断的核心,[4]通过租赁权设立时间在后来否定对其保护的必要,实属对承租人保护的忽视,明显不具有合理性。然而,在我国审判实务中,以"当然除去"的观点进行判决的案例不在少数。

【案例】龚健钱、中国邮政储蓄银行股份有限公司宁波北仑区支行案外人执行异议之诉[5]

(2017)浙02民终1009号

案情简介:2009年1月1日,原告龚健钱与被告余丽珍签订了一份《房屋租赁合同》,租期5年,租赁关系应于2014年12月31日终止。2014年11月3日,被告与邮政银行北仑支行签订了关于该房屋的抵押合同并办理了登记,邮

[3] 参见黄晓林、张国华:《不动产抵押权与租赁权的冲突与协调》,载《法学杂志》2002年第4期,第62页。

[4] 参见沈丽萍:《抵押权与租赁权冲突问题探讨》,载《中北大学学报》(社会科学版)2011年第3期,第37页。

[5] 宁波市中级人民法院(2017)浙02民终1009号民事判决书。

政银行北仑支行取得房屋抵押权。而后,在第一份《房屋租赁合同》届满时,原告龚健钱与被告余丽珍又签订了租期为2015年1月1日至2017年12月31日的第二份租赁合同。自2009年起,原告龚健钱一直占用并使用着该房屋。后由于被告无力偿还欠款,邮政银行北仑支行向法院起诉,并于2016年4月20日向原审法院申请强制执行,执行过程中原审法院裁定拍卖涉案房屋。原告龚健钱作为房屋承租人以案外人名义提出案外人执行异议申请,原审法院裁定驳回。后原告龚健钱提起执行异议之诉,请求保护其对该房屋所享有的租赁权,并带租拍卖。

法院认为:由于原告取得房屋租赁权的凭证是第二份《房屋租赁合同》,订立时间在2014年11月3日抵押权设立之后,为新成立的租赁关系,属于“抵押权设立后抵押财产出租的”的情形,所以该租赁关系“不得对抗”已登记的抵押权,应予以排除。故原告要求确认其对该房屋所享有的租赁权并带租拍卖之诉请,无法律依据,不予支持。

明显可见,本案中法院依据《物权法》第190条第2款“不得对抗”四字,当然除去了该涉案房屋上的租赁关系,而对租赁权的存在对抵押权的实现是否具有现实妨害性不加以任何考虑,这样的判断忽视了长期以来一直占有并使用该房屋的承租人权益,实属不妥。但是在审判实务中,以该理由和观点进行审判已成为普遍现象。在其他类似案件中,与“深圳市HHD投资发展有限公司房屋租赁合同纠纷案”判决〔6〕中展现的“《物权法》第190条第2款明确规定了‘买卖不破租赁’原则的例外,本案属于抵押在前,出租在后的情况,不能适用‘买卖不破租赁’原则”一致的表述屡见不鲜。“当然除去”的观点不得不说已成为案件审判中的主流观点。在此情况下,不对承租人权益加以考虑,只对法条进行简单运用的审理思路,使众多承租人感到利益受损而无能为力。

依据“无讼案例网”的词条键入(图1)分析:〔7〕截至2018年1月17日,键入“租赁关系不得对抗已登记的抵押权”时,审判结果中出现的“优先受偿、抵押、拍卖、排除妨害、物权保护”占全部适用《物权法》第190条第2款进行判决的案例比例高达80%,而“停止执行、继续履行”仅占11%左右。由此可见,对

〔6〕 深圳市中级人民法院(2016)粤03民终8727号民事判决书。

〔7〕 数据及图表来源:无讼案例网:https://www.itslaw.com/bj,最后访问日期:2018年1月17日。

“不得对抗”的含义作“当然除去”理解已为普遍。

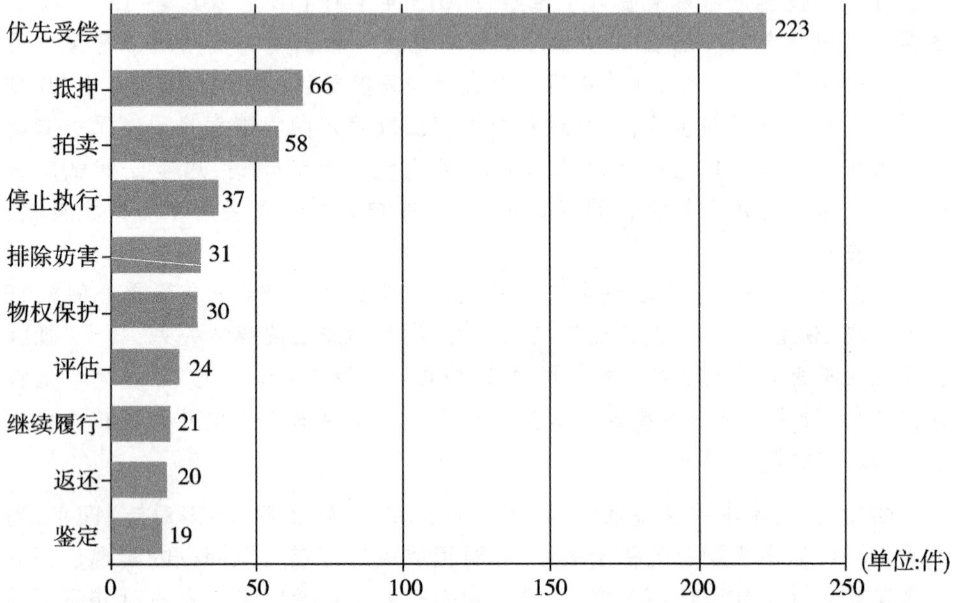

图1

2. 依买受人选择除去说

也有学者认为,此处的“不得对抗”应根据法院审判实务中结合运用的《最高人民法院关于适用〈中华人民共和国担保法〉若干问题的解释》(以下简称《担保法解释》)[8]第66条进行解读。《担保法解释》第66条规定:“抵押人将已抵押的财产出租的,抵押权实现后,租赁合同对受让人不具有约束力。”从这一角度上看,《担保法解释》避开了抵押权人与承租人之间的对抗焦点,通过对抵押物处理后买受人与承租人纠纷解决的角度进行了利益权衡的暗示。结合运用这一法条的背后,所体现出的“不得对抗”的含义是:抵押物上负担的租赁关系不必然在抵押权实现时就当然除去,而是将选择的权利交由抵押财产的买受人决定,买受人可以选择解除原先的租赁合同,承租人没有权利请求继续承

[8] 《最高人民法院关于适用〈中华人民共和国担保法〉若干问题的解释》于2000年9月29日由最高人民法院审判委员会第1133次会议通过。

租先前的抵押物,法律给予了抵押权人实现抵押权的优先保护,继而给予买受人自由选择的保护,而将承租人的利益放在了最后。这样的“不得对抗”不仅体现了承租人租赁权次于抵押权人,也体现了其次于抵押物买受人的观点。但这种观点在司法审判中会产生忽视承租人权益的结果,无法实现各方利益的良好衡平。

【案例】原告重庆市渝北区某某殡仪馆与被告周某房屋租赁合同纠纷案[9]

(2011)江法民初字第05593号

案情简介:1999年长城公司和工商银行签订了最高额抵押合同,长城公司以其房屋作担保,并办理了抵押登记。2009年4月长城公司与本案被告周某签订了《租房协议》,租期20年,合同签订后即交付使用。2009年9月由于长城公司到期未偿还银行欠款,工商银行向法院起诉要求实现抵押权。司法拍卖中本案原告某某殡仪馆拍得该房办理了过户,并要求被告周某返还其租赁的房屋。被告周某辩称:买方知悉此租赁关系的存在而竞拍,就应当承受此房屋上的租赁关系,继续履行租赁合同。

法院认为:本案讼争房屋属于先抵押后出租的情况。依据《物权法》第190条第2款规定,在已登记的抵押财产出租的情形下,该租赁关系不得对抗已登记的抵押权,因此该案不适用“买卖不破租赁”之规则。同时,依据《担保法解释》第66条第1款的规定:抵押人将已抵押的财产出租的,抵押权实现后,租赁合同对受让人不具有约束力。综上,本案讼争房屋已由某某殡仪馆通过司法拍卖方式取得所有权,原《租房协议》内容对受让人某某殡仪馆没有约束力,在某某殡仪馆不同意沿袭原租房协议的情况下,周某没有继续使用租赁房屋的权利。故:依据《担保法解释》第66条、《物权法》第190条,判决被告向原告返还其所占用的房屋。

此案例即为法院适用《物权法》第190条及《担保法解释》第66条进行判决的典型案例。案例中,法院认为《物权法》第190条第2款的“不得对抗”表明了排除适用“买卖不破租赁”的规则,抵押权优于租赁权。并且依据《担保法解释》第66条,确认了抵押物上的租赁关系不对买受人有约束力。但法院未考虑到:带租拍卖的抵押物在价格上一般会给予买受人较大优惠,买受人竞拍时已

---

〔9〕 重庆市江北区人民法院(2011)江法民初字第05593号民事裁定书。

得知房屋上设有租赁的信息(司法拍卖公告上会公布抵押财产的全部信息包括其上的租赁情况),此时其竞拍意味着接受抵押物现状下的价格,若其在竞拍成功后又要求解除租赁关系,就等于是享受了双重优惠。这样的判决对买受人的权益保护是极具有偏向性的,而对承租人利益的保护却是完全予以忽视的。基于对各方利益衡平的角度看,这是极不合理的。

3. 有影响时除去说

另有学者认为,"租赁关系不得对抗已登记的抵押权",并不是指租赁关系因抵押权的实现而当然消灭,而是只有在承租人的主张与抵押权人的利益相冲突的时候,承租人的利益才会让位于抵押权人的利益。[10] 如抵押权的实现不因抵押物上存在的租赁关系而受到影响,则仍应适用"买卖不破租赁"原则,维持抵押物上租赁关系的存在,保障承租人的权益。以上观点的支撑来源于法院在审判中结合运用的《最高人民法院关于人民法院民事执行中拍卖、变卖财产的规定》(以下简称《拍卖、变卖财产的规定》)[11]第31条第2款"拍卖财产上原有的租赁权及其他用益物权,不因拍卖而消灭,但该权利继续存在于拍卖财产上,对在先的担保物权或者其他优先受偿权的实现有影响的,人民法院应当依法将其除去后进行拍卖"的规定。此观点较之前两种观点具有灵活性与合理性,但其未对租赁权之存在对抵押权实现的影响判断进行说明,因此导致了承租人与抵押权人的权益衡平无法发挥其应有的效果。特别是现实中,当抵押权与租赁权均存在于同一物上,且抵押权要进行价值实现时,两者不产生冲突的情况较少,租赁关系的存在或多或少会对抵押物实现的价格、处理上的困难程度产生影响,如此是应当在有影响时就依法将其除去,抑或是在产生的影响达到何种程度时予以除去,无论是在程序上还是标准上,该法条及该观点均未给出回答,这会造成实际审判中的不确定性。那么出于对同案不同判情况的避免,往往在有影响的情况下,除去抵押物上的租赁关系就成了判决首选,如此对承租人权益保障的效果往往无法令人满意。

---

〔10〕 参见程啸:《论抵押财产出租时抵押权与租赁权的关系——对〈物权法〉第190条第2句的理解》,载《法学家》2014年第2期,第54页。

〔11〕 《最高人民法院关于人民法院民事执行中拍卖、变卖财产的规定》由最高人民法院于2004年11月15日颁布。

【案例】信德佳(厦门)实业有限公司与厦门金达昌科技有限公司、吴文冲等案外人执行异议之诉[12]

(2016)最高法民申3536号

案情简介:2013年12月16日,本案涉案房产承租方信德佳公司与出租方忆辉公司签订了《房屋租赁合同》。此前,忆辉公司曾就该房产于2013年1月28日、2013年12月2日与厦门兴业银行、洪俊斌分别设立了抵押权。后因忆辉公司无力还款,经诉讼、执行,法院要求信德佳公司腾空、迁出涉案房产,信德佳公司不服提起案外人执行异议之诉。经一审、二审败诉后信德佳公司提出了再审申请,其理由为:二审判决对“不得对抗”解释不当,既然房产信息已经披露并拍卖成功,则证明租赁关系并不影响抵押人权益,不应归于消灭。且依据《拍卖、变卖财产的规定》除去租赁权仅存于拍卖程序,拍卖结束后除去并无法律依据,所以只要租赁权在抵押权实现时并未终止,仍应适用“买卖不破租赁”规则。最后,依照我国现行拍卖法律制度和拍卖行业惯例,案涉房产的拍卖系带租约拍卖,信德佳公司有权继续租赁使用案涉房产。

再审法院认为:在先抵后租情况下,租赁关系对抵押权实现有影响的,租赁权不得对抗已登记的抵押权。在本案执行中,案涉房产的评估价为13,318.99万元,第一顺序抵押权人的债权额为12,063.87万元,第二顺序抵押权人的债权额为4500万元,执行标的价值尚不足以清偿抵押权,租赁权的存在影响抵押权实现,执行标的最终以8524.15万元成交的结果也印证了这一事实,属于有影响,不得对抗的情形,该租赁关系对买受人金达昌公司不具有约束力。

本案中,再审法院的判决理由并不具有充分的说服力,对于是否存在影响的判断也不具有应有的严谨性。且不论涉案房产的评估价格本身即无法达到足以清偿的效果,而且拍卖的影响因素诸多,拍卖成交价格通常情况下都无法与评估价格一致,此时,仅凭首轮拍卖成交价格低于评估价格即判定租赁权存在影响,应予除去,是不合理的,也无法使人信服。由此可见,“存在影响时除去的观点”在何种影响、影响程度如何等方面都具有模糊性,如若不加以清晰的标准及程序规制,则此观点亦无法成为“不得对抗”含义的合理解释。

综合法律规定、法院审判实务以及观点学说分析,以上三种观点在抵押权与租赁权利益衡平的处理上都存在问题,但在审判实务中,无论是《物权法》第

---

〔12〕 最高人民法院(2016)最高法民申3536号民事裁定书。

190条第2款自身,还是其与以上两个司法解释相结合,都已被普遍运用。对此,笔者依据“无讼案例网”的数据检索功能,对法条内容的适用情况进行了归纳,[13]力图以更清晰的表格形式(见表1)将数据予以呈现。

表1 法条内容的适用情况

类型	显示的文书数量	数据分析	所依观点
以《物权法》第190条第2款为裁判依据	1600篇	单独适用作为判决依据的文书数量为483篇	当然除去
以《担保法解释》第66条第1款为裁判依据	748篇	与《物权法》第190条第2款结合运用进行判决的文书数量为425篇	依买受人请求除去
以《拍卖、变卖财产的规定》第31条第2款为裁判依据	369篇	与《物权法》第190条第2款结合运用进行判决的文书数量为208篇	对抵押权实现有不利影响时除去

依据以上表格的数据显示,涉及“先抵后租”情况的利益纠纷,数量十分庞大。尽管这其中多数案情具有极大的相似性,但却可能因审理法院适用的法条不同,对“不得对抗”的理解不同,导致最后的判决结果也有所不同。所以,探析“不得对抗”含义下权益冲突的合理解决路径具有十分的必要性和急迫性。那么为了进一步对问题进行剖析,回归到《物权法》第190条第2款确立的“不得对抗”规则与《合同法》第229条确立的“买卖不破租赁”规则本身,“不得对抗”的含义究竟是什么;“不得对抗下”抵押权与租赁权的矛盾究竟如何处理;“不得对抗”是否意味着排除“买卖不破租赁”的适用,还是在符合何种条件下才排除“买卖不破租赁”的适用?对于以上疑问,应在结合比较抵押权与租赁权权益实现背后的价值以及借鉴其他国家和地区的立法经验后予以解答。

二、“不得对抗”下权益价值及域外立法的比较分析

(一)抵押权与租赁权权益保护价值的比较分析

抵押权是指债权人对于债务人或第三人提供的不转移占有而作为债务履

[13] 前引7。

行担保的财产，在债务人不履行债务或发生当事人约定的实现抵押权的情形时，可就该财产折价或者就拍卖、变卖该财产的价款优先受偿的权利。[14] 抵押权属于约定的担保物权，当事人可依据抵押合意，自由地对抵押财产、期限、担保范围等事项进行约定，并在抵押合同或者主债权合同的抵押条款中予以明确，以达到保障交易安全、优先于普通债权人或顺序在后的抵押权人得到受偿的目的。

法律之所以进行这样的设置，是因为在现实交易中，债存在很大的风险性，它的实现有赖于债务人相应的作为或不作为，而抵押权制度通过引入抵押物的价值作为债权的担保，防止了债务人于履行期限届满时消极逃避的不作为，[15] 从而使双方间的利益趋于平衡，交易安全得到保证。因此，抵押作为“担保之王”，其制度的设立体现的是法律保障债权人的合法权益、促进达成交易、维护市场信用等一系列重大价值。

租赁权，是指承租人依据租赁合同所取得的权利，即承租人依据租赁合同约定方法对租赁物占有、使用、收益的权利。[16] 虽然租赁权是一种债权，但是由于其占有的公示化表征以及诸多特殊问题的解决需要，租赁权被赋予了一些一般债权所没有的准物权的特征。租赁权的这种准物权特征最突出的表现即为租赁权的对抗效力，也即我们最为熟悉的“买卖不破租赁”规则。所谓买卖不破租赁是指，在租赁关系的存续期间，租赁物的所有权人改变租赁物权利状态的，承租人可根据其与出租人之间合法有效的租赁关系来主张其租赁权，不受物权变动的影响。

若无此对承租人加以倾斜保护的规定，则拥有处分权的所有人可以随时改变租赁物的物权状态，从而使承租人对租赁物的使用处于极不稳定的劣势境地。如此承租人的权益无从保护，其对租赁物的合理、持续利用也无从谈起。所以为了保护处于弱势地位的承租人，稳定正常的经济秩序，节省不必要的另立租赁合同的行为成本，“买卖不破租赁”规则应运而生，它打破了所有权的绝对规则，将物的利用发挥到最佳状态，符合社会对公平正义的追求，满足社会经

---

〔14〕 参见王利明:《民法》，中国人民大学出版社 2010 年版，第 308 页。

〔15〕 参见孙玉芸、杨振华:《抵押权制度的价值目标及其实现》，载《江西科技师范学院学报》2006 年第 5 期，第 32 页。

〔16〕 前引 4，沈丽萍文，第 37 页。

济效益。[17]

因此,综合两种权益展开的价值分析可知,抵押权具有优先受偿性,其往往可以对抗普通债权人在先获得债务清偿,但作为约定担保性质的抵押权,在诸多法律规定下其又是无法对抗各类法定优先权的。依现行法律规定,抵押担保不能对抗建设工程承包人的优先受偿权,[18]不能对抗未清偿的职工债权,[19]不能对抗划拨土地使用权出让金收取权[20]等。深入分析抵押权作为具有约定性质的优先受偿权,之所以在许多情况下不能对抗法定优先受偿权,是因为法律对某些权利设定了更深层次、更优益的保护。这些法律所特殊加以优先保护的权利,要么体现着法律对于弱势群体利益的衡平照顾,以维持社会稳定,凸显法律的公平正义价值,要么体现着法律对于集体抑或国家权益重要性的维护。因此,作为同样由法律特殊保护的承租人,在《物权法》第190条第2款设立的"不得对抗"的语境下,是否也应毫无例外地先于抵押权受到保护呢?依据《合同法》第229条规定:"租赁物在租赁期间发生所有权变动的,不影响租赁合同的效力","买卖不破租赁"规定的是在租赁契约"存续期间"发生的物权变动不能影响租赁权,而《物权法》第190条第2款适用的前提是"租赁权设立前"即存在抵押权。由此虽然承租人应受特别保护,但在先抵后租的情况下,其也确实不满足完全适用"买卖不破租赁"的条件。此时面对在先设立并登记的抵押权,租赁权会丧失对抗效力,无法先于抵押权受到优先保护,但这并不意味着当然排

[17] 参见孙莉莉等:《买卖不破租赁规则的法律价值研究》,载《经济师》2011年第4期,第82页。

[18] 《中华人民共和国合同法》(1999年)第286条:"……发包人逾期不支付的……建设工程的价款就该工程折价或者拍卖的价款优先受偿。"《最高人民法院关于建设工程价款优先受偿权问题的批复》(于2002年通过):"人民法院在审理房地产纠纷案件和办理执行案件中,应当依照《中华人民共和国合同法》第二百八十六条的规定,认定建筑工程的承包人的优先受偿权优于抵押权和其他债权。"

[19] 《企业破产法》(2006年)第132条:"本法施行后,破产人在本法公布之日前所欠职工的工资和医疗、伤残补助、抚恤费用,所欠的应……优先于对该特定财产享有担保权的权利人受偿。"

[20] 《担保法》(1995年)第56条规定:"拍卖划拨的国有土地使用权所得的价款,在依法缴纳相当于应缴纳的土地使用权出让金的款额后,抵押权人有优先受偿权。"

除了租赁关系或者租赁关系绝对不复存在。[21] 正如扬州市邗江区人民法院执行局局长张玉群所说:《物权法》的立法表述仅是"不得对抗",并非把成立在后的租赁权一概确认为无效。[22] 租赁关系的存续与否应取决于抵押权的实现是否会受到该租赁权存在的妨害。若不妨害,租赁权当然可以继续存在,并以其对抗效力对抗抵押物的买受人;若存在现实妨害,租赁权才应被做出除去处理,随后再对抵押物进行拍、变卖。

(二)日本及我国台湾地区立法中"不得对抗"的比较分析

虽然在不同国家和地区的立法上对抵押权与租赁权的协调规定有所不同,但是其均有助于对《物权法》第 190 条第 2 款"不得对抗"含义进行更好的理解。鉴于日本在抵押权与租赁权利益衡平立法上的丰富经验,以及一直以来我国台湾地区民法经验在整体上对我国大陆的影响之大,本文将从日本及我国台湾地区的立法表述出发,比较其对在先的抵押权人和在后的承租人利益协调的不同方法。

《日本民法典》原第 395 条规定:"不超过第 602 条规定期间的租赁,虽在抵押权登记后为登记,亦得以之对抗抵押权人。但其租赁权对抵押权人发生损害时,法院得因抵押权人的请求,命令其解除。"[23] 也就是说,若租赁关系满足第 602 条的规定,则其具有对抗在先抵押权的效力,即使其登记在后,仍然可以适用"买卖不破租赁"原则,承租人可对抗抵押物的买受人。但当租赁权对抵押权的实现有损害时,抵押人有权利请求法院在除去该租赁上的负担后再对抵押物进行处理。但由于该规定在日本审判实践中往往被滥用,严重损害了抵押权人的利益,所以 2003 年日本于修订民法典时将其进行了修改。修改后,在肯定租赁权不能对抗抵押权的情况下,以缓期交付制度实现了对承租人的利益保护。

在我国台湾地区,其"民法典"第 866 条规定:"不动产所有人设定抵押权后,于同一不动产上,得设定地上权或其他以使用收益为目的之物权,或成立租赁关系。但其抵押权不因此而受影响。前项情形,抵押权人行使抵押权受有影

---

〔21〕 参见欧阳明华:《试论抵押权与租赁权的关系》,载《现代交际》2016 年第 11 期,第 60 页。

〔22〕 参见张玉群:《执行程序中"买卖不破租赁"的适用及例外》,载《江苏经济报》2015 年 11 月 11 日,B03 版。

〔23〕 前引 10,程啸文,第 53 页。

响者,法院得除去该权利或终止该租赁关系后拍卖之”。仔细分析该法条,并与《日本民法典》修改前的规定作对比,我们可以看到,台湾地区“民法典”并未有在后租赁权“亦可对抗”在前抵押权的表述,其更为强调的是抵押权不因此受到影响。对于如何认定“影响”,在台湾无论是实务界还是理论界都达成了共识——“所谓影响者,是指因地上权等用益物权或租赁关系的存在,导致抵押物无人应买,或出价不足以清偿担保债权”。〔24〕那么我们可以理解为,在后成立的租赁关系并不当然具有对抗在先抵押权的效力,但这并不当然意味着租赁关系无效,只是若其导致抵押物无人竞买或不能清偿债权,则应予以除去。这样的规定较为灵活,注重了保护在后承租人的稳定利益,因此,亦有学者认为:我国台湾地区规定的后设租赁权不得影响先设抵押权,仍是建立在“买卖不破租赁”的逻辑基础之上的。〔25〕

综合日本立法的先后修改经验及我国台湾地区的立法表述,可以看到,虽然两部法律均承认了抵押权的实现具有优先于租赁权的地位,但也均对承租人利益的保护给予了高度的重视,对于权益的衡平处理进行了相关设置,以达到维持秩序稳定的目的。

三、“不得对抗”下权利衡平的解决路径

(一)“不得对抗”应为“有条件的除去”

要想合理探析“不得对抗”的含义,就必须要坚守利益衡平的基本处理原则,充分考虑承租人与抵押权人的利益,并协调双方的冲突因素,使双方的利益在共存和相容的基础上,达到合理的优化状态。〔26〕因此在比较了抵押权与租赁权实现背后所保护权益的价值,分析了其他国家和地区的立法表述后,为了更好地兼顾抵押权人与承租人利益,亦使“买卖不破租赁”原则在其可适用的范围内发挥最佳效用,笔者认为对《物权法》第190条第2款情况下的“不得对抗”做“抵押权人适度容忍,承租人适度保护的,有条件的除去租赁关系”这一解释较

---

〔24〕 王泽鉴:《民法物权》,北京大学出版社2010年版,第375页。

〔25〕 参见孙鹏、王勤劳:《抵押权与租赁权的冲突与协调》,载《法学论坛》2009年第2期,第21页。

〔26〕 参见前引22,张玉群文。

为合理。这也正与日本民法学者近江幸治提出的协调二者之间矛盾冲突,在一定条件下,抵押权人对承租人的权利持"容忍"态度的观点一致。近江幸治认为:为了避免在后产生的受益权明显处于不安定地位,对其进行一定程度的保护是必要的,这也是作为一个社会的政策判断需要被承认的。[27]

对《物权法》第190条第2款"不得对抗"含义作"有条件除去"的理解,是在"有影响时除去"观点的基础上,对《拍卖、变卖财产的规定》以外的领域的扩大适用。新增了抵押权人对租赁关系的适度容忍原则,使其在租赁关系对抵押权的实现有影响但影响较小的条件下,不必然被除去,进而保护了承租人的权益。同时,"有条件除去"将关注的焦点更多地放在了除去条件的严格限制上,更加注重了对于是否具有妨害的分析判断,更进一步促使法院考量租赁关系的相关因素,相比于只要存在影响就当然除去,此种观点加大了对于承租人权益的保护力度。因此,基于以上解释,我们应将关注重点放在"是否应除去"的条件考量上:

1. 考虑剩余租期及租金条件

在实践中,租赁关系的存在往往都会对抵押权的实现产生影响,但是这个影响会依据租赁关系本身的条件而呈现出程度上的不同。对于抵押物上存在的剩余租期较短的租赁关系,其对抵押权实现的影响是较小的,虽然不除去租赁仍会在一定程度上影响抵押物的实现价值,但抵押权人应进行适度的容忍,抵押权人可以通过协商或者法院带租拍卖等方式实现抵押权。

这种考虑租期继而判断是否除去租赁关系的方式,在国外许多立法中都曾出现。例如,《日本民法典》于2003年修改前曾设立过"短期租赁保护"制度,对于符合《日本民法典》第602条规定的短期租赁关系(此处只局限于不动产,山林为10年,山林以外的土地为5年,建筑物为3年),[28]其可以对抗抵押权人。就该制度的实质而言,仍是对"买卖不破租赁"原则的有条件适用,其欲以租赁关系在短期时效内不因抵押权的实现而消灭,来防止在处理抵押权与租赁权矛盾冲突时的极端做法。[29] 但由于该法条更重视租赁合同内容上对于租期的时

---

[27] 参见[日]近江幸治:《担保物权法》,祝娅等译,法律出版社2001年版,第151页以下。

[28] 同上。

[29] 参见前引3,黄晓林、张国华文,第64页。

间规定,反而使大批抵押人利用该法条以达到规避抵押权实现的效果。归结其中原因,其实行的失败在于:法条对短期租赁的短期期限设定过长,判断上不够灵活,且以租赁合同约定的期限作为判断标准,均不够合理。对此,笔者主张应以抵押物实现时剩余的租赁期间作为衡量其对抵押物实现影响的判断标准,并加重对于占有、登记等涉及租赁关系真实性方面的考察,结合我国具体的租赁实况对剩余租期的容忍度进行衡量,以达到理性、灵活的判断。综合以上分析,虽然日本的"短期租赁保护"制度由于严重损害了抵押权人的利益而被废止,但其中传达出的"租赁关系相关因素的多方面考量"这一观点,仍具有借鉴意义。

除租赁剩余期限外,租金也是"是否除去"租赁关系应考虑的必要因素。对于租赁物上负担的"租金收益可观且未大部分交付给出租人"的租赁关系,其较之"租金收益预期小,承租人已经支付了全部或大部分租金"的租赁关系,自然具有"不除去"的优越性。对于租赁物上负担的租金收益较好的租赁关系,法院应在判断时予以考虑,虽然此时带租拍卖的实现价值可能会低于无租赁关系时抵押物的价值,但抵押权人仍应采取适当的容忍,不能因存在影响就当然除去。

综上,当抵押权实现时,其上剩余租期较短或租金预期收益较大时,则不具备除去抵押物上租赁关系的条件。

2. 考虑抵押物的价值与清偿条件

抵押权人就抵押物交换价值的实现目的即为获得清偿,因此当抵押物价值高于抵押人的债务数额,或抵押权的实现可以满足抵押权人的清偿要求时,尽管租赁关系的存在可能会对抵押权实现的过程和最终价格产生一定影响,但其均不会对抵押权人的利益产生妨害,因此不存在除去抵押物上租赁权的必要。在佛山市南海区农村信用合作社联合社营业部与佛山市南海区大沥通用铝型材厂等借款合同纠纷案[30]的执行中,法院正是在这一观点的基础上,依据《拍卖、变卖财产的规定》第31条第2款及《物权法》第190条的规定,在涉案房产评估价值412.2万元远远超出大沥型材厂对农村信用社的欠款326万元的情况下,作出即使不除去涉案房产上的租赁关系也不会妨害抵押权的实现,反而因房屋租金较高,可能会吸引相关潜在买受人的判断,维持了原租赁关系,较好地平衡了债权人和承租人之间的利益关系。

但在实务中,较难处理也较为常见的是抵押物价值不足以清偿抵押人债务

---

〔30〕 佛山市中级人民法院(2007)佛中法执三字第148号民事裁定书。

的情况。面对此种情况，判断租赁关系的存在对抵押权的实现是否有现实的妨害是最为重要的。在我国台湾地区，法院判定租赁关系的存在是否会对抵押权的实现产生妨害所采用的方法为“评估作价法”。即对同一不动产存在租赁与不存在租赁的两种情况分别进行估价，然后再以估定额为基础，同时结合抵押权人的债权，对是否具有妨害的影响进行判断。而在瑞士，其采用的是“双重报价方法”，即以进行拍卖后实际的报价而非评估价格作为判断的基点，执行法院将进行两次拍卖。[31] 第一次拍卖要负担租赁，若价格足以实现抵押权，则表明租赁的存在并不影响抵押权实现。若拍定的价格不足以实现抵押权，则进行不负担租赁的第二次拍卖，若价金高于首次报价，则表明确有影响，若不高于首次报价则反之。

观之我国大陆地区，法院对是否存在妨害的判定一般发生在拍卖程序上，其基本上适用的规则是《拍卖、变卖财产的规定》第 4 ~ 9 条，在拍卖开始前，先确定拍卖财产的拍卖保留价，而拍卖保留价一般建立在评估价的基础上，其无法规避实际拍卖价格与设想之间存在较大差异的缺陷。因此一旦拍卖价格与设想不一致，法院即易判定租赁关系的存在对抵押权实现具有妨害，应予除去，这是不够客观的。我国应借鉴瑞士双重报价法，增加与细化是否存在妨害的评估环节与评估标准。

首先，法院应对是否出现无人竞拍的情况予以考察。如果负担租赁的抵押物出现了无人竞拍的情况，法院不应立即判定除去租赁，而应该以不负担租赁的条件进行第二次拍卖。若第二次拍卖成功，未出现无人竞拍的现象，则证明租赁关系的存在确实会对抵押权的实现产生妨害，此时，属于满足了租赁关系除去的条件，法院应将租赁关系予以除去，以第二次抵押物无负担的状态实现抵押权。

其次，对于存在竞拍者，但抵押物自身价值偏低，其拍卖价格无论如何都不能满足主债权足额受偿的情况，是否具有妨害则主要看：租赁权的存在是否会进一步降低抵押物的拍卖价格。此时，应对抵押物进行负担、不负担租赁关系的两次拍卖，若不负担租赁权的拍出价格更高，则表明租赁关系的存在确实会对抵押权的实现产生妨害，此时满足租赁关系除去的条件，应予除去。

---

〔31〕 参见常鹏翱：《先抵押后租赁的法律规制——以〈物权法〉第 190 条第 2 句为基点的分析》，载《清华法学》2015 年第 2 期，第 53 页。

综上,有条件除去至少要考虑到:因抵押物上存在租赁关系致使抵押物无人竞拍或使抵押物价格低于无负担状态,进而导致无法达到无负担状态下的清偿效果时,才可依据“不得对抗”之规定,由法院将抵押物上的租赁关系予以除去,以优先保护抵押权人的利益。[32]

(二)“不得对抗”后权利的救济与衡平

在“抵押权人适度容忍,有条件除去抵押物上的租赁关系”这一理念下,在诸如:剩余租期长、租金廉价、租金已全部或大部分交付出租人、带租拍卖无人竞拍、不足清偿而无租拍卖竞拍成功等条件的考量下,往往要除去租赁关系对抵押权现实的妨害,以维护抵押权人的权益得以实现。但除去租赁关系,不等于放弃对承租人权益的保护,基于“利益衡平”的处理原则,应积极寻求对承租人权益的救济途径,以弥补承租人权益遭受的巨大损失。

1. 优先承租权

《最高人民法院关于审理城镇房屋租赁合同纠纷案件具体应用法律若干问题的解释》第22条规定:“出租人与抵押权人通过协议折价、变卖租赁房屋偿还债务,应当在合理期限内通知承租人。承租人请求以同等条件优先购买房屋的,人民法院应予支持。”可以看出,优先购买权的立法目的在于稳定租赁物的使用关系,更好地发挥物的效用,凭借该权利的行使,可以完美规避抵押物上交换价值实现时与使用价值间的冲突问题。因此不仅是在出租人与抵押权人协议折价、变卖时,而且在通过法院处理纠纷进行拍卖、变卖时,我们都应该注重对承租人优先购买权的维护,通过与抵押权人的积极协调,适用抵押权人适度容忍的原则,在满足条件的情况下,保障承租人优先购买权的行使,以此达到更好地解决利益冲突、衡平保护的目的。

2. 缓期交付制度

综观国外立法,无论是大陆法系还是英美法系的许多国家都在法律上对承租人交还租赁物的时间作了特别规定。而我国在这方面的立法是存在欠缺的,十分有必要借鉴国外的规定。

2003年日本在对其民法典进行修订时,以“缓期交付制度”替代了“短期租赁的保护制度”。修订后的《日本民法典》第395条第1款规定:当租赁权设立并登记于抵押权之后,承租人不能对抗抵押权人,但只要建筑物的承租人在拍

[32] 参见前引10,程啸文,第55页。

卖程序开始前已经对建筑物进行使用、收益,则在买受人买取该物起6个月内,承租人可暂缓搬离并将建筑物交付给买受人。〔33〕 这6个月的缓冲期使得承租人能够有足够的时间寻找新的住所,使其不至于突然陷入居无定所的恐慌,从而有利于社会秩序的稳定。另一方面,该制度还考虑到了维护买受人的利益,承租人在缓期搬离的居住期内,须向买受人支付相应的租金对价,其不能不当获利。如若承租人未支付该对价超过一个月,且经催告仍不支付的,其将丧失缓期利益。该制度考虑全面,兼顾各方,非常值得我国借鉴。

美国对此则规定有"宽限期规则",该规则与日本的缓期交付制度较为相似,均给予承租人一定的准备、缓冲期限,使其能够有时间寻找新的住处并完成搬迁。当然,在美国的规定中,承租人也必须支付相应的对价。不过与日本不同的是,联邦立法就宽限期限在《抵押权实现过程中承租人保护法》中予以90天的统一规定,〔34〕既充分保护了承租人的利益,也没有过分增加拍卖房屋买受人的负担,较为合理。

在我国,还未有类似解决抵押权人与承租人冲突的缓和规定,笔者建议应结合我国的具体情况,将该制度予以引入,更好地对承租人的权益进行保护。

3. 承租人优先获得保证金制度

韩国为了保护"不得对抗"下承租人的利益,设计了一套承租人的救济制度,十分具有独特性。依据韩国《住宅赁贷借保护法》第3条第1款第2项以及第8条第2款的规定:"即使不动产租赁物被强制执行,承租人仍有权享有保证金的优先受偿权,但租赁关系不得不终止。"〔35〕并根据韩国《住宅赁贷借保护法》第3条第2款的规定:"任何一个有对抗力的承租人在指定的日期,有权从不动产租赁物的转换价值中得到一笔保证金赔偿额,且优先于任何其他的债务人或者是物权人。受保护的享有优先权的租赁人和抵押权人处于同样的地位。"〔36〕

〔33〕 参见前引25,孙鹏、王勤劳文,第23页。

〔34〕 参见罗涛:《不动产抵押物租赁法律关系中的利益冲突与衡平》,西南政法大学2016年硕士学位论文,第37页。

〔35〕 金妍妍:《论不动产抵押权与租赁权的关系——以中韩比较研究为中心》,延边大学法学院2010年硕士学位论文,第23页。

〔36〕 同上。

这两个法条对我国的借鉴意义在于,依据我国《担保法解释》第66条第2款之规定,在出租人未书面告知承租人该财产已抵押的情况下,承租人对于因抵押权实现而造成的损失,是有权利向出租人追究赔偿责任的。但依我国法律规定,承租人此时享有的对出租人的索赔属于普通债权,并不具有任何优先性,其只能是排在抵押权人、其他具有优先权利的物权人以及成立在先的普通债权人后面,该法条欲达到的保护承租人的效果是几近渺茫的。虽然韩国的该制度源于其本土不动产制度的特殊性,无法在我国制度中予以借鉴,但是可以从韩国该制度的"优先性"中得到部分启发。若因租赁关系的存在对抵押物产生妨害,法院判决予以除去后使抵押权得以实现的,可否使租赁人与抵押权人处于同一序位,就抵押物的实现价款享有损害赔偿的优先取得权。这样,基于抵押权设立在先的优先性,基于"买卖不破租赁"规则下凸显的对于承租人的保护性,既可以使物上抵押权益与租赁权益得到较好的平衡,又可以保证承租人得到实际的救济。

结　　语

综合全文对不同学说观点、不同审判案例、不同法条运用的分析,基于对权利衡平所遵守的秩序、利益、正义的法律价值,对于"不得对抗"含义的解释至少应包含以下几点:(1)法律保护抵押权实现所具有的优先性不受租赁权的妨害,但抵押权人在其利益实现的过程中也应保持适度的容忍。(2)租赁关系不因抵押权的实现而当然除去,法律对承租人权益的保护应在"买卖不破租赁"规则可适用的范围内达到最佳。(3)除去的考量因素应全面客观,除去的程序应明晰公正,除去后的救济应及时有效。以此作为"不得对抗"含义的解析支点,可以得出"有条件除去"的利益协调学说,该学说更加注重对于除去条件的限制,加大了对承租人利益保护的力度,更加有利于促进人们对于除去条件的关注与设置,助力于"何时除去""如何除去"这一整套规则尽早地明晰。

(责任编辑:张琛)

论分期付款买卖合同解除权的行使规则

陈宝妮*

摘要：

分期付款的交易方式在社会主义市场经济的环境下已占据着越来越重要的地位，关于分期付款买卖的纠纷也日益频繁。《合同法》第167条赋予了分期付款买卖中的出卖人在一定条件下直接解除合同的权利，但并未规定解除权行使前买受人可采取相应的"补救措施"。此条文更加类似于《合同法》第94条第4项中对"根本违约"之解除权的立法模式，与保护买受人的立法宗旨存在明显的矛盾。指导案例67号的发布，再次提示我们应明确《合同法》第167条的适用范围及分期付款买卖合同解除权的行使规则。第167条应具有与第94条第3项之"催告"和"合理期限"相类似的、提示买受人履行合同以给予其补救机会的解除权行使之"前置条件"，以回归其立法宗旨。关于分期付款买卖合同解除权的具体规定，最终都应通过对法条的修改和细化予以完善，但现今阶段，利用法律解释方法弥补特殊规定存在的"疏漏"，无疑是最佳选择。

关键词：

分期付款；合同解除；《合同法》第167条；《合同法》第94条；合理期限

一、问题的提出

(一)指导案例67号案情概述及判决[1]

在最高人民法院于2016年9月30日公布的指导案例67号——"汤长龙诉

* 陈宝妮，中央财经大学法学院2017级硕士研究生。

[1] 最高人民法院(2015)民申字第2532号民事裁定书。参见最高人民法院网：《中华人民共和国最高人民法院指导案例67号：汤长龙诉周士海股权转让纠纷案》，载最高人民法院网：http://www.court.gov.cn/zixun-xiangqing-27831.html，最后访问日期：2018年3月5日。

周士海股权转让纠纷案”中,原告汤长龙与被告周士海于2013年4月3日签订了《股权转让协议》及《股权转让资金分期付款协议》。约定采用分期付款方式,将股权转让款合计710万元,分四期付清。具体见表1。

表1　汤长龙诉周士海股权转让纠纷案分期付款情况

付款日期	付款金额(万元)	付款额占总金额的比例(%)
2013年4月3日	150	21.13
2013年8月2日	150	21.13
2013年12月2日	200	28.17
2014年4月2日	210	29.57
总计金额	710	100

协议签订后,原告于指定日期依约向被告支付了第一期股权转让款,但逾期未支付约定的第二期转让款。被告遂在两个月后以公证方式向原告送达了《关于解除协议的通知》,以原告根本违约为由,提出解除双方签订的《股权转让资金分期付款协议》。原告收到《通知》后,即向被告转账支付了第二期股权转让款,并按照约定的时间和数额履行了后续第三、四期转让款的支付义务。但被告以其已经解除合同为由,如数退回股权转让款。原告遂向人民法院提起诉讼,要求确认被告发出的解除协议通知无效,并责令其继续履行合同。

根据一般常识及本案中双方特殊的“分期”交易方式可初步判断,当事人双方间的股权转让交易至少在形式上属于“分期付款买卖”的范畴。由表1可知,4笔股权转让款中的每一笔金额,所占总金额的比例都超过了五分之一。也即,若该股权转让交易被定性为“分期付款买卖”或参照《合同法》第167条关于分期付款买卖合同的规定适用,则原告(买受人)只要未支付或未按时支付任意一笔转让款,根据《合同法》第167条,出卖人都有权直接解除合同。

本案一审法院的判决即严格遵循了一般的审判思路和法律规定。〔2〕但二

〔2〕 本案一审法院认为,《股权转让资金分期付款协议》约定款项分期支付,可参照适用《合同法》第167条关于分期付款买卖的规定。且原告未按期支付的款项已经超过了全部价款的五分之一,被告有权解除合同。参见四川省成都市中级人民法院(2013)成民初字第1815号民事判决书。笔者无法查找到一审具体判决书内容,转引自万方:《股权转让合同解除权的司法判断与法理研究》,载《中国法学》2017年第2期,第257页。

审法院从案件的性质入手，根本上否认了分期付款买卖的相关规定可适用于股权转让交易。[3]

最高人民法院支持了二审法院关于“本案不适用《合同法》第167条”的意见，以“分期付款买卖仅适用于一般以生活消费为目的买卖”、“合同目的能够实现”、“诚实信用原则”及“维护交易安全”为由，判定被告行使解除权于法无据，合同应继续履行。[4] 由此可看出，最高人民法院主要从——有关分期付款买卖的规定的适用范围、合同履行过程中的一般解除情形（根本违约与一般违约）、分期付款买卖合同解除权的行使限制、交易安全——四个方面对本案给出了指导意见。

（二）关于《合同法》第167条在该案中的思考[5]

其一，根据以上法院判决，在指导案例67号中，首先出现的是法律适用上的问题。即涉案“股权转让协议”是否属于《合同法》第167条所规定的分期付款买卖合同，或者是否能够参照适用《合同法》第167条？一审法院认为，该协议可参照适用，但二审法院和最高人民法院均以“分期付款买卖仅适用于消费者为满足生活消费而与经营者订立的消费者合同”为由而拒绝适用。这便产生了关于《合同法》第167条之分期付款买卖合同的适用范围的界定问题。我国

---

[3] 二审法院认为，本案不适用《合同法》第167条关于买卖合同分期付款的规定，并确认被告周士海要求解除双方签订的《股权转让资金分期付款协议》行为无效，合同有效并应继续履行。参见四川省高级人民法院（2014）川民终字第432号民事判决书。

[4] 参见前引1。最高人民法院认为：第一，分期付款买卖多发、常见于经营者和消费者之间，一般是买受人作为消费者为满足生活消费而发生的交易，而本案买卖的标的物是股权，与一般以生活消费为目的买卖不同，不宜简单适用《合同法》第167条规定的特殊合同解除权；第二，原告已经在起诉前实际支付了股权转让款，且其在本案一、二审审理过程中，也明确表示愿意履行付款义务，因此双方订立《股权转让资金分期付款协议》的合同目的能够实现；第三，从诚实信用的角度，被告周士海即使依据《合同法》第167条的规定，也应当首先选择要求汤长龙支付全部价款，而不是解除合同；第四，从维护交易安全的角度，已过户登记到原告名下的股权，如果不是原告存在根本违约行为，动辄撤销合同可能对公司经营管理的稳定产生不利影响。

[5] 因本文主要讨论解除权，因此若无特别交代，文中出现的“第167条”均指《中华人民共和国合同法》第167条第1款。

《合同法》作为调整平等主体之间合同权利义务关系的基本法律,本应适用或者被参照适用于所有类型的合同。将其中的某一规范解释为仅限于消费者合同,这是否是对《合同法》第167条进行了不适当的限缩解释?第167条的适用范围应是什么?

其二,一审法院根据《合同法》第94条和第167条的规定,给予了被告行使解除权之合法性的"三重"理由,[6]但二审法院依据《合同法》第94条第3项认定被告无权解除合同,[7]且最高院在指导意见中也提到了在依据《合同法》第167条的规定行使解除权前,应有必要的"前置程序"。[8] 那么,《合同法》第94条作为规定了"催告义务"和"根本违约"的合同解除权的一般条款,和第167条在定位和适用上到底存在什么关系?

其三,在案件事实部分,原告虽逾期付款两个月之久,造成了迟延履行。但在合同目的完全能够实现的情况下,被告放弃请求原告支付全部价款的权利而直接选择解除合同。该行为从《合同法》第167条的角度来看完全合法,但从指导性案例的裁判理由中可以看出,法院认为这一做法违背了诚实信用原则。[9] 在司法实践中,法院对不经"补救措施"而直接行使解除权的行为之效力也一般不予认可。法律规范与司法实践的不一致是否人为改变和架空了第167条?出卖人在要求买受人支付全部价款和解除合同之间进行选择时,是否有顺位或者前提条件的限制?

---

〔6〕 参见前引2,万方文,第257页。一审法院的"三重理由"主要指:(1)本案可参照适用《合同法》第167条,未支付金额达总金额的五分之一,出卖人可解除合同;(2)法院认为被告(出卖人)已经履行了"催告义务",根据《合同法》第94条第3项,出卖人可解除合同;(3)法院同时认定原告(买受人)构成根本违约,故根据《合同法》第94条第4项,出卖人可解除合同。

〔7〕 参见四川省高级人民法院(2014)川民终字第432号民事判决书。二审法院同时认为被告(出卖人)未合理地履行"催告义务"。

〔8〕 参见前引1。最高院在指导意见的第三点理由:"被告即使依据《合同法》第一百六十七条的规定,也应当首先选择要求原告支付全部价款,而不是解除合同"。笔者认为此处的关键在于最高院在"分期付款买卖合同解除权行使"这一问题上认为其应受"前置程序"限制的观点和立场,且不论"前置程序"究竟是什么。

〔9〕 参见前引1。

二、分期付款买卖合同解除权适用范围界定

《合同法》第167条是我国民商事法律中对分期付款买卖进行法律规制的唯一明确条文,规定了分期付款买卖合同解除权的行使条件。一般来说,只要交易能够定性为分期付款买卖,即可适用《合同法》第167条关于解除权的规定。因此,分期付款买卖合同之解除权的行使范围,实际上即《合同法》第167条的适用范围。下文将从第167条的价值取向及立法宗旨等理论层面探讨其行使范围,再结合司法实践中第167条的适用情形,以界定分期付款买卖合同解除权的行使范围。

(一)《合同法》第167条的价值立场及立法宗旨

1. 第167条与消费者合同

分期付款买卖是指当事人约定在标的物交付给买受人后,买受人将其应付的总价款在一定期限内分次向出卖人支付。[10] 与一般买卖相比,其具有"物先给付性"和"价金分期交付性"两大特点,本质上是出卖人对买受人的信用授予。

通过学者对域外法的研究,我们得知分期付款的规定起源于消费信贷法规,是一种商品信贷,旨在使买受人不至因为迟延履行支付货款的义务而面临所购买商品被出卖人取回的风险。[11] 但并无法律明文规定和指出分期付款买卖仅适用于生活消费。在学界通说中,分期付款一般被定义为特种买卖,学者多从买方先取得标的物与卖方分期回收价款之间的风险角度,对出卖人的解除权进行分析,少有提及该条文仅适用于消费者合同或保护消费者的立场为其应有之意。[12] 更有学者明确指出,《合同法》第167条不应专门针对消费者,而应

〔10〕 根据《最高人民法院关于审理买卖合同纠纷案件适用法律问题的解释》(法释〔2012〕8号)第38条第1款的规定,分期付款之"分期"次数至少为3次。

〔11〕 参见迟颖:《德国消费信贷法规中的关联合同制度——兼论〈德国民法典〉第358条》,载《比较法研究》2006年第3期,第63页。

〔12〕 参见崔建远:《合同法》,法律出版社2010年版,第405~406页;王利民:《合同法研究》(第3卷),中国人民大学出版社2010年版,第141~150页。

适用于各类买卖合同。[13]

2. 第167条的立法宗旨

在立法宗旨层面,由于《合同法》第167条是我国民商事法律中对分期付款买卖进行法律规制的唯一明确条文,[14]因此早在2007年,便有学者通过分析分期付款买卖的特点、发展以及国外对分期付款买卖立法之目的,得出了“我国《合同法》第167条实际上具有保护消费者之倾向”的结论。[15] 后续的研究也多依据经济社会发展以及我国保护消费者的立法取向来理解第167条的立法宗旨,指导案例67号的发布似乎从国家层面认可了消费者保护立场。但是我们应该清楚地认识到,《合同法》是规范一般合同行为的法律,它应该作为各类合同的基本准则而适用。第167条虽然属于分则中“买卖合同”一章的规定,相对于总则来说为可以优先适用的特殊条款,但其也理应适用于所有类型的买卖合同,而非专门适用于消费者合同。且我国有规范消费者权利义务的专门立法《消费者权益保护法》,它可以作为整部《合同法》的特别法优先适用,而不需要《合同法》中出现专门的消费者保护倾向。

最后,我国采用“民商合一”的立法体例,特别是在《合同法》这一与商事行为关系极为密切的法律中,更应该注意民事行为和商事行为的共性和规范的普遍适用性。因此笔者认为,《合同法》第167条的立法宗旨和价值取向不应被解释为保护消费者,而应是同时适用于民事、商事行为的,平衡作为平等主体的买受人和出卖人之间的利益关系。

3. 第167条保护买受人的立法倾向

虽然上文否定了“第167条仅适用于消费者合同”的观点,但从相关资料及学术探讨中仍然可以看出其立法倾向为保护买受人的利益,而不仅限于保护消

---

〔13〕 参见谢鸿飞:《民法典与特别民法关系的建构》,载《中国社会科学》2013年第2期,第115页。

〔14〕 参见吴志忠:《论我国〈合同法〉有关分期付款买卖规定的不足》,载《武汉大学学报》(哲学社会科学版)2009年第3期,第331页。

〔15〕 参见宁红丽:《分期付款买卖法律条款的消费者保护建构》,载《华东政法大学学报》2013年第2期,第85~86页。

费者。[16]

从分期付款交易的发展背景来看,其早期主要存在于高端消费者中,多适用于消费者合同。出卖人会对其交易对象进行“摸底”,以确认消费者有支付能力。但是随着社会发展,不同领域的交易方式也呈现出融合的趋势,分期付款交易开始从高端消费者向普通消费者发展,从消费者合同等民事合同扩大到商事领域。与此同时,出卖人的经济实力也不断增强,面对众多信用程度不同的买受人,为降低出卖人收回货款的风险,出卖人往往利用买受人对标的物的迫切需求或者对分期付款交易的不了解,制定严苛的、有利于己方的合同条款,极大地损害了买受人的合法权益。故对处于弱势地位的买受人而言,给予其一定的倾斜保护为第 167 条的合理立法取向。

从第 167 条的文义内容上来看,它规定了买受人未付款金额达到总价款的五分之一时,出卖人可直接主张解除合同。由于第 167 条存在“忽略当事人事先约定解除权这一前提”的漏洞,导致早期有学者对第 167 条之宗旨的认识出现错位,认为该规定实质上旨在保护出卖人的利益。[17] 直到 2012 年《最高人民法院关于审理买卖合同纠纷案件适用法律问题的解释》才对第 167 条保护买受人的立场予以“官方确认”,[18] 即买卖双方约定的金额占比若低于 20%,实际损害了买受人的利益,法院对该条款将不予支持。

因此可窥知,我国《合同法》第 167 条的价值取向为保护买受人的利益。

(二)《合同法》第 167 条在司法实践中的适用范围

如果在以上理论层面对指导案例 67 号提出的“第 167 条仅适用于以生活消费为目的的消费者与经营者之间”的反驳还不足以推翻这一解释,那么在司

〔16〕 参见翟云岭:《分期付款买卖中的买受人利益保护研究》,法律出版社 2007 年版,第 13 ~ 20 页。

〔17〕 有学者认为,买受人只是支付部分价款就取得标的物的所有权或者占有标的物,剩余的价款是以信用为保障的。为了保护出卖人的利益,法律一般规定出卖人在买受人逾期不支付剩余价款达到一定数额时可以请求其支付全部价款或者解除合同。参见姚欢庆:《〈合同法〉第 167 条规范宗旨之错位及补救》,载《浙江社会科学》2007 年第 2 期,第 73 ~ 74 页;张新宝、龚赛红:《买卖合同赠与合同》,法律出版社 1999 年版,第 182 页。

〔18〕 参见《最高人民法院关于审理买卖合同纠纷案件适用法律问题的解释》(法释〔2012〕8 号)第 38 条第 2 款。

法实践中,可以清晰地发现这一裁判理由的矛盾之处。

有学者明确指出,审判实践中以生产经营为目的的分期付款买卖合同纠纷远多于以消费为目的的分期付款买卖合同纠纷。[19] 本文以"《中华人民共和国合同法》第一百六十七条"为案由关键词,在裁判文书网上进行了检索。在收集整理的30个案例中,涉及生产经营等商业行为的有24个,以生活消费为目的的有6个,其中2个案例与民间借贷有关。其中,21个案件的出卖人主张买受人支付全部价款,法院都予以支持;在主张解除合同的7个案件中,法院对其中5个出卖人能够证明已经进行催告,但买受人仍不履行的案件判决了解除合同(其中2个依据《合同法》第94条第3项予以解除[20]),对其中1个案件经被告(买受人)同意后判决解除,[21] 剩余的1个案件法院以出卖人应先要求买受人支付全款为由判决被告付款。[22]

由此可见,实践中分期付款买卖合同纠纷多发生于商事主体之间以生产经营为目的的交易之中,且法院在裁判中表现出了明显的保护买受人的倾向。

在对上述关于《合同法》第167条之解除权的适用范围和性质梳理之后,下文将以保护买受人和双方利益平衡的视角,对解除权的具体行使规则进行分析。

三、分期付款买卖合同解除权行使条件的分析

学理上,合同解除权可分为约定解除权与法定解除权。《合同法》第94条即是对法定解除权的一般规定。《合同法》第167条明文规定了分期付款买卖的解除权,也应为法定解除权的一种。下文将从分期付款买卖中合同解除权的性质入手,探讨第167条与第94条的关系,从而理清分期付款买卖合同解除权行使的应有条件。

---

[19] 参见钱玉林:《分期付款股权转让合同的司法裁判——指导案例67号裁判规则质疑》,载《环球法律评论》2017年第4期,第33页。

[20] 参见江苏省徐州市云龙区人民法院(2013)云商初字第1471号民事判决书、江苏省徐州市云龙区人民法院(2014)云商初字第0969号民事判决书。

[21] 参见西安市莲湖区人民法院(2014)莲民初字第00877号民事判决书。

[22] 参见四川省泸州市纳溪区人民法院(2011)纳溪民初字第1332号民事判决书。

(一)《合同法》第167条中合同解除权的性质

分期付款买卖本质上是一种信用交易,建立在双方的信任关系之上。出卖人对买受人授予信用,自己则承担着无法收回合同对价之货款的风险。因此,为了弥补出卖人先交付标的物所承受的不利益,赋予出卖人解除合同以取回合同标的物的权利便成了"适当考虑"出卖人、平衡双方利益关系的重要手段之一。从这个层面上来看,分期付款买卖中出卖人在什么情况下享有解除权(行使解除权的具体条件),理应由买卖双方当事人自行约定。该解除权应为约定解除权。

但是从《合同法》第167条的文义和其在整个《合同法》体系中来看,它却是一种法定解除权。现今我国关于"分期付款买卖"的规定主要如表2所示。

表2　我国法律关于"分期付款买卖"的法律规定

《合同法》第167条	分期付款的买受人未支付到期价款的金额达到全部价款的五分之一的,出卖人可以要求买受人支付全部价款或解除合同。 出卖人解除合同的,可以向买受人要求支付该标的物的使用费
《最高人民法院关于审理买卖合同纠纷案件适用法律问题的解释》第38条	合同法第一百六十七条第一款规定的"分期付款",系指买受人将应付的总价款在一定期间内至少分三次向出卖人支付。 分期付款买卖合同的约定违反合同法第一百六十七条第一款的规定,损害买受人利益,买受人主张该约定无效的,人民法院应予支持
《最高人民法院关于审理买卖合同纠纷案件适用法律问题的解释》第39条	分期付款买卖合同约定出卖人在解释合同时可以扣留已受领价金,出卖人扣留的金额超过标的物使用费以及标的物受损赔偿额,买受人请求返还超过部分的,人民法院应予支持。 当事人对标的物的使用费没有约定的,人民法院可以参照当地同类标的物的租金标准确定

从第167条的文义上看,只要买受人未支付到期价款的金额达到全部价款的五分之一,出卖人就可以依据该条,直接解除合同。法条直接排除了"当事人事先约定"这一前提,使得单就该条来看,解除权指向了法定解除权。[23] 2012年施行的《最高人民法院关于审理买卖合同纠纷案件适用法律问题的解释》注

〔23〕 参见姚欢庆文:《〈合同法〉第167条规范宗旨之错位及补救》,载《浙江社会科学》2007年第2期,第74页。

意到了这一问题,并强调了"双方约定不得损害买受人利益",重新提示了分期付款买卖合同解除权可以进行条件不低于第167条的有利于买受人的约定。

从第167条在《合同法》中的体系地位,即与第94条的关系上来看,通说认为第94条第5项"法律规定的其他情形"包含了第167条第1款的解除权。即第167条为《合同法》中除第94条规定一般解除权"以外"的法定解除权,是特别的法定解除权,有特别的法定解除条件。[24]

从以上分析来看,第167条的解除权应为法定解除权。但该解除权作为平衡买卖双方之间利益关系的途径,无论其立法宗旨和立场是否为保护买受人,均应首先尊重意思自治,作为当事人双方自由约定的兜底和救济而存在。因此第167条虽为法定解除权无疑,但应注意不使分期付款合同解除权的可约定性被模糊化。

(二)《合同法》第167条与第94条的关系

根据上文所述,《合同法》第167条属于第94条的"其他情形",其在合同法体系中应与第94条各款处于平行地位。即只要满足"未支付到期价款的金额达到全部价款的五分之一"的条件,出卖人便可当然解除合同。但从合同相对人利益平衡和保护买受人的角度,这种理解意味着分期付款合同解除权的行使要件要宽于其他类型合同、其他类型买卖合同的一般解除权,构成了对出卖人的"过度保护",也增加了合同的不安定性。[25]

由于第167条一般规范的是买受人未支付到期价款的行为,即债务人迟延履行债务的行为,[26]因此与之相对应的便是普通合同的一般解除权中关于迟延履行(第94条第3项)和迟延履行导致不能实现合同目的(第94条第4项)的规定。[27]

---

〔24〕 前引12,崔建远书,第242、252页。

〔25〕 参见孙新宽:《分期付款买卖合同解除权的立法目的与行使限制——从最高人民法院指导案例67号切入》,载《法学》2017年第4期,第164页。

〔26〕 笔者认为,若分期付款买卖中出现不可抗力致使合同目的不能实现(第94条第1款)或者买受人明确表示将不履行债务(第94条第2款)的情形,出卖人完全可以根据第94条直接主张解除合同,而不必等到未支付价款达到总价的20%时再行主张,因此第94条第1款和第2款与第167条之解除权行使间不存在矛盾。

〔27〕 前引25,孙新宽文,第160页。

1. 第167条与第94条第3项的关系

根据法律规定,第167条行使解除权的要件为:①买受人未支付到期价款(迟延付款);②未付款金额达到总价款的五分之一。而第94条第3项解除权的行使要件为:①买受人迟延履行;②出卖人已进行催告;③买受人在合理期限内仍未履行。对比两者的行使条件,第94条第3项实际上比第167条多出了"催告"和"合理期限内未履行"两大要件。即在分期付款交易中,当买受人迟延履行但迟延履行之价款未达到总价的五分之一时,出卖人可以第94条第3项为依据,履行催告义务并设定合理期限之后解除合同;[28]一旦迟延履行的价款数额达到总额的20%,出卖人便可直接解除合同,而不受催告程序和合理期限的限制。具体见表3。

表3　分期付款买卖中出卖人可行使解除权的条件和情形

情形1	情形2	条件	法律后果	法律依据
合同目的能够实现	迟延履行	①催告 ②合理期限内未履行	解释合同	《合同法》第94条第3项
	迟延履行且价款达到总价的五分之一	无	解除合同或要求支付全部价款	《合同法》第167条第1款
合同目的不能实现	迟延履行	无	解释合同	《合同法》第94条第4项
	迟延履行且价款达到总价的五分之一	无	解除合同或要求支付全部价款	《合同法》第167条第1款

与一般陷于迟延履行的买卖合同相比,该规定为分期付款的出卖人多设置了一种解除合同的方式,即迟延履行可解除、未支付金额达到20%可解除、合同目的不能实现也可解除,且给予了买受人更为便利的合同解除权行使条件。[29] 由此造成的合同不安定性带给买受人的风险远远大于出卖人承受的风险,也与保护买受人的立法宗旨不相符合。

---

[28] 司法实践中已有运用。参见前引21。

[29] 依据《合同法》第167条之规定,无论合同目的是否能够实现,未付款金额达总额的五分之一时,出卖人可不经催告直接解除合同。

因此,第167条的解除权行使条件过于宽松,明显有利于出卖人,剥夺了买受人进行补救、维持合同安定性的机会,使分期付款买卖中的买受人比起普通买卖的买受人在法律地位上更加不利。[30]

2. 第167条与第94条第4项的关系

《合同法》第94条第4项,规定的是迟延履行债务导致合同目的不能实现而守约方享有解除权的情形,也即"根本违约"的解除权。其要件主要包括:①买受人迟延履行债务;②迟延履行导致合同目的不能实现。由于目前关于"合同目的不能实现"是否能够定义为"根本违约"还存在争议,因此以下将使用"合同目的不能实现"进行表述。[31]

就条文字面及其规定的要件上来看,第167条的立法模式更类似于第94条第4项。即其要件都为买受人迟延履行,且都未对出卖人设置催告等前置义务,看似默认了分期付款买卖中迟延付款达总价款的五分之一时即为使"合同目的不能实现"的情形。指导案例67号也对分期付款中买受人迟延履行是否构成"合同目的不能实现"做了探讨。由此可以初步看出,第167条似乎是第94条第4项在分期付款买卖中的具体规定。即第167条属于规定特种买卖中"合同目的不能实现"的情形,属于特殊规定,应优先适用。因此第167条与第94条第4项的关系之分析要点在于,买受人迟延履行之价款达到总价款的五分之一时,是否必然构成"合同目的不能实现",而使出卖人得以免于催告义务?

在对"合同目的不能实现"的理解上,通说观点认为:"根据合同的性质和当事人的意思表示,履行期限有极大的重要性,债务人不在此期限中履行,就达不到合同目的。"[32]即仅适用于时间对合同履行具有重要性的情形下。也有学者对司法实践中的案例进行了整理,认为法官在对"合同目的无法实现"进行判断时,参考的要素一般为:迟延行为是否会直接影响合同目的的达成、支付过程中出现的非人为的延迟对守约方有无实质性的不利影响、双方间的信赖关系和合作意向是否依然存在、延迟履行部分的金额占总额的比例、继续履行的社会成

[30] 前引15,宁红丽文,第88页。

[31] 参见崔建远:《论合同目的及其不能实现》,载《吉林大学社会科学学报》2015年第3期,第48~49页。

[32] 前引12,崔建远书,第250页。

本与解除合同的损失之对比。[33]

分期付款合同的首要目的应为出卖人得到其应得的货款，且钱款的时间成本也即利息已经或者将折算在买受人支付的金额里。故分期付款合同理论上对时间要素的敏感程度较低。且其为金钱之债，一般不会出现“合同目的不能实现”的情形。在司法实践中，分期付款买卖本就是一种信用交易，无相反证据证明时应该直接认定买卖双方存在信任关系，买受人迟延支付价款，一般并不会影响合同目的的实现，也不会对守约方造成不利影响。且由于分期付款买卖的物先交付性，解除合同后取回标的物所花费的成本一般都比继续履行高。在一些商事交易中，经常出现款项总额巨大但分期次数较少的情况，这时候总价款20%的标准对买受人而言显得过于严苛，也不利于双方商事信任关系的建立。如指导案例67号中的分期支付股权转让款，每一期的款项占比均超过转让款总价的20%，若严格依照第167条的规定认为迟延支付任意1期转让款均导致“合同目的不能实现”，而使出卖人有权不经催告而解除合同，将极大地影响交易安全及双方间的信赖关系。

以上是一般的分期付款买卖中的通常情形。但不能排除在一些特殊的商事交易中，如公司进行组织结构调整或有增资需求的情况下，其对于资金的时间需求较为敏感，某几期的履行迟延有可能导致合同目的落空。[34]

因此笔者认为，作为适用于所有类型的合同的第167条采用类似于第94条第4项关于“合同目的不能实现”情形下的解除权行使条件是极为不合理的。第94条第4项的规定应作为分期付款买卖中导致“合同目的不能实现”的特殊情形。

(三)请求“支付全部价款”与行使“合同解除权”的关系

《合同法》第167条中，出卖人除能够直接行使解除权解除合同以外，还能够要求买受人一次性支付全部价款。许多学者对第167条第1款究竟应规定“支付全部价款”还是“支付到期价款并赔偿迟延支付的违约金”有所争议，但这并非本部分的讨论重点。[35]

根据第167条的规定，“解除合同”与“支付全部价款”这两种请求权应处于

---

〔33〕 参见前引2，万方文，第265～269页。

〔34〕 同上书，第271页。

〔35〕 参见前引16，翟云岭书，第112～114页；前引15，宁红丽文，第87～89页。

同等(平等)地位,由出卖人自由选择。但指导案例67号以诚实信用原则为依据,认为出卖人应先主张“支付全部价款”,之后才可“解除合同”。在本文收集整理的30个案件中,“白某勇诉陈某敏、代某海房屋买卖合同纠纷案”法院也同样以此为由驳回了当事人“解除合同”的请求。〔36〕针对法条含义与司法实践中出现的这种不一致现象,以及究竟应如何处理两者间的关系,主要有以下两种观点和做法:

1. 两者间存在顺位关系

这是司法实践中的通常做法。在上文的以分期付款方式进行的房屋买卖合同纠纷案中,法院即在判决中提道“为保护交易安全,被告陈某敏应首先选择按照《合同法》第167条的规定要求原告白某勇支付全部价款及相应迟延付款的损失。因此,被告陈某敏提出的反诉请求依法不能成立,本院不予支持”。由此可以看出,司法实践中法院倾向于认为“支付全部价款”必须优先于“解除合同”得到主张。也有学者持支持态度,认为在第167条项下请求支付全部价款理应作为行使合同解除权的一个前提。〔37〕

本文认为这种做法的初衷为通过司法实践限制出卖人依据第167条行使解除权,即司法工作者实际已经认识到了第167条偏离了立法目的,给予了出卖人过多保护。这样便使本处于平等地位的两种权利间产生了行使顺位,即实质上在没有法律明文规定的情况下为出卖人行使解除权设置了除出卖人“迟延履行”和“未支付价款达到总价款五分之一”以外的、更加严苛的第三个要件——买受人首先要求支付全部价款。

但这种通过司法实践为法律规定“增加要件”的做法,实际上已经偏离了第167条可能的字义范围,进入了法的续造领域,属于对法律的扩大解释,需要充足的政策理由。〔38〕这似乎与我国成文法传统不相符。

从目前的第167条规定来看,若把“支付全部价款”作为请求“解除合同”的前置条件,其功能则类似于“催告”义务。但根据前面的讨论,在要求“支付全部价款”前,出卖人也应该先对买受人进行“催告”。这样看来,在出卖人请求解除

〔36〕参见前引22。

〔37〕参见前引14,吴志忠文,第333页。

〔38〕参见[德]卡尔·拉伦茨:《法学方法论》,陈爱娥译,商务印书馆2003年版,第202页。

合同前,便要经历两次类似于“催告”的程序,无形中加重了出卖人的负担和义务。

因此本文认为,规定两者行使顺位的做法是不合适的。

2. 为两者设置行使前提

既然规定“支付全部价款”和“解除合同”两种请求的顺位是不适用于我国法律体系的方法,那么为了平衡买卖双方的利益、适当给予买受人倾斜保护,同时又顾及出卖人所承受的信用风险,为两者设置同样严格的行使前提似乎是一种可行的方法。德国在这方面的立法便可为我们提供参考。

《德国民法典》第 498 条,规定了经营者的“终止权”。若出卖人行使“终止权”,其法律效果仅是使分期付款约定的效力停止,则买受人未支付价款加速到期,需一次性支付全部未支付价款,但不发生合同清算的效力。因此这一规定与我国“支付全部价款”相类似。《德国民法典》第 508 条则规定了合同的“解除”,即行使该解除权将发生合同清算的效果,出卖人有权收回其先交付之物并向买受人主张合理的使用费。这与第 167 条的合同解除权在本质上是相同的。

但是,德国法上的终止权和解除权有相同的行使条件。即《德国民法典》第 508 条规定适用第 498 条关于“终止权”的规定。这样看来,在德国的分期付款买卖中,只要满足了第 498 条的“指定为期 2 周的支付拖款金额的期间”和“说明义务”的条件,出卖人便可选择主张终止权或者解除权。这样规定,既给予了买受人充分的弥补迟延履行之过错、使合同得以继续履行的机会,又赋予了承担信用风险的出卖人多种救济其权利的选择。且其之所以设置同等的条件,原因在于出卖人若已经对买受人进行了提示,向买受人表现出了其希望合同得以继续履行的诚意,则已经属于对买受人的倾斜保护,出卖人的选择权便成了与之对应的一种平衡。

因此本文认为,在目前追求法之安定性,暂未有修改《合同法》的趋势的情况下,我国的司法实践应通过体系解释等法律解释方法,综合考量第 167 条的立法宗旨,明确分期付款买卖和普通买卖的区别,厘清第 167 条与第 94 条的关系,平衡买卖双方利益,适当参考德国的分期付款交易之模式,为“支付全部价款”和“解除权”的行使设定同等的足以“救济”买受人的前置条件,之后再由出卖人进行选择。

四、对分期付款买卖合同解除权之行使的立法建议

在前文的论述中可以看出,第167条之解除权最大的不合理之处在于,其规定出卖人不需要经过类似于一般合同法定解除权行使之前置程序——“催告”和“合理期限”,便可解除合同。由此体现出的允许出卖人轻视《合同法》维护交易安全和合同安定性之原则的倾向,违背了第167条保护买受人的立法宗旨。在法律修改条件仍不成熟、以法之安定性为首要目标的今天,可以通过法律解释的方法将第94条的行使条件适当地解释为第167条的行使条件,但本文认为,在将来《民法典》的制定中,明确规定“催告”和“合理期限”为分期付款买卖合同解除权行使的前置条件,是合理且必要的。[39]

(一)参考我国法律中的类似规定

一般来说,只有构成“合同目的不能实现”,出卖人才可不经“催告”直接解除合同。但第167条作为以金钱债务为主要内容、有很大可能维持和继续履行的合同,不宜借鉴第94条第4项的立法模式,不经任何前置程序而予以解除。

在我国《合同法》、司法解释等有关解除权的规定中,类似的法律规定都为出卖人的解除权设置了“催告”作为解除权行使的前置条件,之后规定“合理期限”以督促买受人履行合同义务。例如,《合同法》第248条关于融资租赁合同的解除权便规定了:“承租人应当按照约定支付租金。承租人经催告后在合理期限内仍不支付租金的,出租人可以要求支付全部租金;也可以解除合同,收回租赁物。”也即只有在“催告后在合理期限内仍不支付租金”的情况下,承租人才有权选择解除合同;《最高人民法院关于审理商品房买卖合同纠纷案件适用法律若干问题的解释》(法释〔2003〕7号)第15条也规定:“……出卖人迟延交付房屋或者买受人迟延支付购房款,经催告后在三个月的合理期限内仍未履行,当事人一方请求解除合同的,应予支持,但当事人另有约定的除外……”也即在商品房买卖中,除特殊约定外,只有满足了“催告”和“三个月的合理期限内仍未履行”这两个条件,出卖人才有权主张解除合同。

这些特殊规定中,都为解除权行使设定了严格的前置程序,分期付款买卖解除权虽然相比较来说属于可适用于所有买卖合同的一般规定,但设置“催告”

〔39〕 在现行法未作修改的情况下,可通过对第167条的体系解释进行增设。

和“合理期限”以引导和简化特殊法条的制定,也属必要。[40]

从我国分期付款交易的真实情况来看,有学者指出:

“在第 167 条 20% 的规定下,分期付款的次数便成为重要因素。在日常的家电、汽车、机器设备等物件的分期付款买卖中,约定的分期付款次数往往达到二三十次,买受人通常要迟延支付三五次才会出现逾期款项达到全部价款 1/5 的情形,此时出卖人不经催告而解除合同对买受人并非太过严苛。如果分期付款的次数只有三五次,只要买受人迟延一次,就会出现买受人未支付款项达到全部价款 1/5 的情形,此时出卖人不经催告而解除合同将会严重损害买受人的利益。”[41]

且在目前的司法实践中,分期付款买卖多发生在经营者之间,即偏向适用于商事合同,往往付款金额都比较大,付款次数也相对较少,这时法院若认同出卖人不经过“催告”程序和“合理期限”的设置而解除合同,严格适用第 167 条 20% 的规定,将会使合同被解除的概率激增,破坏当事人间的信任关系,对买受人也极为不公平。

(二)借鉴域外法的相关规定

“催告”程序和“合理期限”的设置从本质上来看是为了保护买受人的利益,对于各种类型的合同来说,都体现了法律尊重当事人意思自治、维护合同安定、促进交易和维持市场稳定的《合同法》原则和立法目的。

在分期付款买卖中更是如此。根据分期付款买卖的特点,《合同法》第 167 条给予了出卖人在特定情况下解除合同的权利,为了平衡买卖双方的利益,适当给予处于弱势地位的买受人以保护,是利益平衡的关键所在。法律理应为买受人提供相应的“救济措施”,即为合同的继续履行提供补救,为买受人迟延履行之过错提供弥补的机会。一些主要的国家和地区皆采用此种做法。具体如下:

《德国民法典》第 498 条第 1 句即规定:“在以分期付款方式偿还的消费者消费借贷中,仅在下列情况下贷与人才可因借用人延迟付款而预告终止合同:

---

〔40〕 若一般法条设置了必要的条件,特殊法条只要在该条件上进行细化即可。对于第 167 条来说,若其设置了“催告”和“合理期限”,特殊法条仅需具体规定“合理期限”的期限即可。

〔41〕 前引 2,万方文,第 259 ~ 260 页。

1)借用人全部或者部分延迟支付至少两期相连续的款项,并且延迟支付的款项达到消费借贷总额或者分期付款价额的10%;消费者消费借贷合同的期限超过3年的,达到5%以上。并且:2)贷与人向借用人指定了为期2周的支付拖款金额的期间,并说明若借用人在该期内不付款,贷与人将请求偿还全部剩余债务,但这种指定和说明并没有效果。贷与人最迟应在指定期间之时向借用人表示,自己愿意与其就达成双方都可能同意的协议进行商谈。"《德国民法典》第508条第1句则规定,"经营者只有在第498条第1句所称要件下才能因消费者迟延付款而解除分期付款交易"。由此可见,德国法规定的分期付款合同解除权之行使要件应与"终止合同"相同,即满足"数额""说明""指定2周的期间"才可行使。

日本的《分期付款买卖法》(又称《割赋贩卖法》)第5条第12款也规定:"分期付款销售业者,关于利用分期付款销售的方法销售指定商品的契约,在不履行支付分期价款的义务的场合,非在规定20天以上的相当期限,以书面催促其支付,于该期限内并未支付时,不得以滞纳分期付款为理由,请求支付未到期的分期付款金。"

《瑞士债务法》第226(H)条第2款规定"卖方在请求付清价款或者宣布解除合同之前,应当给予买方不少于14天的履行宽限期"。

我国台湾地区"民法典"第389条规定,"分期付价之买卖,如约定买受人有迟延时,出卖人得即请求支付全部价金者,除买受人迟付之价额已达全部价金五分之一外,出卖人仍不得请求支付全部价金",且在"民法典"第389条关于分期付款买卖的立法理由中给出了如下说明:"谨按分期付价之买卖,原为买受人利益而设,故虽当事人间订有付价迟延,即得请求支付全部价金之特约,然非具备特定之要件,出卖人即不得行使请求支付全部价金之权利。……法律设此限制,盖为保护买受人之利益,而显分期付价买卖之效用也。"

从以上列举中可以看出,德国、日本、瑞士以及我国台湾地区皆以保护买受人的利益为立法目的,或采用专门立法模式(德国、日本),或以单行法如消费者权益保护法方式(德国、我国台湾地区),或以"特种买卖"待之(瑞士、我国台湾地区),对分期付款买卖进行规定。[42] 且在这些规定中,各国都对出卖人行使"解除权""请求偿还全部剩余债务"等不利于买受人以及合同继续履行的行为

〔42〕 参见前引17,姚欢庆文,第72页。

进行了严格的限制。我国台湾地区“民法典”甚至未规定出卖人享有解除权。由此可见,各国和部分地区都对分期付款买卖中出卖人解除权的行使采取谨慎态度。

在规定分期付款中出卖人享有解除权的同时,各国和部分地区立法都为该解除权的行使设置了出卖人“催告”义务以及“买受人未在催告后的合理期限内付款”等前置条件。我国《合同法》条文大多仿照日本以及德国的立法模式,因此在分期付款买卖的规定中,也应进行周全的考虑,在给予出卖人一定权利的同时,增加出卖人的催告义务和“合理期限”的设置,平衡买卖双方的权利义务,突出体现保护买受人的立法宗旨。

(三)第167条的具体立法建议

分期付款买卖与普通买卖存在明显的区别,其“物先交付性”使出卖人获得相应对价的风险极大提高。但不可忽视的是,在分期付款买卖中,买受人的利益同样需要给予关注。因此在出卖人行使解除权之前,应告知买受人,并允许买受人进行相应“补救”,但进行“补救”的期限可相应缩短,以弥补出卖人承担的风险。故分期付款买卖合同的解除权行使规则应分为两个层次:

其一,分期付款买卖合同之目的能够实现时:未支付价款达总价款的五分之一→出卖人先行催告→设置合理期限(较短)→解除合同(或要求支付全部价款)。即第167条应专门针对合同目的能够实现的分期付款买卖合同。其与一般合同解除权的区别主要体现在“期限的设置”之上,法律应该允许在合同目的能够实现的情况下,出卖人设置较短的期限以促使买受人守约。

其二,合同目的不能够实现时:应直接适用第94条第4项的规定。

相对来说,这种“层次性”规定更能够适应分期付款买卖的风险和特点,是对出卖人承担价金回收风险的合理弥补,属于买卖双方利益的“平衡”范围之内。

五、总　　结

(一)《合同法》第167条应适用所有类型的合同

第167条处于《合同法》中“买卖合同”一章,理应适用于所有类型的买卖合同,其保护买受人的价值取向不应被缩小解释为仅适用于消费者合同。我国作为主张“民商合一”立法模式的国家,制定法律时应该对民事行为及商事行为的共性和个性有全面的考虑。再者在当下经济迅速发展的背景下,商事行为适用《合同法》的情况更为普遍。因此指导案例67号关于第167条适用范围的结论不具有普适性。第167条应适用于所有类型的买卖合同。

(二)司法适用——明晰《合同法》第167条与第94条的关系

1.第94条第3项应作为第167条第1款的补充

前文已述及,第167条规定的解除权是分期付款买卖中出卖人特有的解除权,其本来与第94条第3、4项为平行关系。但为避免产生“三个”使出卖人得以行使解除权的情形、明确“合同目的能否实现”对解除权行使的影响、突出体现保护买受人和平衡双方利益的立法宗旨,也为使分期付款买卖解除权行使条件与普通买卖相比不至过于宽松,在原法条(第167条)不可改变的情况下,第94条第3项应解释为第167条第1款的补充。因此,只有在买受人迟延支付价款达到总价款的五分之一、出卖人根据第94条第3项的条件行使催告义务、设置合理期限之后,出卖人才可解除合同。

2.第167条第1款应解释为第94条第4项的特殊“递进”规范

由于分期付款买卖合同以金钱债务为主要内容,当买受人未支付价款达到总价的五分之一时,一般不会出现“合同目的无法实现”的情况。但当其适用于商事交易时,金钱的时间价值便成了不可忽视的因素。因此,应根据个案情况具体分析,只有当买受人的迟延履行实际上导致了合同目的不能实现时,出卖人才可不经催告而直接解除合同。

(三)出卖人应有权选择直接解除合同

在将“催告”和“合理期限”合理解释为行使第167条的前置条件时,出卖人“支付全部价款”的请求权和“解除权”便有了相同的行使条件。这时,加之“未支付价款达总价款的五分之一”这个条件,共有三个行使要件用以保护买受人的利益。因此,出卖人应享有相应的选择权。即不需以“请求支付全部价款”为行使解除权的前提,而是可根据自己的意愿自由在两者间进行选择。

(四)立法建议——第167条应增设“催告”及“合理期限”为前置条件

第167条之所以存在争议,本质原因在于其忽视了解除权行使中“合同目的能否实现”这一关键因素,从而给予了出卖人解除合同的便利条件,偏离了利益平衡与保护买受人之宗旨。将第94条第3项作为其补充规范的本质原因,也在于其在“合同目的能够实现”的情况下,缺少“催告”和“合理期限”等给予买受人补救措施的机会。对比《合同法》中其他类似法律规范及域外法规范来看,“催告义务”和“合理期限”的设置已基本上成为买受人迟延履行时出卖人行使解除权的必备条件。因此,第167条也应摒弃单纯的“合同目的不能实现”的立法模式,采用一般合同迟延履行时行使解除权的条件,增加“催告”义务并设置“合理期限”,使买受人不至于突然丧失继续履行合同的机会(但可在期限上有所区别)。〔43〕而将“合同目的不能实现”的情形交由一般条文(第94条第4项)来规范。

最后,笔者认为,《合同法》第167条作为规范分期付款这一特种买卖的“唯一”条款,应进行细化和完善,使之更加突出地反映立法目的,规范和平衡买卖双方间的权利义务关系。在现行的法律规范和法律体系之下,可先通过体系解释的方法对第167条规定的解除权行使规则进行完善。待将来我国制定《民法典》之时,再通过修改法条对其进行立法上的系统性修正和完善。

(责任编辑:王津琼)

〔43〕目前情况下可通过体系解释来达到“增设”之目的。

我国第三人侵害债权的问题研究
——以请求权规范基础为视角

谢江东*

摘要:

考察第三人侵害债权的相关研究,笔者发现对于我国第三人侵害债权的请求权规范基础研究尚属空白,而请求权规范基础的思维是民事法律思维最基本的要求。基于此,本文通过对我国第三人侵害债权的请求权基础的实证研究,认为需要对现有的《侵权责任法》中有关债权保护的法律规范进行完善。在结合《民法总则》所构建的框架基础上,希望对民法典编撰过程中有关第三人侵害债权的法律规范的完善路径提供思路。

关键词:

侵害债权;请求权规范;司法判例;权利与利益;区分保护

一、第三人侵害债权问题研究的提出

(一)“民事权益”概念导致请求权基础规范困惑

我国《合同法》第121条规定:“当事人一方因第三人的原因造成违约的,应当向对方承担违约责任。当事人一方和第三人之间的纠纷,依照法律规定或者按照约定解决。”据《合同法》第121条之规定,若当事人之间因第三人原因而违约,应坚持合同之相对性,由违约方承担违约责任,至于当事人一方与第三人之间的纠纷,依有关法律或者约定解决。如此,我国合同法排除了通常意义上的第三人侵害债权构成侵权的情形,除非有其他法律直接规定第三人要直接承担责任,如产品责任。

---

* 谢江东,中国政法大学民商经济法学院2016级硕士研究生。

但是,我国2009年《侵权责任法》延续了《民法通则》的做法,在一般条款中采用了“民事权益”的概念,规定过错侵害他人民事权益承担民事责任。[1]从文义解释看,债权应该属于“民事权益”范畴,然值得注意的是,“债权”一词并没有直接出现在《侵权责任法》第2条概括列举的权益内容当中,因而有学者认为侵害债权不构成侵权。[2] 葛云松教授认为,“《侵权责任法》第6条第1款规定的是一般侵权行为,文义解释和历史解释的结论是,它保护所有的民事权益并且保护程度相同,而这将导致严重的问题,必须对其进行目的性限缩。”[3]

由此,2009年的《侵权责任法》采用“民事权益”概念,虽然给权益保护保留空间,有利于保持概念的弹性和包容,但是这将造成从文义解释上对所有民事权益进行平等保护,给当事人的请求权规范基础寻找和法院司法裁判带来困难,必须借助学理解释以实现债权保护。

(二)学理上对第三人侵害债权的研究现状

在我国大陆的主流学理上,绝大部分学者支持将对债权的侵害纳入侵权法的保护范围,所不同的是,对债权法益的保护程度、保护方式,以及对《侵权责任

[1] 《民法通则》(1986年)第5条:“公民、法人的合法的民事权益受法律保护,任何组织和个人不得侵犯。”第106条第2款:“公民、法人由于过错侵害国家的、集体的财产,侵害他人财产、人身的,应当承担民事责任。”《侵权责任法》(2009年)第6条第1款:“行为人因过错侵害他人民事权益,应当承担侵权责任。”参见杨立新:《〈中华人民共和国侵权责任法〉条文解释与司法适用》,人民法院出版社2010年版,第3~8页。

[2] 《侵权责任法》(2009年)第2条:“侵害民事权益,应当依照本法承担侵权责任。本法所称民事权益,包括生命权、健康权、姓名权、名誉权、荣誉权、肖像权、隐私权、婚姻自主权、监护权、所有权、用益物权、担保物权、著作权、专利权、商标专用权、发现权、股权、继承权等人身、财产权益。”

[3] 葛云松:《〈侵权责任法〉保护的民事权益》,载《中国法学》2010年第3期,第37页。

法》中侵害债权的请求权规范基础的具体法律条文之理解。[4]

截至目前,对侵害债权的研究数量足够丰富,但是研究方式、研究思路、研究结构等逐渐固化,以至出现文章千篇一律的现象。本文以"第三人侵害债权"为关键词在知网上进行搜索,发现有545条结果,其中期刊322条,硕士论文199条,会议4条,报纸20条;以"第三人故意侵害债权"为关键词在知网上进行搜索,发现有108条结果,其中硕士论文64条,期刊44条。对108篇文章进行初步阅读研究后发现,其中只有一篇文章反对把债权作为侵权客体。[5]

通过阅读有关文章,本文梳理有关支持侵害债权构成侵权的理由。本文发现,研究者主要通过罗马法的历史考察,参考大陆法系和英美法系的经验,从债权的不可侵害理论出发,论证债权相对性与债权不可侵害性不矛盾,将历史研究和对比研究相结合,论证第三人侵害债权应该构成侵权,再进一步分析第三

[4] 参见张新宝:《侵权责任立法的利益衡量》,载《中国法学》2009年第4期,第181~182页;张新宝:《侵权行为法的一般条款》,载《法学研究》2001年第4期,第49~53页;王利明:《侵权法一般条款的保护范围》,载《法学家》2009年第3期,第23~24页;王利明等:《中国侵权责任法教程》,人民法院出版社2010年版,第60页;王利明:《论侵权责任法中一般条款和类型化的关系》,载《法学杂志》2009年第2期,第2~3页;房绍坤:《论侵权责任立法中的一般条款与类型化及其适用》,载《烟台大学学报》2009年第3期,第14页;张新宝:《侵权责任法立法研究》,中国人民大学出版社2009年版,第30页;李锡鹤:《对债权不可侵性和债权物权化的思考——兼论物权与债权之区别》,载《法学论坛》2003年第3期,第26~28页;梁慧星:《侵权责任法(第三次审议稿)的评析与修改建议》,载中国法学网:http://www.iolaw.org.cn/showNews.asp? id=20025;杨立新:《〈中华人民共和国侵权责任法〉条文解释与司法适用》,人民法院出版社2010年版,第3~8页;奚晓明主编:《〈中华人民共和国侵权责任法〉条文理解与适用》,人民法院出版社2010年版,第20页;程啸:《侵权责任法》(第2版),法律出版社2015年版,第184~186页;江平主编:《民法学》,中国政法大学出版社2015年版,第518~519页。

[5] 参见魏盛礼:《第三人侵害债权:理论创新还是法学歧途》,载《河北法学》2005年第9期,第46~49页。

人侵害债权的构成要件,最后回顾我们立法现状,对立法和法律解释提供意见。[6] 但是,诸多研究者却对司法裁判中的债权保护现状及法官对侵害债权的思考路径缺乏必要了解,忽视了司法实践中第三人侵害债权的请求权规范基础检讨。司法裁判是"活的法律",是法律精神、法律价值的最终实现,学说著述、法律解释甚至立法活动,都应对司法裁判有所观察。

由上可知,我国《合同法》第121条确立合同相对性规则,而《侵权责任法》立法上采用"民事权益"概念,导致学理上大多学者虽支持侵害债权构成侵权,但是难以直接在立法上寻找到有效的请求权规范基础,形成立法与学理脱离的局面。而司法实践往往是沟通学理和立法的重要环节,但研究者却对司法实践研究不足,令人遗憾。因此,对我国第三人侵害债权请求权规范基础研究,应该立足于我国司法裁判中侵害债权案件的请求权规范基础现状。

二、我国司法裁判中有关第三人侵害债权的实证研究

(一)我国司法裁判中侵害债权案件的请求权规范基础现状

本文通过北大法宝、裁判文书网、中国司法案例网等以"侵害债权"为核心关键词进行检索,对几十份包含"第三人侵害债权"字眼的判决书进行了整理,剔除了如管辖权异议案件等非实体性争议问题以及其他相关性不强的案件,最终归纳出2000年至2017年共17例典型侵害债权的案例,对其类型化,并细致分析了判决背后的请求权规范基础和法官思考路径。[7]

本文在整理的过程中发现,司法实践中的"第三人侵害债权"案件较为复杂,跨越民事和商事法律关系,尚未或者难以按照一个统一的标准进行区分。

---

〔6〕 参见赵敏杰:《第三人侵害债权的理论基础和责任认定》,中国政法大学2011年硕士学位论文,第1~2页;谢君:《第三人侵害债权制度研究》,西南政法大学2008年硕士学位论文,第1~2页;于明辉:《第三人侵害债权制度研究》,中国政法大学2009年硕士学位论文,第1~2页;张东晓:《第三人侵害债权制度研究》,华东政法大学2008年硕士学位论文,第1~2页;黄增顺:《论第三人侵害债权》,中国政法大学2011年硕士学位论文,第1~2页;李庆超:《第三人侵害债权制度的构想》,载《人民法院报》2010年第7期。

〔7〕 参见北大法宝:http://www.pkulaw.cn/;裁判文书网:http://wenshu.court.gov.cn/;中国司法案例网:http://anli.court.gov.cn/。最后访问日期:2018年3月27日。

但是,具体案件又因为其本身的类型而具有独立的特征。一般认为,侵权构成要件包括:违法行为、损害结果、因果关系、过错。由于当事人在商事和民事法律关系中注意义务不同,本文将"主观过错"进行切割,以商事与民事差别区分出民法和商法中的侵害债权类型;又因为消极行为和积极行为的表现形式不同,将"行为"进行分割,根据行为的不同区分作为与不作为侵害债权类型。最后,对于目前法律没有明确规定保护或者规范重合的案件类型进行单独列举,区分法律保护真空和侵权、合同保护竞合的侵害债权保护类型。

事实上,难以通过一个标准去囊括全部司法实践中的案例类型,本文类型化的做法从逻辑上看或许并非完全严密,主要作为一种观察角度,通过相对清晰的案件类型,考察具有共同特征的案件过程中,法官如何分析、认定第三人是否构成侵害债权,以及如何寻找侵害债权案件的请求权规范基础。

1. 第三人侵害企业经营权〔8〕

通过统计发现,有2例关于侵害企业经营权案件,分别为2005年"广告公司诉金龙宾馆侵权责任纠纷案"〔9〕和2006年"上海蓝奇电讯设备有限公司诉上海杨浦赛博数码市场经营管理有限公司侵害企业经营权纠纷案"〔10〕。2005年案件中,一审法院经审理认为,广告公司通过有偿方式取得的独家经营权合法有效,应受法律保护。金龙宾馆未经广告公司同意擅自在上述路段发布广告,侵犯了广告公司的经营权,应赔偿广告公司的经济损失。〔11〕二审法院认为,我国现行法律将"合法民事权益"规定为侵权的客体,该民事权益包括财产权利和人身权利,依物权法定和公示原则的要求,在上述物权等法定权利类型化以后,其本身可以起到一种公示的效果。人们在实施某种行为时,应当可以合理预见到其行为会损害他人的利益,所以即使基于过失造成对他人权利的损害,

〔8〕 对于经营权是否属于债权之范围,学界尚有争论,甚至经营权与营业权之分尚未界分,但是侵害企业经营权发生之时,法院将其作为债权对待,予以保护。因此本文予以列出,尤其是民商合一的民法体系下,具有较大启发意义。事实上,德国通过判例确立了企业经营权作为绝对权的属性,是一种框架权,而我国对此尚未达成共识。

〔9〕 沈阳市中级人民法院(2005)沈中民三权终字第59号。

〔10〕 上海市杨浦区人民法院(2006)杨民二(商)初字第117号。

〔11〕 依据《中华人民共和国民法通则》(1986)第5条、第117条之规定。

其仍然要承担责任。[12] 但是法院最后认为,"金龙宾馆亦非故意出于损害该经营权为目的,故广告公司直接对金龙宾馆提起的侵权赔偿之诉无法律依据,不能成立"。

2006年案件中,一审法院认为,"无论蓝奇公司当日出货是何动机、出货手续上有无瑕疵或蓝奇公司拖欠了赛博公司租金,赛博公司若认为蓝奇公司作为经营单位有自己的经营权,赛博公司无论以何理由都不能阻止蓝奇公司出货权利,蓝奇公司在履行合同中有瑕疵可通过正当途径救济或按规章处理。由此,蓝奇公司在认为赛博公司无法保证自己经营情况下解除租赁协议并无不妥,故赛博公司要求蓝奇公司承担违约责任,不能支持"。二审法院认为,"赛博公司与蓝奇公司签订的租赁合同,依法有效,双方应全面履行。根据原审查明的事实,赛博公司在2005年3月底阻止蓝奇公司出货,就赛博公司而言虽系事出有因,但因租赁合同的出租人并无法定留置权,故该行为在法律上是没有依据的,虽然双方租赁的标的物系房屋场地,但蓝奇公司使用场地的目的显然是经营,赛博公司阻止出货的行为显然是违背租赁合同的根本目的的",法院最后以"依据公司法第5条第2款、民法通则第5条、第106条第2款、第134条第1款第7项之规定,判决被告应赔偿原告损失人民币192,000元"。[13]

在这两例侵犯企业经营权的案件中,对于经营权的法律性质并没有最终结论,但是最终法院都参照侵害债权理论,将经营权作为一种权益加以保护。"广告公司诉金龙宾馆侵权责任纠纷案"一审法院认为金龙宾馆未经广告公司同意擅自在上述路段发布广告,侵犯了广告公司的经营权。但是二审法院认为金龙宾馆非故意出于损害该经营权为目的,因而不承担赔偿责任。该案二审改判的做法事实上是对经营权保护的限制,认为经营权虽作为一种权益,但不具有公示性,如果非故意侵害则不构成侵权,采用的是学说上通行的悖俗侵害债权理

〔12〕 法院继续认为,当侵权法保护的客体或者说保障的范围从法定类型化权利扩大到其他合法的利益后,如何既要保护人们的合法权益不受侵害,又要协调人们的行为自由及经济竞争秩序,则成为法律所首要考虑的问题,亦是处理本案纠纷之关键。

〔13〕 《公司法》(2013年)第5条第2款:"公司的合法权益受法律保护,不受侵犯。"《民法通则》(1986年)第5条:"公民、法人的合法的民事权益受法律保护,任何组织和个人不得侵犯。"第106条第2款:"公民、法人由于过错侵害国家的、集体的财产,侵害他人财产、人身的,应当承担民事责任。"

论。“上海蓝奇电讯设备有限公司诉上海杨浦赛博数码市场经营管理有限公司侵害企业经营权纠纷案”将不合法阻止经营的行为视为侵权,该案侵害人主观上为故意,法院认为阻止出货行为造成损失,承担侵权责任。

2. 侵害公司债权人利益

公司股东违法侵害债权人利益构成侵权,主要包括股东清算、减资过程中违反公司法程序或者实体规定,侵害公司债权人利益构成侵权,本文统计出5例认为构成侵害债权的案件。2014年“上海银行浦东分行与上海鹤嘉实业有限公司等清算责任纠纷再审案”[14]、2014年“上海家饰佳建材商场有限公司诉吴某顺、吴某旭等财产损害赔偿纠纷案”[15]、2002年“上海钟表进出口有限公司诉赵雄等清算责任赔偿案”[16]、2008年“太仓港百利达投资管理有限公司诉杨某春等股东不当清算赔偿纠纷案”[17]、2007年“五矿钢铁有限责任公司诉天津鸿锡商贸有限公司、冀某春、冀某文、顾某杰减资上诉案”[18]。

2014年“上海银行浦东分行与上海鹤嘉实业有限公司等清算责任纠纷再审案”中,法院认为,“清算义务人未尽清算义务,造成公司财产损失,并最终导致公司债权人的利益不能实现的,应当承担损害赔偿责任。该赔偿责任在性质上属于侵权责任,本案所涉的请求权为债权请求权中的损害赔偿请求权”。[19] 法院裁判主要依据为《最高人民法院关于适用〈中华人民共和国公司法〉若干问题的规定(二)》(以下简称《公司法解释二》)第18条第2款[20],《侵权责任法》第2条、第6条,《民法通则》第106条第2款。在2014年“上海家饰佳建材商场有

[14] 上海市第二中级人民法院(2014)沪二中民四(商)再提字第1号。

[15] 上海市第二中级人民法院(2014)沪二中民四(商)终字第688号。

[16] 上海市第二中级人民法院(2002)沪二中民三(商)终字第327号。

[17] 江苏省无锡市中级人民法院(2008)锡民二终字第0203号。

[18] 北京市第一中级人民法院(2010)海民初字第24292号;(2011)一中民终字第6388号。

[19] 前引14。

[20] 《最高人民法院关于适用〈中华人民共和国公司法〉若干问题的规定(二)》(2008年)第18条第2款:“有限责任公司的股东、股份有限公司的董事和控股股东因怠于履行义务,导致公司主要财产、账册、重要文件等灭失,无法进行清算,债权人主张其对公司债务承担连带清偿责任的,人民法院应依法予以支持。”

限公司诉吴某顺、吴某旭等财产损害赔偿纠纷案”中，法院认为，“债权作为相对权，虽然不同于绝对权具有公示性与对抗效力，但如果债的关系以外的第三人明知债权存在，仍故意实施妨碍债权存续、实现的行为，应当承担侵权责任”。[21] 在2002年“上海钟表进出口有限公司诉赵某等清算责任赔偿案”中，法院认为，“我国公司法确实规定了有限公司的股东在其出资范围内承担相应的民事责任，但本案判决股东承担民事责任赔偿的基础是因股东故意或者重大过失给公司的债权人造成了损失”。[22] 在2008年“太仓港百利达投资管理有限公司诉杨某春等股东不当清算赔偿纠纷案”中，一审法院认为农行陆区办与锡山华阳厂签订的最高额保证担保借款合同合法有效，农行陆区办按约放贷，锡山华阳厂应按约还本付息。二审法院认为，“杨某春等无锡华阳厂的六名股东在未对无锡华阳厂的资产及债权债务等进行清算的情况下，向工商管理机关出具了虚假的清算报告，并申请办理无锡华阳厂注销。此行为侵害了百利达公司的债权，杨某春等无锡华阳厂的股东应对百利达公司因此受到的损失承担连带赔偿责任”。[23]

事实上，目前我国《公司法解释二》第18条第2款已经对股东、董事违规清算侵害债权进行了特别规定，从特别法的角度对侵害公司债权的部分行为进行规范。但是，《公司法解释二》仅仅规制有限责任公司的股东、股份有限公司的董事和控股股东，而非不特定的第三人。通过对案例的研究，也可以看出在司法实践中股东清算的赔偿责任在性质上属于侵权责任。因此，公司清算过程中的赔偿责任本质上是第三人侵害债权在特别法上的反映。

3. 第三人不适当履行保全、冻结义务侵害债权

通过案例统计发现，若因银行不适当冻结或者保全，导致债权人胜诉以后无法获得清偿，最后应该由银行或者信用社等承担侵权责任。2000年“韩某源诉林某军等借贷纠纷案”[24]，法官认为，“信用社不是积极与在该信用社等待的法官互相协助执行冻结保全措施，而是背着法官先予解冻，并在林某军既无提前预约和不具备提前领取大额现金全部要件的情况下，短时间内协助林某军转

[21] 前引15。

[22] 前引16。

[23] 前引17。

[24] 漳州市中级人民法院(2000)漳民终字第492号。

移全部存款30万元,其行为导致法院采取财产保全措施落空,损害了债权人的利益,负有过错责任"。

2011年的"上海普鑫投资管理咨询有限公司诉中银国际证券有限责任公司财产损害赔偿纠纷案",一审法院根据《侵权责任法》第6条第1款、第15条第1款第6项的规定,[25]并认为擅自以变更指定交易的方式违法转移公司财产,使法院公司债权所采取的保全措施因此大部分落空,行为主观恶意明显,最终导致该案的诉讼债权未获全额清偿,因此构成侵权。二审法院指出,债权在《侵权责任法》法律条款中并未特别列举,至于其是否属于该条款所称"财产权益",其认为,"侵权法旨在调和、平衡被害人损失填补与社会公众行为自由两种利益,实现被害人保护、维持社会一般行为自由以及吓阻违法行为的有机统一不以行为人与该他人间有何种法律关系为前提"。[26] 由于债权缺乏公示性,侵害债权一般不构成侵权,虽然债权不应与绝对权受同等程度之法律保护,但是债权并非被完全排除在侵权法的保护范围之外,故意侵害债权构成侵权方能平衡法益保护。在2010年"无锡瑞奇进出口贸易有限公司与中国工商银行股份有限公司南通城南支行第三人侵害债权纠纷上诉案"中,法院则以银行属于专业机构,其工作人员属于专业人员,因为重大过失造成债权胜诉无法承担,应该承担侵权责任。[27]

在这三例不作为侵害债权的案件中,都是银行或者金融机构不适当冻结或者保全,导致债权人胜诉以后无法获得清偿,最后应该由银行或者信用社等承担侵权责任。尤其是2011年的"上海普鑫投资管理咨询有限公司诉中银国际证券有限责任公司财产损害赔偿纠纷案",法院区分具有不同对抗效力的财产,认为债权不同于绝对权保护,但是在故意情况下侵害债权构成侵权。而与此对应,2010年"无锡瑞奇进出口贸易有限公司与中国工商银行股份有限公司南通城南支行第三人侵害债权纠纷上诉案"中,法院对不作为侵害债权的主观构成

---

〔25〕《侵权责任法》(2009年)第6条第1款:"行为人因过错侵害他人民事权益,应当承担侵权责任。"第15条规定:"承担侵权责任的方式主要有:(一)停止侵害;(二)排除妨碍;(三)消除危险;(四)返还财产;(五)恢复原状;(六)赔偿损失;(七)赔礼道歉;(八)消除影响、恢复名誉。以上承担侵权责任的方式,可以单独适用,也可以合并适用。"

〔26〕上海市第一中级人民法院(2014)沪高民五(商)再提字第1号。

〔27〕南通市中级人民法院(2010)通中民终字第0022号。

条件认定更加严格，认为专业机构具有更高的注意义务，即使重大过失造成债权胜诉无法承担，也应该承担侵权责任。

4. 第三人积极行为导致的侵害债权

2016 年“原告 × × 富诉被告马某侵权责任纠纷一案”中，法院认为，“原告受损害者，实质是原告对新港公司所享有的债权。侵权责任法所保护的权利原则上须为绝对权，而债权系债权人与债务人间相对性的权利，不易为他人获知，如要求外部的行为人对债权保护负有与保护所有权等绝对权同等的义务，则无疑加重了外部行为人的责任，故债权不应与绝对权受同等程度之法律保护。只有在行为人明知或应知道他人存在债权，而故意加以侵害的情形下，才能使行为人对其积极实施的侵害行为承担侵权赔偿责任”。〔28〕

5. 利益衡平后的侵害债权

法律规范本身存在缝隙，即使在民事法律规范中也存在法律规范的“灰色地带”，“灰色地带”问题的解决需要借助法律解释。在“某医院诉李甲、李乙医疗服务合同纠纷案”〔29〕中，甲、乙是张某的继承人，被继承人张某与医院有医疗服务合同，被继承人在医院治疗后死亡，死后没有任何遗产，继承人甲、乙拒绝支付医疗费，医院起诉要求继承人承担医疗费用。按照我国限定继承原则，〔30〕如果继承人甲、乙不继承张某财产，也无须替张某履行清偿义务。医院以甲、乙侵权起诉，“李甲、李乙明知张某无力支付医疗费而拒不履行赡养义务的行为，导致张某不能向医院履行债务，给医院造成了损失，侵害了医院的合法权益”。李甲、李乙辩称，“债权是相对权，不属侵权法保护对象。债的关系之外的第三人对债权既无法定义务亦无约定义务，第三人没有因违反义务进而侵害债权并构成侵权行为的可能”。

本案中，法院认为张某不履行债务给医院造成损失的情形构成侵权，完全

〔28〕 山东省五莲县人民法院(2016)鲁 1121 民初 606 号。

〔29〕 参见向亮：《第三人侵害债权行为构成侵权》，载《人民司法·案例》2015 年第 10 期，第 101 页。

〔30〕 《继承法》(1985 年)第 33 条：“继承遗产应当清偿被继承人依法应当缴纳的税款和债务，缴纳税款和清偿债务以他的遗产实际价值为限。超过遗产实际价值部分，继承人自愿偿还的不在此限。继承人放弃继承的，对被继承人依法应当缴纳的税款和债务可以不负偿还责任。”

是利益衡量的结果而非法律技术逻辑的必然。这不是法律技术的延伸,而是公平诚信等道德理念对法律规范缺失的补充,是价值观念对法律“灰色地带”的填补。

6. 合同和侵权交叉的侵害债权

法律规范既可能存在缝隙,也可以存在交叉。在某些情况下,第三人侵害债权的行为既违反合同约定,也符合侵害债权的侵权要件。本文收集的2例案件面对此种情形,采用了不同的处理方式。

2015年“东台辉煌纺织品有限公司诉江苏金华宇建设有限公司等确认合同无效纠纷案”[31]中,一审法院认为,“强丰公司与辉煌公司法定代表人利用夫妻关系,恶意串通,以签订房屋买卖合同这一合法形式,实现转移强丰公司的土地、房屋等资产的非法目的,其损害了特定的第三人,即带资进行工程施工的金华宇公司的利益,其符合我国合同法第52条认定合同无效中的以合法形式掩盖非法目的;恶意串通,损害国家、集体或者第三人利益的情形,依法应认定为无效”。二审法院也认为,“强丰公司存在明显的转移财产的主观恶意,辉煌公司亦非善意购买人,即便强丰公司与辉煌公司之间存在房屋买卖关系,其权利之行使也不应以损害金华宇公司经过生效判决确认之权利为代价,存在以合法形式掩盖转移财产之目的并恶意串通侵害金华宇公司权利的故意”。本案中,法院通过宣布侵害债权的逃避债务的买卖合同无效来救济债权。

2014年“青岛市国内旅游总公司等与毕某雨排除妨害纠纷上诉案”[32]中,法院认为根据《合同法》第121条规定,债务人应当对对方承担违约责任;若因第三人的行为构成故意侵害债权的,债权人也可以直接向第三人请求损害赔偿。在本案中,法院认为如果第三人故意侵害债权,债权人可以直接向第三人请求赔偿。

(二)我国侵害债权案件的司法实践特点与反思

1. 侵害债权案例类型的多样化

(1)一般关系和特别关系的侵害债权

无论是坚持民商合一还是民商分立,不可否认的是,商法以民法为基础,但是商事关系不同于民事关系,商事关系有其特殊之处,并且优先适用商事特别

---

[31] 江苏省盐城市中级人民法院(2015)盐民终字第01559号。

[32] 山东省青岛市中级人民法院(2014)青民五终字第839号。

法。本文类型化的“侵害企业经营权”“侵害公司债权人利益”案件是典型的商事案件,“侵害企业经营权”案件发生在2005、2006年,由于商事法律对于企业经营权没有特别规定,法院援引《民法通则》中有关保护民事权益的法律规范,同时又借鉴学理上对第三人故意侵害债权理论进行裁判。2005年的案件中,一审、二审的变化反映了当时法律规范不清晰导致法院理解差异,一审法院仅仅以过错侵害企业经营权认定侵权,而二审法院采用学理观点,将侵害企业经营权的主观状态中的过错限制为故意。而在“侵害公司债权人利益”案件中,根据特别法优先于普通法,法院直接适用公司法关于公司减资、清算过程中债权保护规则,其本质也是侵害债权的侵权案件。

故而,在司法审判实践中,我国侵害债权的案例若法律有特别规定的适用特别法,法律没有特别规定的则适用《民法通则》《侵权责任法》的一般概括条款。值得注意的是,商事法律对企业经营权没有特别规定,法院将企业经营权作为民事权益保护,一般性条款发挥兜底作用。由此,本文认为,目前的《侵权责任法》没有指引性规范条款,而是直接适用特别法上的规定。若能在《侵权责任法》中有关侵害债权请求权规范基础的法律规范上构建指引性规范,有利于清晰、准确适用法律。如此,例如在“侵害公司债权人利益”类型案件中,虽然《公司法解释二》仅仅规制有限责任公司的股东、股份有限公司的董事和控股股东,而非不特定的第三人,但是若特别法有特别规定,则根据指引规范适用特别法律。若没有特别规定,如股东、董事以外第三人行为损害公司债权人利益,债权人可根据《侵权责任法》中的概括条款进行兜底适用。

(2)主观状态的认定在侵害债权案件中存在差异

根据案例研究的结果显示,在侵害债权案件中,法院在具体确定案件是否构成侵权时,往往考虑侵害人的主观状态。除去早期部分法院“过错侵害民事权益”不区分绝对权和权益保护,通常情形下,法院一般采用学理观点,认为只有在故意情况下才构成侵权,但是在某些情形下主观上重大过失也构成侵权。2002年“上海钟表进出口有限公司诉赵某等清算责任赔偿案”中,法院认为判决股东承担民事责任赔偿的基础是因股东故意或者重大过失给公司的债权人造成了损失。2010年“无锡瑞奇进出口贸易有限公司与中国工商银行股份有限公司南通城南支行第三人侵害债权纠纷上诉案”中,法院认为银行的工作人员属于专业人员,因为重大过失造成债权胜诉无法承担,应该承担侵权责任。在这2例案件中,法院认为侵权人重大过失也构成侵权。

由此可见,法院对侵害债权的主观构成要件,在民事审判和商事审判中事实上存在不同,商事活动中,当事人有更高的注意义务。因而,在侵害债权案件中,当事人重大过失情形下也可能构成侵权。可见,面对复杂的民商事案例,侵害债权的保护规则不能仅仅采用一层概括性立法模式,而应该采用多层级的条款。

2. 侵害债权案件中司法裁判规范基础检讨

通过对2000~2017年的司法裁判中对侵害债权的裁判情况的梳理,本文发现司法实践远非我们想象的那样保守。整理出来的17篇有关的侵害债权的案子中,对于有足够证据支撑的故意侵害债权的案子法官都认定为侵权,并且在特定情况下,对某些重大过失的案件,有的法官也认定为侵权,以侵权法进行救济。

我国1986年颁布《民法通则》,在2009年颁布《侵权责任法》,根据判决的实例研究发现,在统计的17个案例中有8例是在2009年《侵权责任法》颁布之前。法官以《民法通则》第5条和第106条第2款作为裁判依据,在公司股东侵害债权情况下还依据公司法相关规定保护债权人。但是,在具体论证第三人侵害债权之时,有些判决明确区分债权和绝对权,认为债权和其他绝对权保护的权利应该有所区分,而有些采用"过错侵害债权"的论述,将债权作为民事权益对待,对民事权益平等保护。

2009年《侵权责任法》颁布以后,法官在裁判过程中,以《侵权责任法》第2条、第6条作为裁判依据,并且旗帜鲜明地区分了权利保护和利益保护的区别,认为绝对权保护采用"过错"的主观状态,可以是故意或者过失,但是对于侵害债权情形,侵害人主观上应该是故意,认为由于债权缺乏公示性,法院普遍赞同侵害债权一般不构成侵权。虽然债权不应与绝对权受同等程度之法律保护,但是债权并非完全被排除在侵权法的保护范围之外。

由此可见,司法审判实践中对《民法通则》第61条和第117条的债的相对性进行了突破,并且法官逐渐形成了区分权利和利益的审判思维,对《民法通则》第5条、第106条第2款不区分权利和利益进行了扩张理解。尤其是在《侵权责任法》制定和颁布实施后,法院已经明确树立权利和利益区分保护的裁判思维,事实上突破了立法上"民事权益"概念中权利与利益不加以区分的立法模式。

本文认为,《侵权责任法》在立法上对所有的民事权益保护程度相同,但是在司法裁判中法官对民事权益却区分保护,将权利和利益区分,把债权作为利益加以保护，可知目前我国《侵权责任法》无法为司法裁判提供有效、精准的请求权规范基础，诚如葛云松教授所言，尚需据学理以论证。可见，我国侵权责任法关于侵害债权法规规则尚可斟酌完善。

3. 悖俗侵权请求权规范基础缺失

一般认为，民事法律保护对象包括权利和利益，法律对权利尤其是绝对权保护最强，而尚未法定化的利益由于公示性弱，因而保护较弱。[33] 在权利和利益区分保护的基础上，由于利益具有非公示性，德国、我国台湾地区认为对于利益的保护应该进行限制，以平衡行为自由和当事人利益保护，因此其对于相对性的“利益”以“当事人只有故意以违背善良风俗的方式故意加害他人才需要承担责任”的兜底条款保护，这类条款为“悖俗侵权”条款，也即本文的“悖俗侵权请求权规范基础”。

在我国“某医院诉李甲、李乙医疗服务合同纠纷案”[34]中，法院判决基本依靠的是诚实守信及公平理念。因为在该案中，被告的被继承人由于生病住院，不久后去世，被告以非“合同当事人”拒绝支付医药费，案中没有足以支撑法院判决的民事法律规范依据，但是若不支持原告之请求，又于理不合，故而法院牵强认为此类案件属于故意侵害债权。事实上，该案较为接近学理上的悖俗侵害债权的情形，继承人之行为违反社会道德风俗，故意侵害医院权益，构成悖俗侵权。

遗憾的是，我国侵权责任法并没有悖俗侵权的法律规范之条文，本案判决虽然公允，但是缺乏有力的法律规范基础作为支撑，这折射出我国侵权责任法立法的缺陷，反映出“民事权益”的概括性条款的立法模式虽然富有弹性和包容性，但是需要借助学理进一步解释和论证，在某些情形下缺乏有力的说服力。

三、《侵权责任法》中侵害债权的请求权规范完善的基础

（一）第三人侵害债权的区分保护模式

法国是没有严格区分权利保护和利益保护的国家，起初法国同样继受罗马法传统坚持的债的相对性，认为第三人侵害债权不构成侵权，后来经过判例的

---

〔33〕 参见陈忠五：《契约责任与侵权责任的保护客体》，北京大学出版社 2013 年版，第 86 页。

〔34〕 前引 29。

努力,逐步将债权保护纳入侵权法保护范畴。[35] 一般认为,《法国民法典》对侵权一般条款规定是建立在第1382条和第1383条之上,其中第1382条规定,"任何行为致他人受到损害时,因过错致行为发生之人,应对该他人负赔偿责任";第1383条规定:"任何人不仅对因行为造成的损害负赔偿责任,而且还对因其懈怠或者疏忽大意造成的损害负赔偿责任。"[36] 如果将第1382条和第1383条进行对比,就会发现,第1382条所规定的"过错"是故意,而第1383条所规定的"过错"是过失或者不谨慎。[37]

事实上,我国目前采用的"民事权益"概念的法律规范更接近法国权利和利益不加以区分的立法模式,通过"民事权益"对权利和利益进行弹性和包容的保护。但是,本文案例类型化梳理已经表明,法院在审理侵害债权案件的过程中已经形成了权利和利益区别保护的法律思维,其形成过程离不开本民族历史文化和思维习惯,是法官和当事人之间密切互动的智慧结晶。同时,本文通过案例的实证分析也提出了目前关于第三人侵害债权的请求权规范基础存在的问题,由于我国侵害债权案例类型的多样化、多层次特点,难以对民事权益进行统一保护,有必要从立法上对权利和利益进行区分保护,对侵害债权立法进行完善。尤其是商事关系和民事关系存在差异,在具体认定标准上有所区别。因此,由于民事权益统一保护的立法难以适应目前的司法实践,可以参考权利和利益区分保护的立法模式,其中以德国、我国台湾地区为代表。

德国民法是区分权利保护和利益保护的首要代表。[38] 《德国民法典》第823条第1款是对权利的保护条款,并且这类权利是绝对性权利,其中"其他权

[35] 参见于明辉:《第三人侵害债权制度研究》,中国政法大学2009年硕士学位论文,第6~7页。

[36] 罗结珍译:《法国民法典》,中国法制出版社1999年版,第330页。

[37] 参见张民安:《现代法国侵权责任制度研究》,法律出版社2003年版,第136页。

[38] 《德国民法典》(1998年)第823条规定,"故意或者有过失地不法侵害他人生命、身体、健康、自由、所有权或者其他权利的人,有义务向该他人赔偿因此而发生的损害。违反以保护他人为目的的法律的人,担负同样的义务。依法律的内容,无过错也可能违反法律的,仅在有过错的情形下,才发生赔偿义务";第826条规定:"以违反善良风俗的方式故意加害他人的人,有义务向该他人赔偿损害。"参见陈卫佐译:《德国民法典》,法律出版社2015年版,第317~318页。

利”也应该是类似绝对权的性质,如同所有权一样,其享有的保护针对一切人,且其效力范围由法律限定。〔39〕该条第1款规定,不论主观上故意或者过失,侵犯生命、身体、健康、自由、所有权或者其他权利构成侵权,均需要承担赔偿责任,而第823条第2款涉及一种规范性指引的构成要件,该构成要件由保护性法律补充,并且需要过错地违反旨在保护他人的法规。违反保护性法律将主观权利转化为客观权利,将其他领域的保护规范调节到责任法。〔40〕第823条第1款只可推导具体的危险规范,但是第2款则经常考虑到抽象性危险,并且违反保护性法律实行过错推定和因果关系证明减轻、简化过错关联,对第823条第1款进行补充。此外值得注意的是,《德国民法典》第826条是一个兜底性的构成要件的结构,当事人只有故意以违背善良风俗的方式故意加害他人才需要承担责任,保护的客体范围没有限制,〔41〕但是对于行为和主观状态进行了严格限制,也就是说保护范围放宽,但是构成要件更加严格,德国法上悖俗案例类型有欺诈、串通损害第三人、危害债权人、权利滥用等,内涵非常丰富。因此,德国模式区分权利与利益,对权利采原则上给予保护的态度,《德国民法典》第823条第1款的过错责任原则为其提供全面的保护;对利益则采取例外保护的态度,仅在违反“保护性法规”(第823条第2款)或“故意违反善良风俗”(第826条)的条件下,才提供保护。〔42〕

我国台湾地区继受了德国二元化的法益保护模式,建立三层结构的“条款”,独立形成三层次侵权行为类型。〔43〕台湾地区“民法”第184条继受于《德

〔39〕参见[德]埃尔温·多伊奇、汉斯—于尔根·阿伦斯:《德国侵权法——侵权行为、损害赔偿及痛苦抚慰金》(第5版),叶名怡等译,中国人民大学出版社2016年版,第90页。

〔40〕同上书,第102~109页。

〔41〕事实是,德国民法第823条规定的是对权利的保护,而第826条是对权利以外的利益保护,因此第826条保护的是权利以外的“利益”。

〔42〕参见于飞:《侵权法中权利与利益的区分方法》,载《法学研究》2011年第4期,第104页。

〔43〕我国台湾地区“民法典”第184条第1项规定:“因故意或者过失,不法侵害他人之权利者,负损害赔偿责任。故意以悖于善良风俗之方法,加损害于他人者亦同。”第2项规定:“违反保护他人之法律者,致生损害于他人者,负赔偿责任。但能证明其行为无过失者,不在此限。”

国民法典》第823条和第826条,但是稍有改造。台湾地区"民法"第184条第1款不再像《德国民法典》第823条列举生命、身体、健康等权利,将权利限制为绝对性权利,台湾地区明确概括规定为"权利",不采用限制性条件;第184条第1款后段与《德国民法典》第826条无异;第184条第2款规定违反保护他人法律承担责任,并且推定其有过失,虽然《德国民法典》第823条第2款规定需要过错才承担责任,但是司法裁判当中也进行过错推定,两者关于违反保护他人法律规定无异。王泽鉴教授认为,"债权系属相对权,存在于当事人间,债权人对于给付标的物或者债务人的给付行为并无支配力,债权不具有典型的社会公开性,加害人的责任无限扩大,不符合社会生活上损害合理分配原则,况且'民法'第184条第1款后段和第2款足以作为侵害债权的规范基础"。〔44〕

(二)《民法总则》框架对侵害债权保护规则立法的影响

1. 民事权利和利益概念的区分

我国《民法总则》第120条规定:"民事权益受到侵害的,被侵权人有权请求侵权人承担侵权责任。"依然采用的是"民事权益"概念,对权利和利益概括表述,但是《民法总则》第126条规定:"民事主体享有法律规定的其他权利和利益。"将权利和利益区分开来,也就是说权利和利益之区分是客观存在的,立法者已经注意和承认了利益和权利的区别,而且在"民事权利"章节对权利和利益进行区分,其中对信息、数据和虚拟财产也没有采用权利概念,但是确实需要对其进行保护,权利与利益的确定性、公示性明显不同。

本文的实证分析也表明,法院在司法实践中对侵害绝对权和相对权进行区别保护,对侵害两者构成侵权适用不同的构成要件。《民法总则》在法律条文上区分权利和利益,有助于继续在《侵权责任法》中对权利和利益进行区分保护。

2. "公序良俗"概念采用

德国、我国台湾地区采用三层的侵权保护方式,区分权利和利益的保护,其都有"故意以违背善良风俗的方式侵害他人,承担赔偿责任"的表述。但是善良风俗是一个充满道德性的词语,充斥着主观性和不确定性,并且随着社会发展变化内涵相应调整,我国在立法上需要承认这种"故意以违反善良风俗方式侵害债权",但是首先需要克服的难题也在于如何对"善良风俗"达成相对一致的理解,尤其是不

〔44〕 王泽鉴:《侵权行为》(第3版),北京大学出版社2016年版,第221页;相同观点参见梅仲协:《民法要义》,中国政法大学出版社2004年版,第188页。

同地区的法官是否有共同能力把控这个概念也受到怀疑。而我国在《民法总则》在立法上接受了“公序良俗”概念,“公序良俗”概念在《民法总则》中反复涉及。

我国《民法总则》第 8 条、第 10 条、第 143 条第 3 款、第 153 条提及“公序良俗”,公序良俗作为基本原则、法律渊源和法律行为效力控制因素被提及,尤其是在控制法律行为效力方面,违反公序良俗导致法律行为无效。因此,法律意义上“公序良俗”的引入,有利于在侵权责任法上继续采用“善良风俗”这个概念,将“善良风俗”从合同法领域扩张到侵权法中,发挥“善良风俗”具体判断的灵活性。在权利和利益区分框架下,虽然权利和利益概念具有流动性,但是“善良风俗”概念本身也是流动的,从而发挥该条款对利益保护的补充功能、合法化功能、限制功能。[45] 因此,《民法总则》对“公序良俗”概念的采用有助于在《侵权责任法》中确立悖俗侵害债权条款,为悖俗侵害债权条款的设计奠定了基础。

3. 民商合一的法典立法选择

我国侵害债权的案例中,法院在认定股东清算、减资过程中对债权人利益侵害,要求股东承担连带补充责任,法院认为这种责任是侵权责任。但是,从主观状态看,公司法对清算股东侵害债权的主观状态不仅仅是故意,重大过失情形下也承担侵权责任。同时,根据案例统计,银行工作人员的重大过失行为造成债务人逃避债务,债权人胜诉后完成在债务人银行账户取得清偿,银行承担了侵权责任。显然,按照公司法和侵权法一般条款,无法精准取得恰当的请求权规范基础,平等保护民事权益的一般条款难以适应复杂的债权侵害行为,如何认识和处理在特别法上的侵害债权与《侵权责任法》一般条款上侵害债权的关系应受到重视。

虽然学界对民法典民商合一还是民商分立存在争议,但是《民法总则》已经确立了民商合一的体系,尤其在法人一章最为明显,公司法相关内容置于《民法总则》。《公司法》对债权人保护有很多规范,比如清算人对债权人的保护义务,《民法总则》第 70 条第 3 款规定“清算义务人未及时履行清算义务,造成损害的,应当承担民事责任”。法官在审判实践中,将这种民事责任认定为侵权责

[45] 补充功能是指,权利保护法条无法适用的情况下,仍基于这个前提产生损害赔偿义务;合法化功能是指,其能够灵活发展法律体系以适应价值观的变迁,故对法律续造有合法化功能;限制功能是指,其强要件可以防止侵权责任的泛滥。参见于飞:《违背善良风俗故意致人损害与纯粹经济损失保护》,载《法学研究》2012 年第 4 期,第 46 页。

任,但是商事注意义务与民事注意义务显然是有所区别的,因此在重大过失情形下侵害债权也承担侵权责任,银行工作人员重大过失造成债权人债权实现困难,法官认为银行也承担侵权责任。

由此,在处理侵权法和其他法律之间关于侵权的规范之时,需要一条指引性规范,在特别法上如果有侵权规定,直接按照特别法规定处理。《民法总则》第128条规定:“法律对未成年人、老年人、残疾人、妇女、消费者等的民事权利保护有特别规定的,按照其规定。”该条体现了一般保护和特别保护的思维,因为不同身份主体在特定事项上的注意义务确实不一样,因此在民商合一的体系下,对侵害第三人请求权规范基础的构建应该注意到这种商人和一般人注意义务的差别,在侵权法上构建指引性的侵权规范。

四、《侵权责任法》中侵害债权的请求权基础完善的路径

(一)我国学者对侵害债权的请求权基础完善的构想

在学理上,学者通过划分债权的对内效力和对外效力,认为债权的对外效力是第三人不得侵害债权的效力,而对内效力是债权债务人之间的关系。[46] 在立法建议上,学者对于第三人侵害债权也进行有益的探索,1998年《合同法建议稿》第125条规定:“第三人明知当事人之间的债权债务关系,采用不正当手段,故意阻碍债务人履行义务,侵害债权人权利的,应当向债权人承担损害赔偿责任。”该条比较明确地规定了第三人侵害债权的保护措施,但是,由于有学者不同意在合同法中保护债权,该建议没有被1999年《合同法》采纳。

在侵权责任法立法建议中,王利明教授建议,“第三人明知他人享有债权,以引诱、胁迫等方式阻止债务人不履行债务,侵害他人债权,造成财产损失的,应当承担赔偿责任”。[47] 杨立新教授主张,“明知他人享有债权,以引诱、胁迫、伤害债务人等方式阻止债务人履行债务,造成债权人债权损害的,应当承担侵

〔46〕 参见王利明:《违约责任论》,中国政法大学出版社2013年版,第747页;张民安:《第三人契约性侵权责任研究》,载《中山大学学报》1997年第4期,第41页;杨立新主编:《侵权行为法研究》,人民法院出版社2016年版,第277页。

〔47〕 王利明主编:《中国民法典学者建议稿及立法理由——侵权行为编》,法律出版社2005年版,第25页。

权责任”。[48] 但是由于关于侵害债权的问题尚存争议,2009 年《侵权责任法》并没有采用两位学者专门利用一条规定保护债权的建议。

（二）本文对侵害债权的请求权基础完善的思路

本文不赞成部分学者在《侵权责任法》中以单独条款专门作为侵害债权的请求权规范基础的观点。因为债权只是民事权益的部分内容,在立法上应该发挥法律规范的涵摄作用,保证法律规范的抽象性。社会急剧变动,生活不断涌现新型财产权益,诸多新类型的权益贴近债权,但是在具体的判断上又与债权有所区分。如果以单独一个专门条文对侵害债权进行规范,而后势必衍生新型权益判断问题,实无必要,当设计更为抽象的法律条文,对民事权益进行规范更为妥当。如前文 2005 年、2006 年两案件中的“企业经营权”,该权益没有明确的法律规定,同时和一般的债权又有所区别,实为具有新特点和内容的新权利,纳入民事权益更为合适。后续社会发展,也将不断催生新的“民事权益”类型。因此,如果条件允许,应该设计更具弹性和包容性的法律规范。

本文认为,在民法典编纂条件下,我国在侵权法上对债权保护应该借鉴德国、我国台湾地区的立法模式。[49] 德国、我国台湾地区侵权法在审查方式上需要先确定被侵害的客体是“权利”或者“利益”,再确定责任类型和应当适用的法律依据。对于侵害债权的保护,由于德国侵权法对权利理解为绝对性权利,因此债权不作为一种权利类型进行保护,而是适用第 823 条第 2 款或者第 826 条,事实上将债权作为一种利益进行保护。由此,德国侵权法上对债权保护的请求权规范基础在第 823 条第 2 款或者第 826 条。德国侵权法对权利和利益进行区分的二元保护模式,权利保护形成封闭性构成要件,而对利益保护对象则相对开放,两者适用不同的构成要件。而根据我国第三人侵害债权的请求权规范的实证研究可知,我国法官在司法审判过程中基本采用了德国模式的思考路径,立法上宜采用类似

[48] 杨立新:《制定侵权责任法应当要解决的几个问题》,载《法学杂志》2007 年第 3 期,第 4、8 页。

[49] 严格意义上,笔者所构思的保护模式与德国、我国台湾地区也有差异,而与东亚侵权法示范法有类似。《东亚侵权法示范法》第 3 条规定:“因过错侵害他人私法权利,造成损害的,应当承担侵权责任。故意侵害他人私法利益或者纯经济利益,造成损失的,应当承担侵权责任。因过失侵害他人私法利益,造成重大损失或者情节严重,应当承担侵权责任。”参见杨立新主编:《东亚侵权法示范法》,北京大学出版社 2016 年版,第 6 页。

德国、我国台湾地区的三层次保护模式,以促进立法和司法审判的统一。

同时,《民法总则》首次在立法上将权利和利益进行区分,并且,“公序良俗”的概念的采用、采取民商合一的体系,这些都为民法典编纂过程中采用三层次立法模式作为债权保护的请求权规范基础奠定了基础。因此,我国《民法总则》已经列举了足够的权利类型,《侵权责任法》第2条概括列举的权利和利益类型没有存在必要,应该有一条法条作为概括条款对权利保护,同时有一条法条作为指引性规范处理一般侵权和其他特别法上侵权的关系,最后再有一条“故意违背善良风俗”条款发挥补充和限制功能。

如此,本文类型化的案子中,如“利益平衡后的侵害债权”类型案件可以通过“违反善良风俗侵害他人”提供兜底的请求权规范基础,而对于商事领域或者其他特别领域的侵权可以通过指引性规范克服一般性条款的缺陷,优先适用违反特别注意义务的侵权责任承担。并且,没有必要单列条文对侵害债权进行专门规制,宜采用“故意违反善良风俗侵害他人权益承担赔偿责任”作为兜底性条款,作为保护相对性的权利(主要是债权)和利益的请求权基础,以保证足够的包容性。这可以不断将新出现的利益纳入侵权法保护范围。

五、结　　语

本文通过考察2000~2017年北大法宝、裁判文书网、中国司法案例网上有关于侵害债权案例的法院判决文书,认为我国在司法裁判中已经形成了权利和利益区别保护的法律思维,对侵害债权进行区分保护具有现实的司法实践基础。

通过对我国第三人侵害债权的请求权规范基础的实证研究,根据我国司法实践中权利和利益区分保护的现实基础,侵害债权案例呈现类型化、多样化特点,本文认为我国侵害债权的请求权规范基础尚需完善。并且结合《民法总则》对权利和利益区分、采用“公序良俗”概念、采用民商合一的立法体系等原因,本文认为我国对第三人侵害债权的请求权规范基础构造应该采用如德国、我国台湾地区式的权利和利益区分的三层次保护模式。其应该包括一条作为概括条款对权利保护,同时有一条指引性规范处理一般侵权和其他特别法上侵权的关系,最后再有一条“故意违背善良风俗”条款发挥补充和限制功能。

(责任编辑:彭兆明)

前沿领域的研究思考

人工智能的法律责任划分困境与出路

——以自动驾驶汽车为例

俞漫诗*

摘要：

人工智能技术的发展加速了智能化新时代的来临，其中，无人驾驶汽车是人工智能在汽车领域发展的必然趋势。由于无人驾驶汽车具有运行的自主性、驾驶技术级别的多样性等特征，无论是在民事侵权问题还是在刑法入罪问题上，其都给现行法律制度带来了挑战。在民事侵权问题上，产品责任和机动车交通事故责任在弱人工智能阶段仍然具有可适用性，但具体条文和标准仍需细化，而当自动驾驶汽车发展到“完全无人驾驶”的级别时，考虑赋予自动驾驶汽车独立法律地位的可能性则变得必要；在刑法入罪问题上，目前交通肇事罪条文完全适用于自动驾驶汽车情形仍然存在障碍，且我国仍然缺乏针对“不合理危险”类型产品缺陷导致的重大法益侵害案件的刑事责任规则。

关键词：

自动驾驶；民事侵权；电子代理人；产品刑事责任

二十一世纪以来，人工智能技术的迅猛发展超出了人们的想象，也引发了学界研究的热潮。人工智能缺乏通用的定义，一种实用的定义方法将其描述为对计算机系统如何能够履行那些只有依靠人类智慧才能完成的任务的理论研究。[1] 有人将计算机视觉、机器学习、自然语言处理、机器人和语音识别概括为人工智能的五大核心技术。目前人工智能领域的企业主要集中于以下三个层

---

* 俞漫诗，武汉大学法学院2017级硕士研究生。

〔1〕 参见叶舒、严威川：《人工智能：改变世界的“原力”》，载《信息安全与通信保密》2016年第12期，第98页。

面:基础层,关注人工智能基础支撑硬件或数据平台基础;技术层,包括有关机器识别与深度学习的算法和技术设计;应用层,包括通用应用和行业垂直应用等。在行业应用端,自动驾驶汽车、智能金融、智能医疗、智能家居等领域的探索都在进行之中。[2] 其中,自动驾驶汽车作为人工智能在交通领域的运用,目前被讨论得最多。

自动驾驶汽车领域的技术日益娴熟,给人们生活带来方便的同时,也给现行的法律制度带来了挑战,其在行驶过程中导致损害事件发生时的法律责任认定问题是其中一个难点。一方面,在自动驾驶汽车民事侵权责任认定时,现行法律中的产品责任和机动车交通事故责任在当前的技术发展阶段仍然有一定的适用可能性,但当自动驾驶汽车发展到真正"完全无人驾驶"的级别时,讨论赋予自动驾驶汽车作为"电子人"的独立法律地位应该具有必要性;另一方面,我国现行《刑法》第133条交通肇事罪对自动驾驶汽车适用存在较大困难,而产品刑事责任适用于自动驾驶汽车在目前阶段也存在一定的障碍。本文从自动驾驶汽车的概念和特征着手,结合我国现有的相关法律规定,以民事侵权和刑事责任认定为两条主线,进而在法律范围内给其合理定位,探讨如何公平、公正、合理地划分无人驾驶汽车导致损害的法律责任。

一、自动驾驶汽车的界定及特征

(一)自动驾驶汽车的界定

自动驾驶汽车是指不依赖驾驶员,而依靠车内的以计算机系统为主的智能驾驶仪来实现驾驶的车辆,又可以被称为轮式移动机器人。[3] 许多人更喜欢用无人驾驶汽车来描述相关技术与运用,但正如人工智能也分弱人工智能和强人工智能,自动驾驶汽车的概念目前也没有完全摆脱人类输出,笔者认为无人驾驶汽车的概念似乎应该比自动驾驶汽车狭窄。关于自动驾驶汽车技术的划分,国际汽车工程师学会(SAE International,下称SAE)和美国国家公路交通安全管理局(NHTSA)都曾经发布自己的分类体系,但SAE分类标准的影响力不断

---

[2] 参见《2016年人工智能领域的总结与思考:未来将面临的五大考验》,载http://finance.jrj.com.cn/tech/2016/12/30094621909952.shtml,最后访问日期:2018年2月26日。

[3] 参见任禾:《无人驾驶》,载《中国经济和信息化》2013年第12期,第87页。

扩大,已逐渐被今天绝大多数主流自动驾驶研究者当作通行的分类原则。SAE标准将自动驾驶技术分为0到5级六个级别,分别为非自动化、辅助驾驶、部分自动化、有条件的自动驾驶、高度自动化、全自动化。目前,我们所使用的大多数汽车都处于零级和一级期间,碰撞告警属于第0级的技术,自动防碰撞、定速巡航属于第1级的辅助驾驶,自动泊车功能介于第1级和第2级之间。按照SAE的分级标准,第2级技术和第3级技术之间,存在相当大的跨度。使用第1级和第2级辅助驾驶功能时,人类驾驶员必须时刻关注路况,并及时对各种复杂情况做出反应。但在SAE定义的第3级技术标准中,监控路况的任务由自动驾驶系统来完成。这个差别是巨大的。技术人员也通常将第2级和第3级之间的分界线,视作"辅助驾驶"和"自动驾驶"的区别所在。在驾驶第3级标准的汽车时,人类司机在开启自动驾驶模式后就可以选择在车上做任何自己想做的事情,并仅仅在系统提醒的复杂路况下接管操控并执行特定的驾驶动作。第4级在此基础上实现在自动驾驶模式下由自动驾驶系统完成所有动态驾驶任务,不需要在特定时刻人类驾驶员响应请求。第5级标准下的汽车则摆脱模式和路况的限制,在全部环境和条件下完成所有驾驶任务。[4] 我们通常讨论较多的无人驾驶汽车是第3级及以上标准的汽车,即可以基本排除人工操控、具有较高自主性的汽车。

(二)自动驾驶汽车的特征

对于新生事物,科学认知和总结其特性是我们对其进行规范的前提,也是确定主体法律责任的内在要求。[5] 自动驾驶汽车的特征主要包括驾驶的自主性、驾驶技术级别的多样性,以及驾驶人员的非必要性及非特定性。

1. 驾驶的自主性。具有高度甚至完全的自主性是自动驾驶汽车区别于传统汽车的本质特征,其驾驶的自主性主要表现在行驶过程中与驾驶有关的所有决策作出的独立性。首先,雷达、传感器、摄像头、全球定位装置等车载硬件设备可以帮助自动驾驶汽车在驾驶过程中感知车辆周围环境,实现对其他汽车、行人、障碍物、绕行道等路况的持续"观察"。在这基础上,复杂的分析性程序及

[4] 参见"Autonomous car",载维基百科:https://en.wikipedia.org/wiki/Autonomous_car. 最后访问日期:2018年1月20日。

[5] 参见陈晓林:《无人驾驶汽车致人损害的对策研究》,载《重庆大学学报》(社会科学版)2017年第4期,第79页以下。

算法则可以使自动驾驶汽车实现拟人化,通过综合分析“观察”到的路况,不断对速度和路线作出调整,并避免与其他汽车、行人等障碍物发生碰撞,最终安全到达预定目的地。自动驾驶汽车人工智能设备独立分析路况并作出决策的这一过程是“机器学习”的直接体现,也就是说,高度智能化的自动驾驶汽车在人工智能设备的程序员设计出其整套的学习规则后就摆脱了程序员,自身具备数据分析和学习的能力,使其可以独立作出判断和决策。

2. 驾驶技术级别的多样性。正如上文中提到的,尽管完全摆脱人类控制是自动驾驶汽车发展的最终目的,但由于复杂环境的变化以及技术水平的阶段性,现阶段而言,驾驶的自主性并非自动驾驶汽车的唯一特性,自动驾驶汽车技术仍然存在不同等级和层次,这也意味着在目前阶段相关责任主体的多样性。

3. 驾驶人员的非必要性与非特定性。对于传统汽车而言,必须有特定的驾驶员,且其需具有特定的驾驶技能并取得驾驶资格证。例如,我国现行《道路交通安全法》规定,驾驶机动车应当依法取得机动车驾驶证,且申请机动车驾驶证必须经过理论与实践的测试,合格后方可取得。而《机动车驾驶证申领和使用规定》第12条对申请机动车驾驶证的人从年龄和身体条件上提出了要求,第13条则做了否定性列举的补充。自动驾驶汽车的诞生使驾驶员不再具有必要性,无人驾驶汽车中可以只有乘客没有驾驶员,而对于仍然需要驾驶员的自动驾驶汽车而言,驾驶员也由特定性转为非特定性,这主要表现在:(1)驾驶技能的非限定性。在自动驾驶模式下车辆凭借人工智能系统便可完成各类操作,驾驶员只需在特定情况下执行系统命令,无须掌握传统汽车所必需的驾驶技能。(2)年龄和身体条件的非限定性。我国《机动车驾驶证申领和使用规定》第12条和第13条规定了取得传统汽车驾驶资格需具备的年龄和身体方面的前提条件,但在自动驾驶汽车中,这些条件将被宽松化,一些原本不被允许驾驶传统汽车的群体,如残疾人、老年人等,也可以通过自动驾驶汽车出行。

二、自动驾驶汽车的民事侵权责任问题

法律责任的发生以责任主体的存在与确认为前提,当自动驾驶汽车导致侵权事件发生时,责任主体如何确定是一大法律难题。按照现有的法律体系,自动驾驶汽车仍然落入“物”的范畴,因此,产品责任在此种场合下具有适用可能性,而由于上文中提到的自动驾驶汽车驾驶技术级别的多样性,在自动驾驶汽

车仍然需要人类驾驶员在特定情况下履行接管义务的情形下，机动车使用者或所有者、管理者也可能需要承担责任。但考虑到人工智能发展到高级阶段时，很难再以生产缺陷解释具有完全自主性的自动驾驶汽车的行为，许多专家和学者都开始寻求规则的突破，考虑在未来赋予自动驾驶汽车等完全智能机器人独立法律主体地位的可能性。

（一）现有法律体系下的解决方案

1. 产品责任适用问题。按照现有的法律体系，自动驾驶汽车等智能机器人尚未被赋予法律主体地位，因此仍然落入“物”的范畴，而通过文章第一部分自动驾驶汽车的概念分析可以得知，其行驶是依靠一系列的技术支撑，对自然人驾驶员的依赖较少甚至完全没有，因此许多学者主张一般情况下可以将此问题归入自动驾驶汽车的产品责任领域进行研究，由汽车生产商或者具体人工智能设备的生产商承担责任（当二者分离时，可采取不真正连带责任，由汽车生产商承担责任后，再向具体的导致事故发生的存在缺陷的人工智能设备生产商追责）。

产品责任〔6〕是指商品的生产者或销售者，因其商品的缺陷，对持有或者使用该商品的消费者或者第三人，应当负担的损害赔偿责任。我国关于产品责任的规定可见于《侵权责任法》第 43 条和《产品质量法》。其中，生产者的产品责任按照通说被认为是严格责任，即无过错责任，只要产品存在缺陷，生产者就应当承担侵权责任，无需证明其存在过错。因此，当非人类司机操作的自动驾驶汽车造成人身或者财产损害时，被侵权人可以向缺陷产品的制造商，即汽车生产商主张产品缺陷责任。由此也可见，在此类产品侵权案件中，产品缺陷的认定是一个焦点问题。学界通说一般将产品缺陷分为制造缺陷、设计缺陷、警示缺陷三种类型，〔7〕但这一分类并未得到立法的确认。《产品质量法》第 46 条规定了我国关于产品缺陷的认定标准，包括不合理危险标准和产品质量标准。其中“不合理危险”标准的适用缺乏具体化的解释，具有模糊性，从而在司法实践

〔6〕 广义的产品责任根据法律渊源不同，包括产品的民事责任、行政责任和刑事责任，此节中的“产品责任”指狭义的产品民事责任。

〔7〕 参见王利明：《侵权行为法研究》（上卷），中国人民大学出版社 2004 年版，第 243 页；张新宝：《侵权责任法原理》，中国人民大学出版社 2005 年版，第 402 ~ 404 页；杨立新：《侵权法论》，人民法院出版社 2005 年版，第 481 页。

中容易产生适用上的争议和问题。[8]

而具体到自动汽车产品侵权责任案件中,产品缺陷的证明也可能会存在一定的困难和问题。一方面,有可能存在这样的情形,即不能合理推断出事故是由设计、制造或警示缺陷造成的。自动驾驶汽车发展到高级智能机器人阶段,即完全脱离人类司机和设计者的阶段时,所具有的自主性、不可预测性、不可解释性和后天学习经历的影响性将会使事故本身难以通过生产缺陷来解释。[9]另一方面,即使是通过对无人驾驶汽车"黑匣子"的数据以及其他因素的分析,可以解释事故的发生原因,在某些场合下被侵权人也很难在现有的证明标准下证明缺陷的存在,尤其是与制造缺陷针对产品本身、适用无过错责任的判断方法相比,设计缺陷与警示缺陷更多地考量生产者行为的适当性,在认定标准与归责原则上要求更加灵活、综合地考虑成本和风险在生产者、消费者之间进行分配的公平性和经济性,[10]法官在运用"不合理危险标准"判断此类缺陷是否存在时具有较大的自由衡量权,被侵权人举证责任负担较大。举一个具体的例子,当自动驾驶汽车在距离被侵权人一定距离时检测到被侵权人,并采取了紧急制动,但未能避免碰撞时,如果行业内已经存在一个碰撞避免标准[当障碍物(包括人类)在距离汽车大于或等于该标准距离时被检测到,那么自动驾驶汽车必须能够在其行进路线上避免碰撞],那么当自动驾驶汽车检测到被侵权人的距离大于这一行业标准时,显然,该自动驾驶汽车不符合行业标准,通过产品质量标准,产品缺陷很容易被证明。但当具体案件中这一距离小于行业标准时,如何判断该种情况下该自动驾驶技术是否具有"不合理的危险",则需要法官结合具体情况具体分析。[11] 在这种场合下,被侵权人承担的证明设计缺陷存在的

〔8〕 参见张萍:《论我国"产品缺陷"认定的不足与完善》,载《中财法律评论》2009年第1期,第261页以下。

〔9〕 参见司晓、曹建峰:《论人工智能的民事责任:以自动驾驶汽车和智能机器人为切入点》,载《法律科学》(西北政法大学学报)2017年第5期,第169页以下。

〔10〕 参见蔡东辉、许懿:《产品的合理危险与产品缺陷之区分》,载《人民司法》(案例)2008年第8期,第12页以下;梁亚、王嶂、赵存耀:《论产品缺陷类型对产品责任归责原则的影响——〈侵权责任法〉第41条生产者责任之解释与批判》,载《法律适用》2012年第1期,第37页以下。

〔11〕 参见前引9,司晓、曹建峰文,第168页。

责任就十分沉重。

此外,《产品质量法》还为产品生产者提供了免责事由,生产商在被要求承担自动驾驶汽车的产品缺陷责任时很可能主张“将产品投入流通时的科学技术水平尚不能发现缺陷的存在”这一免责事由。但是,科学技术水平有限性这一免责事由的抗辩实际很难获得法官的支持,因为即使自动驾驶汽车普遍被认为比人类驾驶更为安全,但总体而言自动驾驶汽车出现责任问题是具有较大概率的事件,是为一般人所能预料到的风险,如果这一抗辩能够获得支持,那么消费者将会被置于巨大的风险中。相比之下比较可能被法官支持的免责事由抗辩是消费者不合理使用的抗辩。如果生产商已经尽到自身义务,汽车出厂时没有产品缺陷,但由于操作者不合理的使用或者损坏造成的事故损失,应当由操作者自己承担。这种情况下主要考察操作者在使用产品过程中是否存在违反技术规范行为,是否尽到应尽的注意义务和维修保养产品的义务。而对于操作者的注意义务,由于人工智能产品科技含量高,操作技术要求高,所以在判断标准上应该不能按照普通人的注意义务要求,最起码应当按照与处理自己事务的同一注意义务要求。[12]

2. 机动车使用者或所有者、管理者的责任。上文中的产品责任的讨论实际上建立在自动驾驶汽车已经实现高度智能化的基础上,并未考虑人类司机或汽车所有者、管理者承担责任的可能性。虽然从理想的情况看,人类当然希望尽早看到完全“无人驾驶”的汽车取代现有的所有人类司机,但从自动驾驶技术的发展进程看,未来将存在一段很长的过渡期,各种不同类型、不同层次的自动驾驶技术将呈现共同发展,各自覆盖不同需求、不同路况、不同人群、不同商业模式的情况,因此在讨论侵权责任主体时,目前还不能完全将人类司机的因素排除出去。例如,一名人类司机在酒后选择了自己驾驶汽车回家,并开启了自动驾驶模式(达到三级标准的自动驾驶汽车),当其发生事故时,其是否应该承担责任?其他的司机客观资质具有瑕疵的情况还包括司机年龄超过限制,身高或视力等身体条件不符合规定等。而当司机的客观条件完全符合《道路安全交通法》的规定时,其又是否需要对汽车自动驾驶模式下发生的交通事故承担责任?这时是否需要按照其所驾驶的自动驾驶汽车达到的技术标准等级,即是否可以

〔12〕 参见李政佐:《论人工智能产品侵权行为责任认定——以人工智能汽车为例》,载《商界论坛》2016 年第 9 期,第 233 页。

完全脱离人工控制和干预,来区分不同的情况?

对于传统的机动车交通责任事故,《道路交通安全法》第76条是规范机动车交通事故责任的基本条款,[13]根据交通事故是在机动车与机动车还是机动车与非机动车驾驶人、行人之间发生,该条款确定了两种不同的归责原则,体现了不同的责任分配思想和责任承担基础。根据该条第1项的规定,机动车之间发生交通事故的,适用过错责任原则。根据第2项规定,动车与非机动车驾驶人、行人之间发生交通事故,通说认为适用的是无过错责任原则。[14] 此外,《侵权责任法》第49条与《最高人民法院关于审理道路交通事故损害赔偿案件适用法律若干问题的解释》(法释〔2012〕19号)第2条还对机动车所有人、管理人与使用人发生分离的情形下如何判断机动车交通事故责任的赔偿主体作了原则性的规定。无论驾驶机动车是否得到机动车所有人、管理人的允许,是有偿还是无偿,机动车使用人都应当承担赔偿责任,而机动车所有人、管理人只在对损害的发生有过错的情况下才承担相应的赔偿责任。[15]

---

〔13〕《道路交通安全法》(2003年通过)第76条规定:"机动车发生交通事故造成人身伤亡、财产损失的,由保险公司在机动车第三者责任强制保险责任限额范围内予以赔偿;不足的部分,按照下列规定承担赔偿责任:

(一)机动车之间发生交通事故的,由有过错的一方承担赔偿责任;双方都有过错的,按照各自过错的比例分担责任。

(二)机动车与非机动车驾驶人、行人之间发生交通事故,非机动车驾驶人、行人没有过错的,由机动车一方承担赔偿责任;有证据证明非机动车驾驶人、行人有过错的,根据过错程度适当减轻机动车一方的赔偿责任;机动车一方没有过错的,承担不超过百分之十的赔偿责任。

交通事故的损失是由非机动车驾驶人、行人故意碰撞机动车造成的,机动车一方不承担赔偿责任。"

〔14〕基于对《道路交通安全法》第76条第2项后段理解的差异,学界对于动车与非机动车驾驶人、行人之间发生交通事故适用何种归责原则存在一些分歧,主要有过错推定责任说和无过错责任说两种学说。过错推定责任说认为,机动车一方在无过错的情况下仍承担不超过10%的责任,是道路交通事故责任中采用"优者危险分担"原则的体现,并非无过错责任原则;无过错责任说认为,根据《道路交通安全法》第76条第2项的规定,无论机动车一方有无过错,均应承担一定的赔偿责任,因此,机动车一方承担的是无过错责任。

〔15〕参见李新天、印通:《论机动车交通事故责任的赔偿主体》,载《时代法学》2014年第6期,第24页。

笔者认为，按照现有的法律规则，在有自动驾驶汽车参与的交通事故中，也应该在以上两种责任划分的基础上进一步讨论机动车使用者和所有者、管理者的责任。当交通责任事故发生时，如果涉及行人、非机动车驾驶人，应该由汽车生产商和机动车使用人或者所有人、管理人一起承担不真正连带责任，若机动车使用人或者所有人、管理人不存在过错，再向承担产品责任的汽车生产商追责，这是因为产品责任和机动车交通事故责任本质上都是一种"危险责任"〔16〕。而在讨论机动车使用人或者所有人与保管人的过错责任时要注意区分自动驾驶汽车的所达到的技术标准级别。当自动驾驶汽车并未达到最高级别的标准，在特定情况下仍然需要机动车使用者即人类司机的干预和控制时，讨论人类司机的过错责任是有必要的，例如司机在自动驾驶系统发出警告信息时，并未履行保持警惕和及时接管的义务，或者司机具有酒驾、醉驾、年龄身体条件不符合相关法规资质等过错。此时，汽车生产商和驾驶员应按照过错大小，分别对侵权行为承担责任。而当自动驾驶汽车达到完全无人驾驶的级别时，需要根据机动车的所有者或管理者的行为判断其是否具有过错，当其未尽基本的管理与维护义务时，需要和汽车生产商一起承担责任。

（二）规则突破：电子人的主体地位

上文中产品责任和机动车使用者或所有者、管理者的责任的讨论，都是在将自动驾驶汽车作为普通"物"的前提下进行的。但正如上文中提到的，当自动驾驶汽车发展到高级智能机器人阶段，即完全脱离人类司机和设计者的阶段时，其所具有的自主性、不可预测性、不可解释性和后天学习经历的影响性将会使事故本身难以通过生产缺陷来解释，也就是说，因为机器的自主学习能力，生产商也无法全面预见自动驾驶汽车的行为，这时我们会开始考虑汽车本身承担责任的可能性。随着人工智能的发展，这似乎不再是异想天开。2015 年，在瑞士的一件艺术装置中，一个机器人在暗网上购买了摇头丸和一本伪造的匈牙利护照，还有其他东西。最终这个机器人——而非艺术家或者其他人——被圣加仑的警察局逮捕，并于三个月后释放。〔17〕 因此，自动驾驶汽车等智能机器人能

---

〔16〕 参见印通：《机动车交通责任事故归责原则评析——从过错责任思想到危险责任原则的引入》，载《湖北行政学院学报》2014 年第 5 期，第 71 页以下。

〔17〕 参见［德］霍斯特·艾丹米勒：《机器人的崛起与人类的法律》，李飞、敦小匣译，载《法治现代化研究》2017 年第 4 期，第 66 页。

否作为电子人(electronic person),成为能够享有权利、承担义务并独立承担法律责任的新的主体成为最近的热门话题。

事实上,早在21世纪初的电子商务领域,智能软件、程序化交易等现象就已经给合同责任带来了挑战,引起了学界对于"电子代理人"(Electronic Agent)的讨论。这对于电子人的法律主体的讨论有一定的启发意义。

电子代理人是指不需要人的审查或操作,而能用于独立地发出、回应电子记录,以及部分或全部地履行合同的计算机程序、电子的或其他自动化手段。电子代理人的"代理人"称谓形象地表现了其拟人性,它可以"代理"商人作出合同交易行为,包括主动寻求交易对象,进行商务谈判并代表用户作出交易决定等,但其是否可以被承认为民法上的代理人则观点不一。因为电子代理人在一定程度上挑战了传统的自然人之间签订的合同关系,所以,学术界对如何界定电子代理人的法律地位有了争论,主要有工具论、法人论、电子奴隶论和电子人论四种观点。工具论的观点较为保守,认为电子代理人不具有法律上的人格,仅是一种能够执行人的意思的智能化的交易工具,因此尽管电子代理人执行的是商人的意思表示,但其也不应该被承认为民法上的代理人,而电子代理人的缔约能力、代理"错误"等问题都可以在传统合同法的框架下解决。[18] 法人论的支持者认为可以向对待法人一样,给予电子代理人相应的法律人格。电子奴隶论则主张将电子代理人视为有行为能力而没有权利能力的主体。电子人论提出了一种不同于自然人、法人的新的主体类型,将电子代理人看作既非法人又非工具,但又兼具法人主体性和工具附从性的"电子人"(Electronic Person),主张根据是否将财产交付给专门的机构并登记注册将其分为具有独立主体资格的拟制人和不能对自身行为负责的工具。当其登记注册并具有独立财产时,电子代理人则具有独立的责任能力,当电子代理人作出错误的代理行为或无权代理时,交易对方可直接向电子人求偿。[19]

类似地,自动驾驶汽车作为智能机器人,可以说实际上"代理或者代表"某个法律主体从事行为或者进行决策,是否可以赋予智能汽车一个"主体地位"

---

〔18〕 参见谢波、雷裕倩:《电子代理人法律问题探究》,载《网络法律评论》2016年第1期,第134页以下。

〔19〕 参见陈亮:《电子代理人法律人格分析》,载《牡丹江大学学报》2009年第6期,第67页。

呢？如果其具有独立的法律主体地位，其是否具有完全行为能力？以上四种观点中，工具论并不能反映人工智能技术发展到高级阶段时的水平，当自动驾驶汽车发展到完全无人驾驶阶段时，其就具备了独立的意思表示能力，不能再被当作简单的工具。而与此相比，法人论虽然大胆地赋予了电子代理人法律人格，但批评的观点认为此种理论会给交易对方带来一定的风险，容易造成对电子代理人独立地位的滥用，[20]且法人的相关制度也并不能完全适用于人工智能。电子奴隶论虽然基于法人论的缺点，将法律后果仍然归于“被代理人”，也就是人工智能的使用者，但这种主张本质上与工具论一样，并未赋予电子代理人独立的法律主体地位，而与此同时，赋予不具有权利能力的主体行为能力又缺乏理论依据，因此此种观点虽然可以解决法律责任的主体问题，但本质上只是工具论的延伸，略显鸡肋。因此，笔者认为电子人论是比较现实可行的解决方案，既可以回应人工智能技术的发展，又没有“一刀切”地赋予人工智能法律人格，为解决法律责任问题提供了方向。

有观点认为当人工智能由于系统设计上的缺陷导致责任事故的发生时，可以比照父母对未成年人子女的责任或者说监护人对被监护人的责任，或者雇主对雇员的责任，让部署人工智能的人承担替代责任。[21] 前者将其比照父母对于未成年人的责任的观点实际上是在赋予自动驾驶汽车法律主体资格的同时，认为其具有限制行为能力，但这与自动驾驶汽车独立执行驾驶任务的事实不符，因此缺乏理论依据；后者比照雇主对雇员的责任的观点适用于无人驾驶汽车广泛运用于商业运营的场景，但一般雇主在承担替代责任后，可向雇员追偿，雇员仍需承担最终责任，而无人驾驶汽车承担最终责任的前提仍然是被赋予独立法律主体地位并具有独立财产。

权利发展史证明，权利体系的构成从来不是固定不变的。在原有权利遭遇新兴事物冲击的情况下，不同群体的实力博弈将重新构筑权利体系。约翰·厄姆拜克将这种现象归结为“实力界定权利”。[22] 笔者认为，在进入强人工智能

---

〔20〕 例如，使用者可能会滥用电子代理人的独立地位，使用一些不正当手段，令另一方当事人的求偿落空。比如通过一项虚假交易，将电子代理人所有的财产转移，或者使其破产。

〔21〕 参见前引 9，司晓、曹建峰文，第 170 页。

〔22〕 转引自张玉洁：《论人工智能时代的机器人权利及其风险规制》，载《东方法学》2017 年第 6 期，第 57 页。

时代之后,赋予包括无人驾驶汽车在内的高度智能机器人权利主体地位是“实力界定权利”理论的体现,是社会发展的必然趋势。有学者进一步将机器人权利分为数据资源的共享权利、个体数据的专有权利、基于功能约束的自由权,获得法律救济的权利,并在此基础上主张政治权利、自我复制权利和紧急避险权利的法律保留,[23]论证了赋予机器人权利主体地位的现实可能性。而对于自动驾驶汽车而言,其被赋予独立法律主体地位的障碍还有许多,包括独立财产的来源,其和所有者或管理者、生产者的关系等,这些都涉及具体制度的设计,本文只是提到这样一种未来可能性,不讨论此问题。

(三)他山之石:关于人工智能和自动驾驶汽车的民事立法

在智能机器人民事立法方面,欧盟做出了较大的突破。早在2012年,欧盟就开始关注人工智能机器人学的法律问题,开启了Robolaw项目。欧洲议会议员曼迪·迪尔沃在该项目公开结题报告《规制在欧洲兴起的机器人技术:面对法律与道德的机器人学》[24]后,于2015年提出了《关于机器人学的民事法律规范性建议》[25],该提案又被称为“机器人法案”,2017年2月在欧盟议会通过。它广泛涉及机器人学在民主权利、就业、环境等各方面的问题,率先在立法上对人工智能技术进行引导与规制。这也是欧盟首次未在成员国均存在立法例的前提下推行某项法律。“机器人法案”中的立法建议涉及多个方面,包括重构责任规则;长期来看,考虑赋予复杂的自主机器人法律地位(所谓的“电子人”)的可能性;针对具有特定用途的机器人和人工智能(如自动驾驶汽车)出台特定规则等。法律事务委员会认识到了让具有自主学习和判断能力的人工智能的设计者和开发者承担人工智能造成的损害责任可能遭遇原因力(因果关系)和可

[23] 转引自张玉洁:《论人工智能时代的机器人权利及其风险规制》,载《东方法学》2017年第6期,第56页以下。

[24] Regulating Emerging Robotic Technologies in Europe: Robotics facing Law and Ethics,载Robolaw官网:http://www.robolaw.eu/RoboLaw_files/documents/robolaw_d6.2_guidelinesregulatingrobotics_20140922.pdf,最后访问日期:2018年2月26日。

[25] *With Recommendations to the Commission on Civil Law Rules on Robotics*,载European Parliament官网:http://www.europarl.europa.eu/sides/getDoc.do?type=REPORT&mode=XML&reference=A8-2017-0005&language=EN,最后访问日期:2018年2月26日。

预见性两大障碍,给既有的民事侵权责任规则带来了挑战,并提出了建立强制保险机制和设立生产者、消费者等多方主体参与的赔偿基金两个方向的建议。关于赋予复杂的智能自主机器人法律地位一点,法律事务委员会进一步认为提出机器人分类标准,并建立高级机器人登记制度是实现可追溯性、确立法律主体地位的前提。[26]

在自动驾驶汽车这一领域,从 2011 年第一部有关自动驾驶汽车的立法出现在美国的内华达州以后,美国各州、英国、日本等也纷纷在原有法律框架的基础上开展了路径不一的立法实践。[27] 2017 年 12 月 18 日,北京市交通委员会联合北京市公安局交通管理局等相关部门,制定发布了《北京市关于加快推进自动驾驶车辆道路测试有关工作的指导意见(试行)》和《北京市自动驾驶车辆道路测试管理实施细则(试行)》两个文件,明确了自动驾驶汽车申请临时上路行驶的相关条件,从而推动自动驾驶汽车的实际道路测试。但以上立法实践都主要是对自动驾驶汽车的道路测试作出指导和规定,并未涉及责任归属这一重要的法律问题。

2017 年,德国正式通过了首部针对自动驾驶汽车的法案,对《道路交通法》进行了修订,在立法上有较大的突破。关于责任问题,其尝试在现有的法律框架下解决新问题。一方面,法案沿用了现行法的责任分配模式,明确德国《道路交通法》和《缺陷产品责任法》的相关规定可以适用于自动驾驶的情形,另一方面,其通过明确制造商的注意义务和责任、智能汽车驾驶员的权利和义务细化

〔26〕 参见曹建峰:《10 大建议! 看欧盟如何预测 AI 立法新趋势》,载《机器人产业》2017 年第 2 期,第 16 页以下。

〔27〕 截至 2017 年 5 月,美国已有 33 个州颁布了立法,这些法案内容主要涉及智能汽车的定义、颁发测试许可的要求、许可申请程序、事故与自动驾驶失灵报告以及隐私保护等方面。英国也在 2015 年颁布了一份自动驾驶汽车测试的实践准则,主要对测试车辆和驾驶员做了规定,例如车辆需要装配数据记录仪、在公路测试前需要经过封闭跑道测试、驾驶员需要经过充分训练并持有执照等。日本在 2016 年 5 月颁布了道路自动车辆操作指南,明确了智能汽车公路测试的要求,包括驾驶员职责、车辆条件、事故预防和应对等内容。参见张韬略、蒋瑶瑶:《德国智能汽车立法及〈道路交通法〉修订之评介》,载《德国研究》2017 年第 3 期,第 70 页。

了驾驶员和汽车制造商之间责任划分的规则。[28]

不难看出,德国立法一方面在责任问题上作出了突破,明确回应了自动驾驶汽车事故中民事责任划分的新问题,规定了民事责任在制造商和驾驶员等主体之间的分配规则;另一方面,又并未突破现有的《道路交通法》和《缺陷产品责任发》的框架,是对自动驾驶汽车技术发展的谨慎回应。这种立法技术在目前的人工智能技术发展阶段具有一定的借鉴意义。法律可以预防,但不能超前,我们仍然要谨慎回应目前自动驾驶汽车等人工智能技术带来的法律问题,尽力尝试在现有法律框架下,通过修改和细化既有的法律规则解决问题,并为将来可能的立法留下空间。与此同时,完善强制保险机制、赔偿基金等配套法律措施,关注人工智能独立主体地位方向的法律动态和建议也显得十分重要。

三、自动驾驶汽车的刑法责任规制

无人驾驶汽车作为一种新兴技术,在发展与运用的过程中出现的与法律的不相适应,除了上文中提到的对侵权责任法等民事法律的挑战,还体现在刑法方面。

(一)交通肇事罪条文的适用

交通肇事罪指违反道路交通管理法规,发生重大交通事故,导致重大人身或财产损失的犯罪行为,但自动驾驶汽车导致交通事故发生时,交通肇事罪的认定具有难度。对此,可从以下两方面予以分析。

1.客观要件方面。在交通肇事罪中,损害结果是由于相关主体违反交通运输法规的行为引发的交通危险的现实化所导致,违章行为与损害结果之间具有因果联系。在无人驾驶中,乘客选择无人驾驶汽车的行为非违反交通运输法规行为或事故发生的原因,不利结果与选择行为之间当然没有因果联系,此时客

---

〔28〕 例如,明确制造商必须保证该自动驾驶功能“能够遵循规范车辆行驶的交通法规”“可以识别由驾驶员亲自控制驾驶的必要性”,能够以各种可感知方式指示驾驶员亲自操控驾驶并为其预留充足的时间,以及预防驾驶员进行不规范操作,等等(第1a条),明确智能汽车驾驶员在哪些情况下“不操作驾驶”的权利(第1b条第1款)以及在哪些情况下驾驶员负有立即接管汽车驾驶的义务(第1b条第2款)。参见张韬略、蒋瑶瑶:《德国智能汽车立法及〈道路交通法〉修订之评介》,载《德国研究》2017年第3期,第74页。

观构成要件与交通肇事罪不相符合。而对于仍然需要驾驶者控制和干预行为级别的自动驾驶汽车而言，当驾驶员在汽车自动驾驶模式中，未在复杂路况下收到自动驾驶汽车的警示信息后及时接管汽车，自动驾驶汽车在之后的行驶过程中判断失误，从而违反交通运输法规，并最终导致事故发生时，因果关系难以判定。此时，造成损害结果的原因可能有多个，比如产品设计存在缺陷，驾驶者未履行接管义务和道路交通设施发生故障，这三个因素共同导致自动驾驶系统发生故障、违反交通运输法规，进而导致事故发生。这种情况下驾驶员未及时接管汽车的行为和最后的危害结果之间具有何种程度的因果关系难以认定。

2. 主观要件方面。对于排除驾驶员干预下的自动驾驶汽车导致的交通事故，驾驶者或乘客选择无人驾驶汽车或自动驾驶模式的行为本身并无犯罪的故意或过失，而驾驶员或乘客也难以预见车辆在自动驾驶状态下何时发生故障，何时违反交通运输管理法规，因此在此种情况下，相关主体不能被确定为犯罪主体。

(二)产品刑事责任[29]的适用

目前我国针对产品缺陷导致的法益侵害案件主要运用侵权责任的手段来解决，但是在实践中，侵权责任是否能够满足产品责任追究和安全风险防范的需要，值得探究。

我国刑法中明确处罚产品犯罪的法条主要集中在第三章破坏社会主义市场经济秩序罪中的“生产、销售伪劣商品罪”一节，从第 140 条到第 148 条共九个罪名，其中第 140 条“生产、销售伪劣产品罪”是对一般伪劣产品的规制，属于兜底性罪名，其他法条则涵盖了缺陷药品、食品、医用器材、农药、兽药、化肥、种子、化妆品等特定产品。生产、销售伪劣商品罪的主观罪过是故意，过失不构成本类犯罪。一方面，对于过失生产、销售缺陷产品，造成人员伤亡或者公私财产重大损失的行为似乎不能用此节中的罪名进行规制；另一方面，本节中使用的是“伪劣商品”的概念，而没有使用《产品质量法》中“缺陷产品”这一概念，与缺陷产品有明显的区别。伪劣商品主要指以掺杂、掺假，以假充真，以次充好等方

〔29〕 产品责任的法律渊源主要是民法、经济法、行政法及国际条约，基于这些法规而产生的责任大多是民事责任和行政责任，产品刑事责任主要是产品民事责任在刑事法律关系中的推演和运用。参见焦占营：《论产品刑事责任》，载《法律科学》1995 年第 6 期，第 46 页以下。

式“致使产品质量不符合国家法律、法规或者产品明示质量标准规定的质量要求,降低、失去应有使用性能的”的不合格产品;而缺陷产品指不符合保障人体健康和人身、财产安全的国家标准、行业标准的或符合标准但仍存在危及人身、他人财产安全的不合理危险的产品。笔者认为两个概念不是包含与被包含的关系,而是部分重合。例如,不符合保障人体健康和人身、财产安全的国家标准、行业标准的产品既是缺陷产品,也是不合格产品。而不合格产品还包括产品使用性能上存在瑕疵但是不存在危及人身、财产安全的不合理的危险的瑕疵产品,缺陷产品则还包括完全符合科学的操作规程,产品本身也完全符合当时国家法律、法规或者产品明示质量标准规定的质量要求,但仍然具有不合理危险的产品。因此,从规范上看,产品刑事责任对于产品缺陷导致的法益侵害案件,特别是运用“不合理危险”标准而非“产品质量”标准判断的缺陷产品的适用仍然存在障碍。

很多情况下对于作为加害人的企业而言,追究民事损害赔偿责任可能无关痛痒,而刑事责任则能弥补民法的不足,更好地代表国家对侵害或者威胁刑法所设定的保护法益的行为进行谴责,充分发挥风险社会下刑法规范的一般预防功能,以安抚国民由此产生的不安感与恐惧感。[30] 美国1980年的印第安纳州诉福特公司疏忽大意杀人案能够充分说明这一点。

1972年5月,在加州的高速公路上,一辆福特公司的平托汽车在中途停靠时被后面一辆小车撞上,平托车起火爆炸,两名乘客一名死亡,一名大面积烧伤。幸存的受害者因为不满肇事方和福特公司的赔偿,将其告上了法庭。本来这只是一起普通的民事赔偿官司,但美国著名杂志上的一篇新闻调查——《疯狂的平托》的爆料使事情变得不再普通。这篇调查报告揭露了平托这款汽车在设计、出厂和上路过程中的种种“内幕”。报告指出平托车上市之后已经引发了多起类似的起火事故,这是由于平托车的油箱设计存在致命的隐患,其油箱放置的位置使得任何后部的碰撞都会挤压油箱,导致汽油泄漏、引发爆炸。而福特公司在平托车上路之前就对这种隐患十分清楚,但出于节约成本的考虑,公司拒绝了设计师们加固邮箱的措施。报告进一步披露了其所称的福特公司内部决策时使用的成本收益分析文件(见图1),根据成本收益分析,对邮箱采取

〔30〕 参见吕英杰:《风险社会中的产品刑事责任》,载《法律科学》(西北政法大学学报)2011年第6期,第145页以下。

加装和改造措施的成本远大于收益，也就是说，对可能发生的事故的受害人支付的赔偿金额远远小于对所有平托车采取改造措施的成本。因此福特公司决定不进行改造。而最终，平托车也成功地通过了国家交通安全管理局的安全标准、出厂上路。[31] 1978 年，在又一起油箱爆炸事故发生后，印第安纳州警方决定起诉福特公司，虽然最终以认定被告公司无罪告终，但是在这之后美国有关法人产品刑事责任的立法逐渐增多。

成本：	收益：
销量：1100 万辆小车、150 万辆卡车	可以避免：180 例死亡、180 例重伤、2100 辆车报废
单位成本：每辆小车 11 元、每辆卡车 11 元	其中，每例死亡 20 万美元、每例重伤 6.7 万美元、每辆报废车价值 700 美元
总成本：1100 万 × 11 + 150 万 × 11 = 1.317 亿	收益：180 × 20 万 + 180 × 6.7 万 + 2100 × 700 = 4953 万

得出：对于油箱改进措施而言，成本 > 收益

图 1　汽车油箱改进措施的成本收益分析（单位：美元）

同样，人们在享受自动驾驶汽车技术带来的巨大便利的同时，也越来越多地面对其所带来的前所未知的新型风险当中。对于一种新型技术产品来说，生产者虽然依据当时的认知水平有效地发现了其缺陷的存在，但有可能已经或预期将通过产品销售获取巨额利润，通过成本收益分析后发现其即使在承担了可能的民事赔偿责任之后也仍然能够享有缺陷产品带来的收益，从而放弃提高技术、避免缺陷，使此种产品成为事实上的符合科学的操作规程以及当时国家法律、法规或者产品明示质量标准规定的质量要求，但仍然具有不合理危险的“缺陷产品”并投入市场流通，继而对公民的人身、财产安全造成巨大威胁。此时，借助刑事责任的力量对企业进行处罚就变得更为重要，而目前的刑法很难做到这一点。

目前刑法对上述行为进行处罚的障碍除了上文中提到的生产、销售伪劣产品罪中“伪劣产品”这一概念的局限性，还包括理论上的障碍。刑法客观归责理论认为，当行为主体造成的风险为法律所容许的风险时，该行为就不具有客观上的可归责性。尽管自动驾驶汽车生产商明知产品存在某种缺陷并将其投入市场流通，但若该种产品本身可以无障碍通过国家相关部门的安全和质量标准

[31] 参见徐子沛：《数据之巅——大数据革命，历史、现实与未来》，中信出版社 2014 年版，第 151 ~ 158 页。

测试并取得了相关资质,符合国家法律、法规或者产品明示质量标准规定的质量要求,该产品所造成的风险就是法律所容许的,这种情况下是否可以对汽车生产商进行处罚?

一种解决方案是放弃通过第三章破坏社会主义市场经济秩序罪中产品犯罪的法条来规制此种行为。从条文所在章节来看,"生产、销售伪劣商品罪"一节中的罪名保护的法益主要是产品质量的管理秩序,而产品缺陷导致的刑事责任则主要表现为对消费者合法的人身及财产权益的损害。生产商承担产品刑事责任的事实根据不是产品质量不符合有关国家及行业的明示要求,而是来源于其对广大潜在消费者所承担的安全保障义务。因此,从保护的法益和承担责任的依据来看,通过刑法中危害公共安全罪或者第四章人身权利、民主权利犯罪与第五章财产犯罪中的具体罪名来规制具体的产品缺陷导致的法益侵害案件,更具有法理基础、更符合法律逻辑。

四、结　语

新技术的发展往往会给现行法律规则提出挑战,而这些法律问题的成功解决也是新兴技术最终得以应用推广的前提。目前,国内对自动驾驶汽车民事侵权责任的研究较多,提出了一些现实的解决方案,笔者认为产品责任和机动车交通事故责任在弱人工智能阶段仍然具有可适用性,但具体条文和标准仍需细化,而当自动驾驶汽车发展到"完全无人驾驶"的级别时,考虑赋予自动驾驶汽车独立法律地位的可能性则变得必要。与民事责任相比,谈到自动驾驶汽车刑事责任规制的文章则较少。但事实上,自动驾驶汽车对于交通肇事罪条文和相关解释的完善提出了挑战,汽车生产商刑事责任在产品缺陷导致的法益侵害案件中的缺位似乎也引起了一些风险,这些问题同样不容忽视。在讨论自动驾驶汽车事故中法律责任划分的困境与出路时,我们要从其特征出发,既着力于提出当下的解决方案,也关注未来的可能性;既关注基本的民事侵权责任问题,又不能忽视从刑法规制角度更好的防范风险。但不论怎样,最终目的都是为可能受到新技术负面影响的人们提供法律保障,尽量消除新技术实施的法律缺位风险,从而促进该技术的长远发展!

(责任编辑:何思萌)

经典评译

国家与社会的互动平衡

——《无需法律的秩序》书评

彭兆明*

摘要：

在美国法律经济学的蓬勃发展中，在许多大学者认为国家是产权的唯一渊源观点的背景下，罗伯特·C. 埃里克森在《无需法律的秩序》[1]一书中，基于在夏斯塔县进行的长达十年的实证研究的基础上，用当代博弈论理论论证了无需法律的秩序之产生与运作，再次强调非正式规范的重要性。罗伯特该书的重点主要在于"规范"角度，借鉴罗伯特的论证理论，能够更好地理解国家与社会之间的平衡，而笔者也在此书的启发下，从国家治理的角度对秩序和国家与社会的平衡进行进一步探讨。

关键词：

非正式规范；秩序；博弈论；国家治理；公民素质

引　言

在科斯(Ronald Coase)和卡拉布雷西(Guido Calabresi)这两位法律经济学的巨匠认为国家(State)是产权的唯一渊源时，美国学者罗伯特·C. 埃里克森(Robert C. Ellickson)通过研究发现，法律并非如两位前辈以及其他许多学人所主张的那么重要，现实中人们常常以合作方式化解纠纷，根本不关心这些纠纷

---

* 彭兆明，中山大学法学院2017级硕士研究生。

[1] [美]罗伯特·C. 埃里克森：《无需法律的秩序——相邻者如何解决纠纷》，苏力译，中国政法大学出版社2017年版。

可适用的法律。科斯在其著作《社会成本问题》中提到,不存在交易费用也许会使法律无关紧要,因为法律的规定不会影响资源的配置,[2]但现实中的交易费用几乎不可能为零,这就隐含地认为现实中人们资源配置的权利需要法律为前提,所以罗伯特发现科斯实际上也是以法律制度的存在作为人们相互砍价的前提("法律中心主义"),进而形成各种秩序。而且这里所说的"法律",还包括了政府或者其他科层化协调者的制度安排等正式规范体系——这种观念可以追溯至霍布斯在《利维坦》提到的"在没有一个共同权力使大家慑服的时候,人们便处在所谓的战争状态之下。这种战争是每一个人对每个人的战争",[3]也就是说如果没有一个强大的主权者,人们之间的秩序是混乱和暴力的,因此霍布斯认为要有一个强大的主权者来统治人们,才能够避免这种情况。

但罗伯特认为这个观念是不全面的,因为并非所有的秩序或者权利都需要以法律、主权者为前提,在法律之外,普遍存在"无需法律的秩序",或者可以称为"非正式规范体系",而且其重要性不亚于法律下的秩序。此外,一个法律体系包括了各类法律,如实体法、救济法以及管辖法,在非正式规范体系中,也有与各类法律类似的存在,[4]因此这种非正式规范体系很多情况下足以被人们用来定分止争。

一、法律之外的秩序

罗伯特在夏斯塔县进行了长期、大量的实证研究,通过对居民进行采访调查、实地考察等获得了大量一手资料,并挑选了几个多发的、有典型代表性的纠纷类型进行了详细的论述,即"牲畜越界纠纷""栅栏费用分担""车畜相撞纠纷",也引用了一些其他地区的研究结果,例如"捕鲸人纠纷"的案例等,以此来对无需法律的秩序进行实证、直观、生动、令人信服的分析和研究。而且罗伯特所说的"无需法律"指的是不受法律的任何影响,因为无论是"牲畜越界纠纷"、"栅栏费用分担"、"车畜相撞纠纷"还是"捕鲸人纠纷",都普遍存在或曾经存在

[2] See Ronald H. Coase, "The Problem of Social Cost.", *Journal of Law and Economics*, Vol. 3(1960), pp. 1 -44.

[3] 参见[英]霍布斯:《利维坦》,黎思复、黎廷弼译,商务印书馆1986年版,第99页。

[4] 参见前引1,罗伯特·C. 埃里克森书,第11页。

人们不知法律的情况、不用法律的合作秩序,而且罗伯特认为他们的这些权利来源于“规范”而不是“法律”。

罗伯特在实证研究材料的基础上,运用博弈论中囚徒困境、专业劳动博弈和重复博弈等理论,并最终认为“重复博弈”[5]是解决人们这种合作之谜的解释方法。然后罗伯特基于这些分析提出了“一种有关福利最大化的假说”,即关系紧密之群体内的成员们会发展并保持一些规范,其内容使成员之间在日常事务上的总体福利最大化,用博弈论的语言来表达,即当社会条件是人际关系紧密时,非正式规范鼓励人们在非零和博弈[6]的情况下选择共同产出最大总和客观利益,这也就鼓励人们合作,当使用法律不能使福利最大化的时候,就会形成无需法律的秩序。而这里的总体福利最大化,往往通过使交往中客观发生的无谓损失与交易费用之和最小化来实现。[7] 夏斯塔县的人们之所以不使用法律,正是因为可以减少交易费用和无谓损失,如理解法条的成本、聘请律师和诉讼费用、维护相邻关系成本等。

《无需法律的秩序》是一本需要认真品味的著作,否则可能会对罗伯特的观点进行误读,例如误以为罗伯特要以非正式社会规范广泛替代法律,[8]而实际上罗伯特认为人们是持续同时维系着社会控制的非正式体系和法律体系,以一种精细方式将之混合的,[9]罗伯特指出法律的局限性并运用博弈论理论详细论证法律之外存在的秩序是如何运作、在什么情况下会取代法律发挥作用等,但同时罗伯特也指出非正式控制的局限性,例如纠纷各方的“社会距离”增大时、

---

〔5〕 重复博弈中,博弈者预期他们目前的博弈是持续到未来的一系列博弈中的一次博弈,每次博弈都有一定的选择项并影响未来的博弈,所以博弈者不仅仅要考虑当前对局,还要考虑到当前的选择对于以后的对局会产生怎样的影响。

〔6〕 非零和博弈是一种合作下的博弈,博弈中各方的收益或损失的总和不是零值。在这种状况下,自己的所得并不与他人的损失的大小相等,自己的幸福未必建立在他人的痛苦之上,即使伤害他人也可能“损人不利己”。所以博弈双方存在“双赢”的可能,进而达成合作。

〔7〕 参见前引1,罗伯特·C.埃里克森书,第183页。

〔8〕 参见刘远洋:《读〈无需法律的秩序——邻人如何解决纠纷〉有感——浅析法律在社会控制中应居核心地位的原因》,载《法制博览》2015年第11期,第14、23~24页。

〔9〕 参见前引1,罗伯特·C.埃里克森书,第269页。

涉及的利益总量增加时等,纠纷人则更有可能求助于法律规则。[10] 而且,罗伯特还认为以法律来强化非正式控制。这都体现了罗伯特认为法律是具有重大作用的,只是罗伯特认为人们应该改变以往过度的"法律中心主义",关注那些在人们之间更有效率运行的、更符合最大福利目的的"无需法律的秩序"。

这本书出版于1991年,至今已经27年之久,并于2003年出版中文版,在国外与国内都引起了重大的反响,许多学者对此书给予了高度的评价,也有一些学者对此书进行评论与分享。而且,在该书完成前已经有许多学者注重非正式、非官方的制度以及民间法、民间规则的研究。例如,早在1900年,美国政治学家、教育学家弗兰克·J.古德就已经在其著作《政治与行政:一个对政府的研究》中批判到,大多数美国政府问题的研究者,都是由宪法开始,又以宪法结束他们的论著,他们不习惯超出成文法的条款去看待问题,许多学者过于重视法律对人们的影响。[11] 古德诺认为法外制度很重要,对人们生活的影响甚至大于法律的影响。例如英国的内阁制,成文法没有规定内阁制,但它却是国家运行的核心之一;又如美国的政党制,虽是法外制度但却深刻影响了美国的历史进程,甚至还反过来影响法律——因此古德诺认为学者必须重视对法外制度的研究,但古德诺这里所说的"法"仅仅指"成文法"。而罗伯特在关注"法律之外"上,与古德诺的关注的角度不同,罗伯特关注的是比法外制度更广泛存在的、法律之外的"规范",并且对这些"规范"的产生、运作进行了理论探讨。笔者认为,罗伯特的实证研究中所展现的夏斯塔县人们处理纠纷的"规范",是他们之间的习惯或惯例,而古德诺所说的法外制度更接近于"习惯法",虽不成文但是却具有强大的效力和稳定化,而且其影响力远大于一般的习惯、惯例。此外,罗伯特也在该书中提到如布莱克(Donald Black)的《法律的运作行为》关于具体争议什么时候会进入法律作用范围的研究成果,[12] 又如格利斯(John Griffiths)和菲尔斯提纳(William Felstiner)关于社会控制的分工的论文,[13] 都对非国家

---

〔10〕 参见前引1,罗伯特·C.埃里克森书,第301页。

〔11〕 参见[美]弗兰克·J.古德诺:《政治与行政:一个对政府的研究》,王元译,复旦大学出版社2011年版,第1页。

〔12〕 See Donald Black, "The Behavior of Law", *American Journal of Sociology* 4(1976).

〔13〕 See John Griffiths, "The division of labor in social control", *Toward A General Theory of Social Control* (1984), pp. 37–70.

法或者说非正式规范体系进行了有洞察力的研究。由此可见，在当时，法律之外的非国家法研究已经引起了许多学者的重视。

在我国，有的评论者是从罗伯特的研究内容来评论，例如非国家法、民间秩序、内生规范的产生与存在必要性、合理性等，也有评论者着眼于罗伯特的研究视角、论证方法，正如苏力教授指出，在“向上追问”宪法、上帝关于权利的界定或渊源是不保险的时候，罗伯特在本书中展现的“向下追问”是另一条路，这本著作的主要学术贡献是用当代的博弈论更有力地论证了无需法律的秩序为什么会在关系紧密的人际关系互动中产生。[14]

笔者认为，罗伯特在该书中对法律之外的秩序之探讨背后，是国家与社会之间的互动，借用罗伯特在书中提出的社会控制体系、“一种有关最大福利化的假说”及其相关论证，我们可以更好地探究国家与社会之间的互动与平衡。

二、社会控制体系与法律核心地位

如前所述，罗伯特该书的主要目的在于论证无需法律的秩序之产生、运作以及重要意义，虽然罗伯特也认为法律具有重要的作用，但并没有进行太多的论述。然而笔者认为，在现代化的国家之中法律占据社会控制体系中的核心地位，所以应当对法律在社会控制体系中的核心地位进行进一步的讨论，接下来笔者将结合罗伯特阐明的社会控制体系，即社会中各类能对人的意志、行为进行控制进而维持社会秩序的机制所组成的体系，对法律的核心地位进行分析。

（一）更广大的社会控制体系

罗伯特在第七章“社会控制体系”中阐明了一个更广大的社会控制体系理论，相比之前的社会控制理论，罗伯特在其中加入了个人自控和相互控制的方法。[15] 首先他认为法律只是“规范”的一部分，而从规范的角度来看人类的行为，分为“有利于社会的行为”、“反社会的行为”和“普通行为”：有利于社会的行为是一种应该予以奖赏的好的行为，而反社会的行为则引来惩罚；而社会上存在的大多数其实是“普通行为”，是一种遵守规范的行为，既不引起奖赏，也不

〔14〕 参见苏力：《无需法律的秩序》，载《环球法律评论》2004 年第 1 期，第 118 ~ 126 页。

〔15〕 参见前引 1，罗伯特 · C. 埃里克森书，第 129 ~ 130 页。

引起惩罚。而法律则是去回应前两种行为,[16]所以实际上罗伯特认为社会中人们的大多数行为是无需法律作出回应的。

接着罗伯特从规范的"控制者"角度对规范规则进行分类:第一方控制者,指的是行动者本人,规则内容是个人伦理;第二方控制者,指的是根据合约的行动者,比如债权人,对于债务方奖赏还是惩罚取决于债务方是否遵守了诺言,规则内容是合约;第三方控制者,指社会力量、社会组织与国家(政府),相对应的规则内容是社会力量发布的规范、社会组织发布的组织规则以及国家政府发布的法律。实际上第三方控制者中又可以细分出社会力量、组织和政府来,所以整个社会控制的控制者有五类。而这五类控制者又对应着不同的制裁方式和控制体系:第一方控制者对应自我制裁与自我控制;第二方控制者对应着个人自主与守诺者执行合约;社会力量对应着替代自助和非正式控制;组织对应着组织执法与组织控制;政府对应着国家执法与法律制度。[17]

而且每个人的行为可能不仅仅受一种控制者规则的控制,这也是罗伯特在后文提到的"混合的社会控制体系",例如个人伦理和法律可能同时对特定行为进行控制。当该行为是"有利于社会的行为"或"反社会行为"时,法律的回应或约束会强于个人伦理,例如故意伤害他人的行为;而当该行为是"普通行为"时,法律不会作出回应或约束,往往是个人伦理起到约束和回应作用,例如捐助非亲属的弱者的行为。

(二)法律仍是社会控制之核心

由罗伯特的社会控制体系理论可知,社会控制体系根据控制者的不同,有着不同的规则内容,也可以称为"规范",每一种规范都有其无法触及的或者不该触及的范围,但同样也有些范围是多种规范共同触及的范围。这里的"规范"涵盖了个人伦理、合约、社会力量发布的规范、社会组织发布的组织规则以及国家政府发布的法律。

无需法律的秩序虽然广泛存在,但正如罗伯特自己承认的,不管是在夏斯塔县的实证研究还是关于养蜂人、捕鲸群体的研究,实际上都是基于一个农业社会或者说熟人社会。熟人社会是很容易产生自生自发的秩序和规范的,因为长期密切的人际交涉、相互之间信息交互较为容易,为了达到和平共处和长期

---

〔16〕 参见前引1,罗伯特·C.埃里克森书,第130~131页。

〔17〕 参见前引1,罗伯特·C.埃里克森书,第138页。

利益最大化，需要互相认同的“规范”之存在和延续，这时候罗伯特所说的“最大福利假说”就得到了很好的检验，因为人们预期未来会与这些人进行重复博弈，他们处理纠纷时会考虑最有效率地减少无谓损失和交易费用，而时刻遵守法律可能会增大成本，所以他们逐渐形成有效率的“规范”，在一定程度上取代法律。相较而言，国家发布的法律具有适用范围上的广泛性、有国家作为强制执行的保障等特征，但正是因为适用范围广泛，其普遍性在很多时候无法最有效率地去处理特殊的情况，正如夏斯塔县的情况，那里的居民选择更为有效率的规范去处理这些特殊的纠纷，而且能够在大多数情况下定分止争。但是这些规范背后的执行保障力远远不如法律背后的国家执行保障力，所以当涉及利益较大的时候，在法律上有利的一方必然会更倾向于选择法律作为解决纠纷的工具。又如出现书中“艾利斯”这种高度追求个人利益而且不在乎舆论制裁的人，无需法律的秩序会显得无力。

除执行保障力可能不足之外，法律之外的规范往往比较符合某一区域的或某一群体的利益，却可能对这个区域、群体以外的人们造成不良的损失，如罗伯特提到的捕鲸群体之间的规范，虽然有利于他们处理同行之间在争夺鲸鱼归属上的纠纷，但是却忽视了对鲸鱼资源以及世界环境的保护，给资源和环境带来负面效应，而这些负面效应的后果需要由这些捕鲸群体以外的人们一起承担，产生了局部利益最大化与社会福利最大化之间的矛盾。〔18〕所以这意味着无需法律的秩序可能会给处于这些秩序以外的人们带来负面效应，这时候为了维护更广范围的利益或者公共利益，就需要能够考虑到更广利益、公共利益的法律来介入了。

此外，随着社会的发展，个体、群体之间的区域移动、交流越发频繁，许多地方特别是城市地区与熟人社会渐行渐远，不同群体、个体之间的交涉很多情况下是陌生的、不熟悉的，甚至他们之间的交流是一次性的，他们之间往往并不存在共同的、自生自发的规范，这时候法律的存在就具有很大的必要性了。这种非熟人社会和熟人社会同时存在的情况，使得现实中需要如罗伯特所说的，“人们持续同时维系着社会控制的非正式体系和法律体系，以一种精细方式将之混合”——这就意味着，人们有选择不同“控制者规范”的时候，同时法律也在许多情况给予人们选择的权利，例如私法领域对契约、商事惯例的高度尊重，又如在

〔18〕 参见前引1，罗伯特·C.埃里克森书，第217～218页。

公法领域给予特定人们区域自治的权利。

提到公法领域,法律的作用也是非常巨大并且无法被取代的,而公法领域也是罗伯特所没有讨论到的。在笔者看来,这是因为罗伯特该书一方面没有否认法律的重要作用,另一方面是罗伯特在本书中更想论证的是个人之间“无需法律的秩序”是如何产生和运作的,所以对公法领域并未提及。私法处理的往往是人们初次分配资源的问题,而公法很多是处理资源的再分配问题,有一定的政策和价值追求,大多数与国家公民关系、社会公平、公共利益紧密相关,例如保护弱者利益的社会法、防止国家经济发展不良的各类经济法,它们占据着社会控制中不可忽视、广泛的地位。此外,笔者认为,实际上罗伯特论证个人之间非正式规范产生的理论,同样可以借助来论证人们为何遵守法律,例如重复博弈的理论认为人们关注的是长期的利益最大化,一定程度上可以修正汤姆·泰勒在《人们为什么遵守法律》中提到的人类是自利的,并在此基础上追求短期效益最大化的早期公共选择理论(如吉布斯1975年[19];布鲁姆斯坦、科恩和纳金1978年[20])。实际上,公共选择理论发展至今也与重复博弈的理论相契合,将人的目的拓展为自身以及类似于其生命延续的后代,不仅仅是短期利益。所以罗伯特的论证方法对于论证人们为何遵守法律也能起到解释的作用。

总的来说,罗伯特为我们研究社会规范、社会控制方面提供了一个不可忽视的研究视角,而且法律仍然是社会规范和社会控制中最重要的核心部分。在大多数情况下,它可以作为解决纠纷的最后的、最有效的手段和保护权利的最后一道屏障,而且法律之外的“规范”也有前述的局限性;另一方面,基于法律的局限性,法律需要保持一个适当的限度去调整人们的生活,让人们有选择“控制者规则”的余地、让无需法律的秩序发挥效率。也就是说,良好的法律同时也能够起到促进非正式规范体系运作的作用——所以法律仍应是社会控制的核心,这里的“核心”并非指法律管控社会的所有事项,而是需要立法者、司法者、执法者控制好法律的触手该触及的范围。例如,我国《民法总则》正式把“习惯”作为

〔19〕 See Gibbs, Jack P., “*Crime, punishment, and deterrence*”, Society 14.3 (1977), pp. 11-23.

〔20〕 See Blumstein, Alfred, J. Cohen and D. Nagin, “Deterrence and Incapacitation: Estimating the Effects of Criminal Sanctions on Crime Rates”, *Criminology Review Yearbook*, Vol. 1, 1979, pp. 19-26.

民法渊源之一,体现了国家对于非正式规范的重视程度进一步提高,但是对于习惯的适用也有“法律没有规定的”“不违背公序良俗”的限制,[21]又如我国《合同法》中对于交易习惯、惯例的充分尊重,但也有《合同法》第52条的约束。[22]

而法律与法律之外的“规范”的平衡,是法律下的秩序与无需法律的秩序之间的关系与平衡,其背后更是国家与社会的关系与平衡,与国家治理紧密相关,笔者认为可以从“国家治理”的角度对国家与社会之平衡进行探讨。

三、国家治理中的秩序与秩序中的人们

再次引用罗伯特的社会控制体系理论,从控制者的角度来看,法律的控制者是“国家”,而笔者认为法律之外的规范的控制者可以概括为“社会”,包括了各种社会组织、群体和个人。国家发展的一个重要方面,是国家与社会的平衡,除了学者们广泛讨论的国家法与民间法的关系即“规则”的角度,还可以从“国家治理”的角度出发,以国家治理中的秩序以及秩序中的人们这两个方面来讨论国家与社会的平衡。

亚里士多德指出,人类自然是趋向于城邦生活的动物(人类在本性上,也正是一个政治动物),如果有人不归属于任何城邦,他如果不是一个鄙夫,那就是一个超人,[23]所以大部分公民的幸福只有统一于城邦的幸福才可最终实现。汤姆·泰勒也在《人们为什么遵守法律》中提出了一种社会心理学的解释论,即群体价值理论,认为归属于群体对人类有利,因此被群体接纳能促进自我认同、提高社会地位,而被群体抗拒则降低归属感。[24] 结合我们的生活感受,从大概率

〔21〕《中华人民共和国民法总则》(2017年通过)第10条规定:“处理民事纠纷,应当依照法律;法律没有规定的,可以适用习惯,但是不得违背公序良俗。”

〔22〕《中华人民共和国合同法》(1999年通过)第52条规定:“有下列情形之一的,合同无效:(一)一方以欺诈、胁迫的手段订立合同,损害国家利益;(二)恶意串通、损害国家、集体或者第三人利益;(三)以合法形式掩盖非法目的;(四)损害社会公共利益;(五)违反法律、行政法规的强制性规定。”

〔23〕参见[古希腊]亚里士多德:《政治学》,吴寿彭译,商务印书馆1983年版,第7~8页。

〔24〕参见[美]汤姆·R.泰勒:《人们为什么遵守法律》,黄永译,中国法制出版社2015年版,第296~229页。

上来看,大多数人都希望自己能归属于一个群体并且在这个群体中被认同、有一定的社会地位,其行为也会受到这种目的的巨大影响,这是一个长远的目的,与罗伯特的论证基础又相契合了。而国家对于一个人而言,往往是所处的最大的群体,包含并影响着国家内存在的各种群体,所以国家控制与治理与各个群体的利益与发展有千丝万缕的关系,而笔者所说的"国家治理"的角度,主要是从国家控制和治理的角度来探讨。

(一)平衡两种秩序

有许多学者对"秩序"进行过诸多讨论,例如前面提到的霍布斯认为要有一个强大的主权者精心筹划,才能够有免于混乱与贫困的社会秩序;又如哈耶克认为社会中的秩序分为自生自发的秩序和人为的秩序,而且前者更为复杂、抽象,但只有自生自发的秩序才能够增进人的自由和幸福。[25] 由于所处的时代和社会环境不同,不同的学者对于社会秩序的理解重点和观点不同,通过阅读,笔者认为在当今社会,毫无疑问的是,国家控制下的秩序和社会自发形成的秩序是缺一不可的——社会自生自发的秩序抽象、精细、复杂、形成时间长且往往追求特定群体内的最大福利化,所以处于这些群体内的人们往往最愿意也最习惯去接受这样的秩序,但也正因为它们的这些特点,当一个群体人数非常庞大导致利益多元化明显、不同群体秩序差异大但需要进行群体间的交际的时候,自生自发秩序的形成可能会遇到难以克服的困难,如果缺乏第三者对群体间的利益进行协调,要么需要很长的时间来形成一致的秩序,要么无法达成一致而引发冲突甚至暴力,这样的冲突太多的话,可能会导致整个国家处于混乱之下;国家控制下的秩序是人为的、设计的、具体的,相比社会自生自发的秩序,其形成时间往往较短,而且因为其背后国家机器的支持,往往具有更强的决断力和保障实施力,关于国家秩序的设计,也有许多机制能促进良好的设计形成,例如程序正义相关机制、实证主义的研究方法等,但人的理性是有限的,所以这种人为设计的行为也很可能会因此出现各种错误,大的错误有如希特勒政府下的国家秩序,成效不佳有如国家立法无法在农村被认可和被人们主动遵循等,这时就需要国家去考察社会自生自发的秩序是如何运作,并且设计出更合理的秩序。由此可见,国家无须具体管制社会的方方面面,有时候国家伸出了管制之手,打

〔25〕 参见[英]弗里德利希·冯·哈耶克:《法律,立法与自由》(第1卷),邓正来等译,中国大百科全书出版社2000年版,第52~78页。

破了原有的社会秩序却未能建立起良好的秩序，反而会弄巧成拙，所以社会自生自发的秩序与国家控制下的秩序缺一不可。

那国家秩序应该如何与各种社会秩序保持平衡呢？抽象的路径是“尊重非正式规范”“保持法律谦抑”等，而具体的路径则极为复杂，例如从国家法与民间法的角度来看，如苏力先生指出，“在中国社会转型时的法制建设中，从总体上看，国家制定法和民间法之间必须尽力沟通、理解，在此基础上相互妥协、合作，这样可以避免更大的伤害，获得更大的收益，而不能按照一种理想型法制模式（无论是强调国家制定法还是强调民间法的模式）来构建当代中国的法制”，[26]也有学者认为要建立以地方立法为中心对民间法进行吸纳、引导和规制的互动机制，地方立法不仅要从民间法中吸收有益的成分，还要对民间法进行引导、规制甚至是治理。[27] 而除了从国家法和民间法之关系的角度来看，也可以从国家治理的角度来看，周雪光教授在《权威体制与有效治理：当代中国国家治理的制度逻辑》[28]中讨论了权威体制与有效治理之间的深刻矛盾，权威体制代表着国家治理的体制和权威，主要表现为科层制的政府体制和中央对地方的权威统治，他认为国家治理模式有两个主要线索：一是中央权威与地方权力间的关系；二是国家与民众间的关系。这里所说的“国家与民众间的关系”，和国家与社会的关系相对应，虽然该文关注的主要是第一个关系，但他给出了如何找出根本解决权威体制与有效治理深刻矛盾的可行之策，其中一个建议是“减少各级政府特别是中央政府的一些管理功能，缩小‘有效治理’的范围，以社会机制替代之。”缩小“有效治理”的范围，在规范层面的表现就是减少法律对人们生活的介入，而这里所说的社会机制，笔者认为与无需法律的秩序是有异曲同工之处的。周雪光教授没有在该文中对这个建议展开具体的讨论，笔者能想到的与“社会机制”对应的是社会组织和公民的自我管理、自我约束机制，如成立自律协会、集体小组并制定相应自治规范、自治章程等，如同夏斯塔县的人们运用他们之间无需法律的秩序去代替法律秩序，对于社会来说，提高了运行效率、达到了定

[26] 苏力：《法治及其本土资源》，中国政法大学出版社 1996 年版，第 63 页。

[27] 参见王春业：《论民间规范与地方立法的良性互动》，载《暨南学报》（哲学社会科学版）2017 年第 9 期，第 11 ~ 19 页。

[28] 周雪光：《权威体制与有效治理：当代中国国家治理的制度逻辑》，载《开放时代》2011 年第 10 期，第 67 ~ 85 页。

分止争的效果。这时对于国家来说,减少了“有效治理”的范围而不会产生混乱,实际上是促进了国家的有效治理。所以笔者认为,除了从国家法与民间法这个主要矛盾的角度来促进国家与社会的平衡,还可以从国家治理的角度入手,减少政府对社会机制的日常行为的管制,主要对这些社会机制的“异常状态”进行管制,给予“社会秩序”恰当的发展空间。

(二)关注公民素质

很多时候,人们不一定会按照法律的规定去行为,即罗伯特所说的“普通行为”,不会引起法律的约束和回应,而人们能够通过自发或者其他方式生成秩序,所以国家的确应当给予社会自治的权利和空间,以追求更好的治理与秩序。但笔者认为也应当关注到处于秩序中的人们,或者更确切地说是公民素质,公民素质在很大程度上对秩序以及社会发展起到巨大的影响。

在《使民主运转起来》中,帕特南在意大利进行了长期的实证研究和文献调查,考察意大利政府治理以及绩效等相关问题,[29]他发现,实际上政府治理与公民自治传统是紧密联系。在意大利,中央政府给予了地方很大的权力,使地方有了很大的自治权,但是南北的治理效果却存在很大的差距。一般认为,经济的现代性会对政府治理产生很大的影响,而帕特南却发现在意大利并非如此,经济现代性与治理效果有相关,但是相关度不高。意大利南北在公民自治传统上的差异使得南北地方政府的治理效果相差很远——北方城市在历史上长期有自治的传统,长期处于共和国、自治镇等社会形态,而南方则长期处于帝国、封建王朝的统治之下——这就导致在整体上,北方公民的“公民性”更强,而南方公民的“公民性”更弱。这里所说的“公民性”包括了公民参与公共事务的积极性、自主性和能力等。从帕特南的实证调查数据来看,北方的城市普遍比南方的城市发达,南方城市表现得比较落后,而且这种差距体现在经济、政治、文化等各个方面。

同样关注公民素质的是,在1895年就职教授演讲《民族国家与经济政策》中,韦伯高度强调一个国家公民素质特别是政治素质的重要性,关乎国家的存亡。他不希望自己国家的公民总是寄希望于跪倒在强大的“俾斯麦”式的人物下苟活,这样的话,国家是不可能强大起来的。因为一旦没有一个这样的人物

[29] 参见[美]罗伯特·D.帕特南:《使民主运转起来》,王列、赖海榕译,江西人民出版社2001年版,第140~188页。

执政,这个国家甚至会被其他弱小的国家所蚕食,正如当时德国的波兰人拥有了越来越多的土地,日耳曼人流失了越来越多土地,后来不得不采取关闭边界、国家大规模采购土地等方法来阻止情势恶化。[30] 笔者认为,韦伯所说的政治素质,既包括了国家意识、民族意识,也包括了自我治理能力,如果一个国家缺乏有政治素质的公民,是无法促进社会的发展、无法成为一个强大的国家的。

帕特南和韦伯都强调了公民素质对于国家发展的重要性,特别是政治素质的重要性,这关系到公民能否更好地自治,从而关系到国家的治理方式与治理效果。举个例子,当某个群体的公民参与公共事务的积极性较高和能力较强时,他们会自觉而积极与"国家"进行交流与利益平衡(bargain),"国家"与"社会"会处于一个较为良好的互动状态,会更加容易实现国家与社会的平衡。

那公民政治素质该如何提高呢?笔者认为,不能仅仅局限于向公民输出理论教育,更应给予社会、公民参与公共事务管理的实践机会和环境,激发公民作为"天生城邦的动物"的积极性。例如,不仅仅要在情感上培养公民的爱国情操,还要在认识上鼓励公民积极参与公共事务,更重要的是要在公民参与公共事务之后给予合理及时的回应,杜绝"不闹不理"的现象;又如,在出现社会事件或者国家事件时,如非必要情况,要鼓励人们理智、积极进行公共事务的讨论等。

结　　语

罗伯特·埃里克森的《无需法律的秩序》不仅仅关注了非国家制度、非正式规范体系或者"无需法律的秩序"本身,还进一步借用现代的博弈论之理论来论证它们是如何产生、运作的。而且虽然罗伯特并未提及人们为什么遵守其他规范,例如法律,因为罗伯特主要是想通过实证的材料和严密的论证告诉人们,法律在社会控制体系中虽然很重要,但我们不应坚持过度的"法律中心主义",而应当给予那些无需法律的秩序足够的关注和尊重。但其论证理论实际上对人们为什么会遵守规范也具有一定的解释作用,为我们研究和了解社会秩序、国家与社会的关系提供了一种解释路径。

---

[30] 参见[德]马克斯·韦伯:《民族国家与经济政策》,甘阳等译,生活·读书·新知三联书店 1997 年版,第 86 ~ 87 页。

从罗伯特的讨论延伸开来,在其背后可以发现国家与社会的关系。而且笔者认为,国家与社会互动的一个重要体现是国家法与非国家法,我们应当予以重点研究,但我们在讲国家与社会的关系时,也要关注国家利益,所以笔者从国家的控制与治理的角度出发,以现实中的秩序和秩序的人们两方面探讨国家与社会的关系内容。需要强调的一点是,不同的国家对于在处理国家与社会的关系时应当采取的具体方式是不一样的,像意大利这样幅员不太辽阔的国家,中央政府可以给予地方和社会较大的自治权也不至于导致国家动荡;而像我国这样幅员辽阔的国家,如果没有一个较为强大的权威体制去维持国家统一,很可能出现分崩离析的结局,这也就使我国的国家治理难度增大,在处理国家与社会的关系时的把握要更加精细。正如周雪光教授所说,一方面中国必须要有有效的权威体制,另一方面又要处理好权威体制与有效治理之间的深刻矛盾。[31]

借用罗伯特在本书正文的最后一句话,只有当法律制定者对非正式合作有足够的眼力,才不至于创造一个法律更多而秩序更少的世界。[32] 但笔者认为,除关注非正式合作存在与运作之外,还应关注国家治理角度下的秩序以及秩序中的人们,才能更好地平衡国家与社会的关系。

(责任编辑:彭箫剑)

〔31〕 参见前引28,周雪光文,第81~82页。

〔32〕 参见前引1,罗伯特·C.埃里克森书,第304页。

《中山大学青年法律评论》稿约

一、简　　介

《中山大学青年法律评论》是由中山大学法学院学生独立运作、由法律出版社公开发行的法学学术性出版物,创立于2017年,一年两卷。本评论致力于为青年法学人搭建一个学术成果的交流平台,活跃学术研究氛围,开阔研究视野。

二、征稿对象及范围

1. 本评论面向国内外知名院校学生征稿。

2. 本评论奉行一切从学术出发的宗旨,对来稿不限主题和体裁。来稿篇幅以1万~1.5万字为宜,最长不超过2万字。

3. 本评论尤其欢迎细致的制度分析和案例研究,也欢迎优质的翻译稿件,不接受无问题意识的空泛议论或简单介绍,也不接受无深度的表面化评论。

4. 若为翻译稿,请译者投稿时附上原文及作者授权证明。

5. 本评论欢迎专稿专投,反对一稿多发。

三、格式体例

1. 来稿请在正文前加列“目次”、“摘要”和“关键词”,无需英文标题和英文摘要。“摘要”为稿件核心观点的凝练,字数不超过300字。关键词不超过5个。

2. 来稿须符合学术规范,注释体例参照《法学研究》。注释是否符合本评论体例不影响稿件评价,但注释是否符合学术规范将影响稿件采用。

四、评审规则

为公正选稿,本评论实行匿名三审制。为加快稿件处理速度,本评论实行快速审稿和审稿意见及时反馈制度。自投稿起一个月内未获任何通知,请作者主动联系编辑部,以免遗漏或耽误稿件。

五、投稿方式

1. 本评论工作邮箱:sysuyouthlaw@163.com。来稿请勿发送包括主编在内的任何工作人员。

2. 投稿请以 Word 文档形式以附件发送。Word 文档标题只须填写论文题目,无须填写作者信息,Word 正文内亦无须包含任何作者个人信息,保证编辑匿名审稿。

3. 作者个人信息以及论文题目请在邮件正文中列明,建议投稿邮件标题格式为"投稿+作者姓名+论文题目",方便编辑部准确回复邮件。

六、特别提醒

本评论不以任何形式向投稿者收取审稿费、版面费等费用,也从未授权任何机构或个人代理投稿事宜。所有投稿事宜仅在工作邮箱处理。未尽事宜,请直接与本评论编辑部工作邮箱联系。

(更多信息可关注本评论微信"SYSU 青年法律评论",微信号为 sysuyouthlaw,或查阅中山大学法学院官网 http://law.sysu.edu.cn/)

《中山大学青年法律评论》编辑部

2018 年 1 月

图书在版编目(CIP)数据

中山大学青年法律评论. 第3卷 /《中山大学青年法律评论》编辑部组编 ; 巢志雄主编. -- 北京 : 法律出版社, 2018
ISBN 978-7-5197-2629-4

Ⅰ. ①中… Ⅱ. ①中… ②巢… Ⅲ. ①法律-文集 Ⅳ. ①D9-53

中国版本图书馆CIP数据核字(2018)第192072号

中山大学青年法律评论(第3卷)
ZHONGSHAN DAXUE QINGNIAN FALÜ PINGLUN (DI 3 JUAN)

《中山大学青年法律评论》编辑部 组编
巢志雄 主编
陈 康 李钟可 执行主编

责任编辑 黄倩倩 王 珊
装帧设计 臧晓飞

出版 法律出版社
总发行 中国法律图书有限公司
经销 新华书店
印刷 北京虎彩文化传播有限公司
责任校对 杨锦华
责任印制 陶 松

编辑统筹 学术·对外出版分社
开本 720毫米×960毫米 1/16
印张 15.5
字数 248千
版本 2018年8月第1版
印次 2018年8月第1次印刷

法律出版社/北京市丰台区莲花池西里7号(100073)
网址/www.lawpress.com.cn
投稿邮箱/info@lawpress.com.cn
举报维权邮箱/jbwq@lawpress.com.cn
销售热线/010-63939792
咨询电话/010-63939796

中国法律图书有限公司/北京市丰台区莲花池西里7号(100073)
全国各地中法图分、子公司销售电话:
统一销售客服/400-660-6393
第一法律书店/010-63939781/9782
西安分公司/029-85330678
重庆分公司/023-67453036
上海分公司/021-62071639/1636
深圳分公司/0755-83072995

书号:ISBN 978-7-5197-2629-4
定价:52.00元